# 法律和经济科学

《法律和经济科学》编辑委员会 编

第1卷·第01辑（2025）

首都经济贸易大学出版社
Capital University of Economics and Business Press
·北京·

图书在版编目（CIP）数据

法律和经济科学. 第 1 卷. 第 01 辑 : 2025 / 《法律和经济科学》编辑委员会编. -- 北京 : 首都经济贸易大学出版社, 2025.4. -- ISBN 978-7-5638-3853-0

Ⅰ. D90-059

中国国家版本馆 CIP 数据核字第 2025F32J53 号

法律和经济科学——第 1 卷·第 01 辑（2025）
FALÜ HE JINGJI KEXUE
《法律和经济科学》编辑委员会　编

| 责任编辑 | 彭伽佳 |
| --- | --- |
| 封面设计 | 砚祥志远·激光照排　TEL：010-65976003 |
| 出版发行 | 首都经济贸易大学出版社 |
| 地　　址 | 北京市朝阳区红庙（邮编 100026） |
| 电　　话 | （010）65976483　65065761　65071505（传真） |
| 网　　址 | https：//sjmcb.cueb.edu.cn |
| 经　　销 | 全国新华书店 |
| 照　　排 | 北京砚祥志远激光照排技术有限公司 |
| 印　　刷 | 北京九州迅驰传媒文化有限公司 |
| 成品尺寸 | 170 毫米×240 毫米　1/16 |
| 字　　数 | 231 千字 |
| 印　　张 | 15 |
| 版　　次 | 2025 年 4 月第 1 版 |
| 印　　次 | 2025 年 4 月第 1 次印刷 |
| 书　　号 | ISBN 978-7-5638-3853-0 |
| 定　　价 | 68.00 元 |

图书印装若有质量问题，本社负责调换
版权所有　侵权必究

## 《法律和经济科学》编辑委员会

主　任：喻　中（中国政法大学）
　　　　兰荣杰（西南财经大学）
副主任：吴应甲（郑州警察学院）
委　员：喻　中（中国政法大学）
　　　　兰荣杰（西南财经大学）
　　　　程金华（上海交通大学）
　　　　陈屹立（西南政法大学）
　　　　戴治勇（西南财经大学）
　　　　王伦刚（西南财经大学）
　　　　李增刚（山东大学）
　　　　王剑波（首都经济贸易大学）
　　　　王　俊（厦门大学）
　　　　吴应甲（郑州警察学院）
　　　　邢斌文（吉林大学）
　　　　王　刚（四川电影电视学院）
　　　　邱富民（上海市建纬［北京］律师事务所）
　　　　张龙成（成都中医药大学）
　　　　阳　李（成都中医药大学）

## 《法律和经济科学》编辑部

主　编：张龙成　阳　李
副主编：王　刚　吴应甲
编　辑：侣连涛　张青卫　李凌云　刘崔峰　米传振
　　　　周明星　谢梦雪　杨　茗

## 《法律和经济科学》编辑部学生编辑名单

白　娥（西南财经大学）
丁梦雨（海南大学）
符　皓（四川大学）
高宇石（北京理工大学）
管　涛（武汉大学）
李　洋（北京师范大学）
李智伟（中国政法大学）
马煜凯（安徽财经大学）
徐涵渊（中央财经大学）
尹详瑞（辽宁大学）
余长江（四川大学）
张玮琛（北京师范大学）
冉江兰（西南财经大学）
涂孝洪（成都中医药大学）

**主办单位：**四川省法学会律师法学研究会
　　　　　　四川驰腾力教育咨询有限公司

# 目　录

论中国特色社会主义法治理论的思想文化根源 …………… 喻　中 / 1

制度如何形成以及如何影响繁荣

　　——关于2024年诺贝尔经济学奖的贡献和评议 ………… 李增刚 / 15

诈骗的成因及其治理优化 ………………………………… 戴治勇 / 26

无面额股制度：价值呈现、困难挑战与体系优化 … 杨　军　陈上哲 / 44

技术赋能、逻辑耦合与治理转型：区块链融入跨域环境司法的

　　基本路径 ……………………………………………… 吴应甲 / 63

数据要素市场的失灵及监管因应

　　——以个人信息保护与反垄断为焦点 ………………… 刘　迪 / 80

个人数据所有权的正当性及其边界界定 ………………… 郭晓玲 / 105

谁是学术创新的推动者？

　　——来自法学顶级期刊的证据 ………… 阳　李　符　皓　涂孝洪 / 141

调解结案率高是如何形成的？

　　——基于民间借贷诉讼决策模型的分析 ……………… 黄宇杰 / 158

雪上加霜？极端案件中社会舆论与司法审判的互动研究

　　——基于邯郸少年被害案的实证分析 ………………… 江骁宇 / 177

论有限责任公司对内担保股权转让的裁判规则 …… 徐承钰　简　要 / 199

恶意诉讼的类型化认定及审查程式 ……………… 杜玉兰　代　森 / 214

# 论中国特色社会主义法治理论的思想文化根源

喻 中[*]

**【摘　要】** 中国特色社会主义法治理论具有深厚的思想文化根源。首先，马克思主义法治思想是中国特色社会主义法治理论的思想根源，为中国特色社会主义法治思想提供了坚实的思想根基。其次，中华优秀传统法律文化是中国特色社会主义法治理论的历史根源，在一定意义上，中国特色社会主义法治理论就是对中华优秀传统法律文化的创造性转化、创新性发展。最后，外来法治成果是中国特色社会主义法治理论的文化资源或学术资源，借鉴外来法治成果是创新发展中国特色社会主义法治理论的必然要求。

**【关键词】** 中国特色社会主义法治理论；马克思主义法治思想；中华优秀传统法律文化；外来法治成果

中国特色社会主义法治理论作为中国特色社会主义理论体系的重要组成部分，既是马克思主义法治思想与当代中国法治实践相结合的理论成果，也是创造性转化、创新性发展中华优秀传统法律文化的理论成果，同时还是借鉴外来法治成果的理论成果。这就是说，中国特色社会主义法治理论既有其思想渊源——马克思主义法治思想，也有其历史文化根源——中华优秀传统法律文化与外来法治成果。

---

[*] 喻中，中国政法大学教授。

## 一、马克思主义法治思想是中国特色社会主义法治理论的思想渊源

马克思主义法治思想是历史唯物主义的法治思想。历史唯物主义是马克思主义法治思想的特质,是马克思主义法治思想区别于其他一切非马克思主义法治思想的试金石。历史唯物主义的法治思想是马克思和恩格斯在漫长的革命实践与思想探索过程中创立、发展、深化而成的。马克思和恩格斯创立的历史唯物主义法治思想在每一个历史阶段所取得的成就,都构成了中国特色社会主义法治理论的思想渊源。

(一)"每个人的自由发展是一切人的自由发展的条件。"[①] 1835年到1848年,是马克思和恩格斯创立历史唯物主义法治思想的时期。在这个时期,马克思和恩格斯由最初的新理性批判主义法治思想,逐渐转向历史唯物主义的法治思想。其中,1845年完成的《德意志意识形态》奠定了历史唯物主义法治思想的根基。这篇著作系统地阐明了生产力决定生产关系、经济基础决定上层建筑的历史唯物主义原理,论述了法的运动的一般规律,那就是:法起源于人类的物质交往及其伴随的相互冲突与斗争之中,更具体地说,由统治阶级的"共同利益所决定的这种意志的表现,就是法律"[②]。在此基础上,1848年发表的《共产党宣言》是历史唯物主义法治思想的纲领性文献,标志着马克思主义法治思想的正式诞生与公开问世。特别是《共产党宣言》第二章的最末一句"代替那存在着阶级和阶级对立的资产阶级旧社会的,将是这样一个联合体,在那里,每个人的自由发展是一切人的自由发展的条件"[③],既表达了历史唯物主义法治思想的核心指向,也体现了《共产党宣言》的核心思想,在人类历史上具有划时代的意义。习近平总书记就此指出:"马克思科学揭示了人类社会最终走向共产主义的必然趋势。马克思、恩格斯坚信,未来社会'将是这样一个联合体,在那里,每个人的自由发展是一切人的自由发展的条件'。"[④]

---

[①] 马克思,恩格斯. 共产党宣言 [M]. 北京:人民出版社,2014:51.
[②] 马克思,恩格斯. 马克思恩格斯全集:第3卷 [M]. 北京:人民出版社,1960:378.
[③] 马克思,恩格斯. 共产党宣言 [M]. 北京:人民出版社,1997:50.
[④] 习近平. 在纪念马克思诞辰200周年大会上的讲话 [M]. 北京:人民出版社,2018:16.

（二）"实践是法律的基础。"① 1848 年到 1870 年，是马克思和恩格斯发展历史唯物主义法治思想的时期。在这个时期，马克思和恩格斯亲自参加欧洲革命，在革命实践中不断检验、发展历史唯物主义法治思想。特别是在《资本论》一书中，马克思概括了这样的原理：经济关系本身决定了法权关系或意志关系的具体内容②。围绕这一原理，习近平总书记指出："实践是法律的基础，法律要随着实践发展而发展。"③ 习近平总书记还要求，在立法的过程中，"使法律准确反映经济社会发展要求，更好协调利益关系"④。这些科学论断与马克思关于法权关系和经济关系的思想一脉相承，体现了历史唯物主义法治思想的基本要求，同时也是对历史唯物主义法治思想的坚持和发展。此外，这个历史时期的马克思作为第一国际的精神领袖，为了适应革命斗争的需要，起草了大量的指导性文献，创造性地发展了历史唯物主义法治思想。譬如，在《协会临时章程》中，马克思提出了"没有无义务的权利，也没有无权利的义务"⑤ 这一重要思想。在《总委员会关于继承权的报告》中，马克思认为，为了废除私有制，"我们应当同原因而不是同结果作斗争，同经济基础而不是同它的法律的上层建筑作斗争"⑥。正是在同改良主义、机会主义的斗争中，马克思和恩格斯增强了历史唯物主义法治思想的实践品性。

（三）"为人类求解放。"⑦ 1871 年到 1883 年，是马克思和恩格斯进一步深化历史唯物主义法治思想的时期。在这个时期，马克思见证了巴黎革命，通过写作《法兰西内战》对巴黎公社的法制原则进行了全面的论述，正面阐明了历史唯物主义法治思想在制度层面的要求：作为无产阶级专政的雏形，巴黎公社在法律制度上的"真正秘密在于：它实质上是工人阶级

---

① 中共中央文献研究室．习近平关于全面依法治国论述摘编［M］．北京：中央文献出版社，2015：43．
② 马克思．资本论［M］．北京：人民出版社，2004．
③ 习近平．论坚持全面依法治国［M］．北京：中央文献出版社，2020：19．
④ 习近平．从党和国家工作大局出发看待立法工作［M］．北京：人民出版社，2019：35．
⑤ 马克思．马克思恩格斯全集：第 16 卷［M］．北京：人民出版社，1964：15-18．
⑥ 马克思．马克思恩格斯全集：第 16 卷［M］．北京：人民出版社，1964：650-653．
⑦ 习近平．在纪念马克思诞辰 200 周年大会上的讲话［M］．北京：人民出版社，2018：19．

的政府,是生产者阶级同占有者阶级斗争的结果,是终于可以发现的、可以使劳动在经济上获得解放的政府形式"①。巴黎公社的真正秘密揭示了历史唯物主义法治思想的根本指向,这正如习近平总书记所指出:"马克思主义博大精深,归根到底就是一句话,为人类求解放。"② 这句话既是对马克思主义的高度概括,同时也指明了中国特色社会主义法治理论的未来与方向。此外,马克思和恩格斯还通过批判蒲鲁东的"永恒公平"论、巴枯宁的法律虚无主义、杜林的唯心主义法律观,描绘了社会主义条件下的国家与法。譬如,关于按劳分配与按需分配的关系问题,马克思认为,在共产主义社会里奉行的是"各尽所能,按需分配"的原则。在资本主义条件下的按劳分配从表面上看是平等的,可是,这种"平等就在于以同一的尺度——劳动——来计量"③,"但这个平等的权利还仍然被限制在一个资产阶级的框框里"④,存在诸多弊端。尽管如此,按劳分配的"弊端,在共产主义社会的第一阶段,在它经过长久的阵痛刚刚从资本主义社会里产生出来的形态中,是不可避免的"⑤。这些论断进一步厘清了历史唯物主义法治思想的实践途径。

(四)"社会主义国家的一切权力属于人民。"⑥ 在马克思和恩格斯之后,列宁作为第一个社会主义国家的缔造者,把马克思主义法治思想与俄国实践相结合,提出了一系列关于社会主义法律和法治的论述。这些论述的主要内容包括:

第一,在十月革命胜利之初,列宁要求新颁布的法律必须符合广大人民群众的希望,同时要求以法律的方式管理国家、巩固苏维埃政权、保障社会主义秩序。列宁还要求劳动人民的先锋队既是立法者,又是法律的执行者和武装的保卫者。第二,在外国武装干涉和国内战争时期,列宁要求

---

① 马克思,恩格斯·马克思恩格斯全集:第 17 卷 [M]. 北京:人民出版社,1963:338-339.
② 习近平. 在纪念马克思诞辰 200 周年大会上的讲话 [M]. 北京:人民出版社,2018:5-4.
③ 马克思 恩格斯 列宁论无产阶级专政 [M]. 北京:人民出版社,1975:14.
④ 马克思 恩格斯 列宁论无产阶级专政 [M]. 北京:人民出版社,1975:14.
⑤ 马克思 恩格斯 列宁论无产阶级专政 [M]. 北京:人民出版社,1975:15.
⑥ 习近平. 论坚持全面依法治国 [M]. 北京:中央文献出版社,2020:240.

法律能够得到最严格的执行。列宁认为，只有让法律得到遵守和执行，才能体现人民的意志。第三，在新经济政策时期，列宁要求，苏俄民法典的制定要充分保障无产阶级国家的利益，不能盲目迎合欧洲，更不能盲目抄袭资产阶级国家的民法。第四，在列宁政治活动的晚期，特别强调法制统一和法律监督。他在《论"双重"领导和法制》中写道："法制不能有卡卢加省的法制，喀山省的法制，而应是全俄统一的法制，甚至是全苏维埃共和国联邦统一的法制。"①

针对列宁的这些论述，习近平总书记指出："列宁强调，要提高监督机关的地位、规格、权威，建立起包括党内监督、人民监督、法律监督在内的监督体系，以防止公职人员成为'脱离群众、站在群众之上、享有特权的人物'。"②习近平总书记还指出："我讲过，国家之权乃是'神器'，是个神圣的东西。公权力姓公，也必须为公。只要公权力存在，就必须有制约和监督。不关进笼子，公权力就会被滥用。马克思强调，社会主义国家的一切权力属于人民，一切公职人员必须'在公众监督之下进行工作'。"③

马克思主义法治思想博大精深，构成了中国特色社会主义法治理论的思想来源。马克思主义法治思想是历史唯物主义法治思想，继承和发展马克思主义法治思想也要坚持历史唯物主义。恩格斯告诉我们："一切社会变迁和政治变革的终极原因，不应当到人们的头脑中，到人们对永恒的真理和正义的日益增进的认识中去寻找，而应当到生产方式和交换方式的变更中去寻找。"④习近平总书记就此指出："我们坚持理论联系实际，及时回答时代之问、人民之问，廓清困扰和束缚实践发展的思想迷雾，不断推进马克思主义中国化时代化大众化，不断开辟马克思主义发展新境界。"⑤这个论断，为马克思主义法治思想中国化、时代化、大众化指明了方向。

---

① 列宁. 列宁全集：第43卷[M].2版. 北京：人民出版社，1922：195.
② 习近平. 论坚持全面依法治国[M]. 北京：中央文献出版社，2020：240.
③ 习近平. 论坚持全面依法治国[M]. 北京：中央文献出版社，2020：240.
④ 马克思，恩格斯. 马克思恩格斯选集：第3卷[M]. 北京：人民出版社，1995：617-618.
⑤ 习近平. 论中国共产党历史[M]. 北京：中央文献出版社，2021：227.

## 二、中华优秀传统法律文化是中国特色社会主义法治理论的历史根源

如果说马克思主义法治思想构成了中国特色社会主义法治理论的思想来源，那么，中华优秀传统法律文化则是中国特色社会主义法治理论的历史根源。中国特色社会主义法治理论植根中国大地，具有深厚的中华文化根基。经过创造性转化、创新性发展，中华优秀传统法律文化中的一些合理因素已经融入中国特色社会主义法治理论。

（一）从"以法治国"到"全面依法治国"。早在先秦时期，法家诸子就已经从不同的角度论述了"以法治国"的主张。《管子·明法》云："是故先王之治国也，不淫意于法之外，不为惠于法之内也。动无非法者，所以禁过而外私也。威不两错，政不二门。以法治国，则举错而已。"《商君书·慎法》言："破胜党任，节去言谈，任法而治矣。"《韩非子·有度》道："国无常强，无常弱。奉法者强，则国强；奉法者弱，则国弱。"宋代的王安石在《周公》一文中也提出："立善法于天下，则天下治；立善法于一国，则一国治。"这些关于"以法治国""任法而治""善法治国"的思想，已经汇入中国特色社会主义法治理论中。党的十八大以来，习近平总书记反复要求，"善于运用制度和法律治理国家"，"以良法促进发展、保障善治"；反复提醒全党，"法律是治国之重器，良法是善治之前提"。习近平总书记还概括地指出："法治兴则国家兴，法治衰则国家乱。什么时候重视法治、法治昌明，什么时候就国泰民安；什么时候忽视法治、法治松弛，什么时候就国乱民怨。"① 这些论断体现了对中国古代"以法治国"思想的吸纳。

（二）从"民惟邦本"到"以人民为中心"。民本思想在中国源远流长。《尚书·五子之歌》云："皇祖有训，民可近，不可下。民惟邦本，本固邦宁。"《尚书·蔡仲之命》云："皇天无亲，惟德是辅；民心无常，惟惠之怀。"《管子·牧民》云："政之所兴，在顺民心；政之所废，在逆民心。"《孟子》云："民为贵，社稷次之，君为轻。"《荀子·王制》云：

---

① 中共中央文献研究室. 习近平关于全面依法治国论述摘编 [M]. 北京：中央文献出版社，2015：8.

"传曰：'君者，舟也，庶人者，水也。水则载舟，水则覆舟。'"《吕氏春秋》云："先王先顺民心，故功名成。夫以德得民心以立大功者，上世多有之矣。失民心而立功名者，未之曾有也。"这些关于民本的思想在当代中国经过创造性的转化，被升华为"以人民为中心"的法治思想。习近平总书记指出："人民是历史的创造者，是决定党和国家前途命运的根本力量。必须坚持人民主体地位，坚持立党为公、执政为民。"[①] 2019年5月31日，习近平总书记在"不忘初心、牢记使命"主题教育工作会议上再次强调："人民是我们党执政的最大底气，是我们共和国的坚实根基，是我们强党兴国的根本所在。"[②] 这些关于人民地位的论断，可以在我国古老的民本思想中找到其思想萌芽。这就是说，"以人民为中心"的法治理论有古老的文化源泉，那就是"民惟邦本"。

（三）从"明德慎罚"到"坚持依法治国和以德治国相结合"。早在西周时期，中国就出现了"明德慎罚"的思想。孔子也高度重视仁德、德性在国家治理中的作用。他说："道之以政，齐之以刑，民免而无耻。道之以德，齐之以礼，有耻且格。"孔子主张仁与礼的结合。孔子所说的"礼"，作为个体的行为规范，就相当于现代的法。孔子所说的仁，就相当于实在法之上的更高的价值准则，相当于社会主义法律规范应当遵循的社会主义核心价值观。《论语·八佾》诘问的"人而不仁，如礼何？"已经阐明了仁与礼的这种关系。在孔子之后，孟子发挥了孔子的仁义之学，荀子发挥了孔子的礼法之学。不仅荀子的礼法之学可以直接构成中国特色社会主义法治理论的历史根源，而且强调仁义、心性、德性的孟子之学，同样也是中国特色社会主义法治理论的历史根源，因为他们看到了仁义道德对于国家治理的作用。在中国古代，仁德与礼法都是不可缺少的。这样的传统延伸至当代，已经演化成依法治国与以德治国相结合的理论和实践。《中共中央关于全面推进依法治国若干重大问题的决定》强调，"国家和社

---

[①] 习近平. 在纪念中国人民抗日战争暨世界反法西斯战争胜利75周年座谈会上的讲话[M]. 北京：人民出版社，2020：11.

[②] 人民日报评论部. "学习习近平总书记重要讲话精神，迎接党的二十大"：论学习贯彻习近平总书记在省部级主要领导干部专题研讨班上的重要讲话[M]. 北京：人民出版社，2022：35.

会治理需要法律和道德共同发挥作用。必须坚持一手抓法治、一手抓德治"①，必须"坚持依法治国和以德治国相结合"②。

（四）从"礼乐刑政"的治道到"统筹兼顾"的法治。把"礼乐刑政"结合起来，实行综合治理，是中华优秀传统法律文化的一个重要特点。譬如，孔子看到了礼乐与刑罚之间的因果关联，指出"礼乐不兴，则刑罚不中；刑罚不中，则民无所措手足"（《论语·子路》）。这就是说，礼乐与刑罚都是安顿社会的机制。《礼记·乐记》中还有一个更加全面的论断："故礼以道其志，乐以和其声，政以一其行，刑以防其奸。礼乐刑政，其极一也，所以同民心而出治道也。"据此，礼乐刑政虽然各有指向，但归根到底，都是为了整合人心，完善国家治理。"礼节民心，乐和民声，政以行之，刑以防之。礼乐刑政，四达而不悖，则王道备矣。"这样的论断表明，"礼乐刑政"缺一不可，这其实就是古代中国的"综合治理"。这样的文化传统已经融入中国特色社会主义法治理论。正如习近平总书记所强调的："必须统筹兼顾、把握重点、整体谋划，更加注重系统性、整体性、协同性。"③党的十八大以来，把全面依法治国作为一项系统工程的理论与实践已经成为一个新传统，加强中国特色社会主义法治体系建设已经成为一个新目标，强调系统性、整体性、协同性已经成为中国特色社会主义法治的一个新优势。

（五）从"法贵责上"到抓住"关键少数"。《史记·商君列传》："于时太子犯法。卫鞅曰：'法之不行，自上犯之。'将法太子。太子，君嗣也，不可施刑，刑其傅公子虔，黥其师公孙贾。明日，秦人皆趋令。"商鞅通过"以法责上"的方式树立了法律的权威，使法律得到了很好的贯彻实施，形成普遍守法的良好局面。在这样的思想基础上，明末清初的王夫之主张严以治吏，明确提出了"法贵责上"的观点，指出"严者，治吏之经也；宽者，养民之纬也"（《读通鉴论》卷八）。王夫之还要求"严治上官"，因为"严下吏之贪，而不问上官，法益峻，贪益甚，政益乱，民益

---

①② 中共中央关于全面推进依法治国若干重大问题的决定 [M]．北京：人民出版社，2014：7.

③ 习近平．论坚持全面依法治国 [M]．北京：中央文献出版社，2020：229.

死，国乃以亡"（《读通鉴论》卷二八）。这与习近平总书记多次强调的要抓住领导干部这个"关键少数"的思想遥相呼应。习近平总书记指出："不论什么人，不论其职务多高，只要触犯了党纪国法，都要受到严肃追究和严厉惩处。"[1]"要坚持党纪国法面前没有例外，不管涉及到谁，都要一查到底，决不姑息。"[2] 他还说："领导干部具体行使党的执政权和国家立法权、行政权、监察权、司法权，是全面依法治国的关键。领导干部必须带头尊崇法治、敬畏法律。"[3] 这就是说，领导干部这个"关键少数"是建设中国特色社会主义法治的关键。

（六）从"一断于法"到"法律面前人人平等"。儒家主张"一准乎礼"。《礼记·曲礼上》云："道德仁义，非礼不成，教训正俗，非礼不备。分争辨讼，非礼不决。君臣上下父子兄弟，非礼不定。宦学事师，非礼不亲。班朝治军，莅官行法，非礼威严不行。祷祠祭祀，供给鬼神，非礼不诚不庄。是以君子恭敬撙节退让以明礼。鹦鹉能言，不离飞鸟；猩猩能言，不离禽兽。今人而无礼，虽能言，不亦禽兽之心乎？夫唯禽兽无礼，故父子聚麀。是故圣人作，为礼以教人。使人以有礼，知自别于禽兽。"这就是说，礼是普遍适用的规则，也是人类社会的文明通则，"有礼"是人与禽兽的根本区别。法家主张"一断于法"。《商君书》云："刑无等级，自卿相、将军以至大夫、庶人，有不从王令、犯国禁、乱上制者，罪死不赦。"《韩非子》云："刑过不辟大夫，赏善不遗匹夫。"《管子》云："君臣上下贵贱皆从法。"诸葛亮说："吾心如秤，不能为人作轻重。"这些传统思想经过创造性的转化，形成了法律面前人人平等的原则。习近平总书记指出："平等是社会主义法律的基本属性，是社会主义法治的基本要求。坚持法律面前人人平等，必须体现在立法、执法、司法、守法各个方面。"[4]

中国特色社会主义法治理论不能割裂与中华优秀传统法律文化之间的

---

[1] 中共中央文献研究室. 习近平关于全面从严治党论述摘编[M]. 北京：中央文献出版社，2016：175.
[2] 中共中央文献研究室. 论群众路线：重要论述摘编[M]. 北京：中央文献出版社，党建读物出版社，2013：135.
[3] 习近平. 论坚持全面依法治国[M]. 北京：中央文献出版社，2020：231.
[4] 习近平. 论坚持全面依法治国[M]. 北京：中央文献出版社，2020：108.

文化血脉。以上几个方面表明，在5000多年的历史进程中不断演进的中华优秀传统法律文化，已经在中国特色社会主义法治理论中得到了广泛的传承。对此，习近平总书记明确指出："我国古代法制蕴含着十分丰富的智慧和资源，中华法系在世界几大法系中独树一帜。要注意研究我国古代法制传统和成败得失，挖掘和传承中华法律文化精华，汲取营养、择善而用。"①

### 三、外来法治成果是中国特色社会主义法治理论的文化资源

中华民族是一个善于学习的民族，有海纳百川的胸怀，有放眼全球的视野。中国特色社会主义法治理论是一种开放的、包容的、面向世界的法治理论，已经在文明对话的过程中实现了创新发展。数十年来，包括苏联、欧洲、美洲和亚非拉在内的世界各国人民共同创造的法治成果，作为一种外来的文化资源，已经被吸纳到中国特色社会主义法治理论之中。

（一）"使社会主义法治成为良法善治。"② 在古希腊，亚里士多德说过："法治应包含两重意义：已成立的法律获得普遍的服从，而大家所服从的法律又应该本身是制订得良好的法律。"③ 这是关于良法之治的经典论断。在当代，富勒认为，要让法治成为一项"使人类的行为服从规则之治的事业"④，法律就必须成为良法，也就是要符合一定的要求，譬如，法律要有一般性，法律应当公布，法律适用于将来而非溯及既往，法律要有明确性，要避免法律中的矛盾，法律要有稳定性，官方行为与法律保持一致性，等等。只有通过这样的良法，才能实现善治。习近平总书记指出："人民群众对立法的期盼，已经不是有没有，而是好不好、管用不管用、能不能解决实际问题；不是什么法都能治国，不是什么法都能治好国；越

---

① 中共中央文献研究室. 习近平关于全面从严治党论述摘编 [M]. 北京：中央文献出版社，2016：32.
② 习近平. 论坚持全面依法治国 [M]. 北京：中央文献出版社，2020：236.
③ 亚里士多德. 政治学 [M]. 吴寿彭，译. 北京：商务印书馆，1999：199.
④ 富勒. 法律的道德性 [M]. 郑戈，译. 北京：商务印书馆，2005：52.

是强调法治，越是要提高立法质量。这些话是有道理的。"① "以良法促进发展、保障善治。"② "法律是治国之重器，良法是善治之前提。"③ "使社会主义法治成为良法善治。"④ 这些关于良法善治的重要论述，体现了中国特色社会主义法治理论对国外良法善治理论的借鉴。

（二）"尊重宪法法律权威。"⑤ 在古希腊，柏拉图认为，"当一个国家的法律处于从属地位，没有任何权威，我敢说，这个国家一定要覆灭；然而，我们认为一个国家的法律如果在官吏之上，而这些官吏服从法律，这个国家就会获得诸神的保佑和赐福。"⑥ 在当代，拉兹论证了法的权威性，其论证逻辑认为，法律的制度化特性揭示了其作为一种社会规范体系的本质。简言之，在一个特定社会中，法律扮演着至高无上的指导与裁决角色，其存在之处即拥有实际效力与权威。这些关于法律权威的理论已经汇入中国特色社会主义法治理论之中。习近平总书记指出："任何组织和个人都必须尊重宪法法律权威，都必须在宪法法律范围内活动，都必须依照宪法法律行使权力或权利、履行职责或义务，都不得有超越宪法法律的特权。"⑦ 习近平总书记还指出："人民权益要靠法律保障，法律权威要靠人民维护。"⑧

（三）"没有法律之外的绝对权力。"⑨ 孟德斯鸠说过，"一切有权力的人都容易滥用权力，这是万古不易的一条经验"，"有权力的人使用权力直到遇有界限的地方才休止"⑩。阿克顿认为："权力导致腐败，绝对权力导致绝对腐败。"针对权力运行过程中的这种规律，习近平总书记指出："要加强对权力运行的制约和监督，把权力关进制度的笼子里，形成不敢腐的

---

① 习近平．论坚持全面依法治国［M］．北京：中央文献出版社，2020：20．
② 中共中央宣传部，中央全面依法治国委员会办公室．习近平法治思想学习纲要［M］．北京：人民出版社，学习出版社，2021：55．
③ 中国共产党第十八届中央委员会第四次全体会议公报［M］．北京：人民出版社，2014：7．
④ 习近平．论坚持全面依法治国［M］．北京：中央文献出版社，2020：236．
⑤ 中共中央关于全面推进依法治国若干重大问题的决定［M］．北京：人民出版社，2014：7．
⑥ 柏拉图．柏拉图全集：第5卷［M］．北京：人民出版社，2016：362-363．
⑦ 中共中央关于全面推进依法治国若干重大问题的决定［M］．北京：人民出版社，2014：6．
⑧ 中共中央关于全面推进依法治国若干重大问题的决定［M］．北京：人民出版社，2014：26．
⑨ 中共中央文献研究室．论群众路线：重要论述摘编［M］．北京：中央文献出版社，党建读物出版社，2013：135．
⑩ 孟德斯鸠．论法的精神［M］．北京：商务印书馆，1993：184．

惩戒机制、不能腐的防范机制、不易腐的保障机制。"① "各级领导干部都要牢记，任何人都没有法律之外的绝对权力，任何人行使权力都必须为人民服务、对人民负责并自觉接受人民监督。"② 我们不搞西方国家的三权鼎立，不搞两党制或多党制，但我们借鉴了外国的权力监督、权力制约的理论学说。

（四）"坚持司法公正。"③ 培根有一个生动的比喻："一次不公正的裁判，其恶果甚至超过十次犯罪。因为犯罪虽是无视法律——好比污染了水流，而不公正的审判则毁坏法律——好比污染了水源。"习近平总书记就此指出："这其中的道理是深刻的。政法机关是老百姓平常打交道比较多的部门，是群众看党风政风的一面镜子。如果不努力让人民群众在每一个司法案件中都感受到公平正义，人民群众就不会相信政法机关，从而也不会相信党和政府。"④ 因此，"我们要依法公正对待人民群众的诉求，努力让人民群众在每一个司法案件中都能感受到公平正义，决不能让不公正的审判伤害了人民群众感情、损害人民群众权益。"⑤ 习近平总书记还强调："全面推进依法治国，必须坚持公正司法。公正司法是维护社会公平正义的最后一道防线。"⑥ 这些重要论述体现了对培根的法治理论的吸纳和借鉴。

（五）"法治和德治相得益彰。"⑦ 中世纪的阿奎那提出，法律的制定旨在确保人们能够享有和平的生活，并且是维持道德生活不可或缺的一部分。哈林顿主张："如果说共和国是法治的政府而不是人治的政府，那么

---

① 中共中央文献研究室. 习近平关于全面深化改革论述摘编 [M]. 北京：中央文献出版社，2014：71.
② 中共中央文献研究室. 论群众路线：重要论述摘编 [M]. 北京：中央文献出版社，党建读物出版社，2013：135.
③ 全国人民代表大会常务委员会办公厅. 中华人民共和国第十届全国人民代表大会第五次会议文件汇编 [M]. 北京：人民出版社，2007：315.
④ 习近平. 论坚持全面依法治国 [M]. 北京：中央文献出版社，2020：46.
⑤ 中共中央文献研究室. 论群众路线：重要论述摘编 [M]. 北京：中央文献出版社，党建读物出版社，2013：67.
⑥ 习近平. 论坚持全面依法治国 [M]. 北京：中央文献出版社，2020：22.
⑦ 中共中央关于全面推进依法治国若干重大问题的决定 [M]. 北京：人民出版社，2014：7.

这种国家便是以德治理的王国而不是以人治理的王国。"① 这种强调德性与法律、法治相结合的理论，也可以为中国特色社会主义法治理论所借鉴。正如习近平总书记所指出："法律是成文的道德，道德是内心的法律，法律和道德都具有规范社会行为、维护社会秩序的作用。治理国家、治理社会必须一手抓法治、一手抓德治，既重视发挥法律的规范作用，又重视发挥道德的教化作用，实现法律和道德相辅相成、法治和德治相得益彰。"② 为了实现这个目标，必须发挥道德的教化功能，就需用道德来滋养法治精神，并加强道德对法治文化的支撑。无论法律多么完善、数量多么庞大，只有当它们转化为人们内心的自觉遵循时，才能真正被人们所遵守和实践。

（六）"顺应人民群众"的"新期待"。埃利希的"活法论"认为，"法发展的重心不在立法，不在法学，也不在司法判断，而在社会本身"③。伯克利学派的塞尔茨尼克和诺内特提出了"回应型法"的理论，他们认为，这种"回应型法"最困难的问题在于，在法律环境面临压力的情况下，要维护法律目的之持续权威性与法律秩序之完整性，关键在于构建更具能力的法律机构。这种"回应型法"的理论要求：建设更有能力的法律机构，更好地回应社会的需要。这种"回应型法"的理论已经汇入中国特色社会主义法治理论之中，正如习近平总书记所要求的，"全国政法机关要顺应人民群众对公共安全、司法公正、权益保障的新期待"④，"要重点解决好损害群众权益的突出问题，决不允许对群众的报警求助置之不理，决不允许让普通群众打不起官司，决不允许滥用权力侵犯群众合法权益，决不允许执法犯法造成冤假错案"⑤。习近平总书记还要求，"要加强重点

---

① 哈林顿. 哈林顿的政治思想 [M]. 王觉非，译. 北京：商务印书馆，1996：199.
② 习近平. 论坚持全面依法治国 [M]. 北京：中央文献出版社，2020：109.
③ 埃利希. 法律社会学基本原理 [M]. 叶名怡，袁震，等译. 北京：中国社会科学出版社，2009：375.
④ 中共中央文献研究室. 习近平关于全面依法治国论述摘编 [M]. 北京：中央文献出版社日期，2015：95.
⑤ 中共中央党史和文献研究院. 习近平关于尊重和保障人权论述摘编 [M]. 北京：中央文献出版社，2021：140.

领域立法，及时反映党和国家事业发展要求、人民群众关切期待"①。

（七）"法治为了人民。"洛克在其经典著作《政府论》中的观点认为，掌握国家立法权或最高权力者，应以明确、公开且长期有效的法律来治理国家，而非依赖临时命令。应当由公正无私的法官依据这些法律来裁决纷争，且法律的应用仅限于国内事务。对于外部事务，仅在防止或索赔外国造成的损害，以及保护社会免受侵略时，方可动用国家力量。这一切的最终目的，都是为了确保人民的和平、安全及公众福祉②。这种"为了人民"的法治理论契合当代中国"坚持人民主体地位"的法治理论，值得参考和借鉴。因为，中国特色社会主义法治更是为了人民的法治，正如习近平总书记所指出的："坚持人民主体地位，必须坚持法治为了人民、依靠人民、造福人民、保护人民。要保证人民在党的领导下，依照法律规定，通过各种途径和形式管理国家事务，管理经济和文化事业，管理社会事务。要把体现人民利益、反映人民愿望、维护人民权益、增进人民福祉落实到依法治国全过程，使法律及其实施充分体现人民意志。"③

除以上几个方面之外，源出于国外的契约自由、人权保障、无罪推定、疑罪从无、正当程序等方面的理论、学说，作为人类共同的法治文明，也已经汇入中国特色社会主义理论之中。习近平总书记指出："坚持从我国实际出发，不等于关起门来搞法治。法治是人类文明的重要成果之一，法治的精髓和要旨对于各国国家治理和社会治理具有普遍意义，我们要学习借鉴世界上优秀的法治文明成果。"④ 对人类法治文明成果的学习借鉴、广采博纳，显示了中国特色社会主义法治理论的包容性与开放性。

（四川大学法学院研究生符皓同学为本文引用的文献查找了出处，特此致谢）

---

① 习近平. 论坚持全面依法治国 [M]. 北京：中央文献出版社，2020：140.
② 洛克. 政府论 [M]. 叶启芳，瞿菊农，译. 北京：商务印书馆，1983.
③ 习近平. 论坚持全面依法治国 [M]. 北京：中央文献出版社，2020：107.
④ 习近平. 论坚持全面依法治国 [M]. 北京：中央文献出版社，2020：111.

# 制度如何形成以及如何影响繁荣

## ——关于2024年诺贝尔经济学奖的贡献和评议

李增刚*

【摘　要】2024年诺贝尔经济学奖获得者的主要理论贡献是关于制度如何形成及制度如何影响繁荣方面的研究。具体包括：①以包容性和攫取性两个维度来划分政治制度和经济制度，并且认为包容性制度是实现长期经济增长的关键；②"强国家和强社会"的组合是解决"国家悖论"的关键；③以新古典经济学的理论框架为基础构建分析不同制度形成的经济学根源；④以严格的因果推断证明制度是经济发展或经济增长的原因；⑤不同的经济活动对不同类型经济制度的要求不同。他们的理论成果能够在一定程度上解释中国改革开放以来所取得的伟大成就，对进一步全面深化改革也具有参考价值。

【关键词】包容性经济制度；长期经济增长；诺贝尔经济学奖

2024年的诺贝尔经济学奖授予达龙·阿西莫格鲁（Daron Acemoglu）、西蒙·约翰逊（Simon Johnson）和詹姆斯·A. 罗宾逊（James A. Robinson），以表彰他们在"制度如何形成及其如何影响繁荣"方面的研究。关于制度与经济繁荣或经济增长、经济发展之间关系的研究，1993年诺贝尔经济学奖得主道格拉斯·C. 诺思（Douglass C. North）的获奖也是因为对差不多相同的理论或观点的研究。那么，2024年的诺贝尔经济学奖为什么再一次授予这方面的贡献？从三人对经济学的贡献来看，阿西莫格鲁在经济学顶刊上发表的论文数量远远超过约翰逊和罗宾逊，可为什么诺贝尔经济学奖不是授予阿西莫格鲁一人而是授予他们三人？他们三人的理论或研究能否

---

\* 李增刚，山东大学经济研究院教授、博士生导师，《制度经济学研究》编辑部主任。

解释中国的现实，或者说对中国有什么启示？

## 一、阿西莫格鲁等三人的主要学术贡献

2024年的诺贝尔经济学奖授予新制度经济学领域的研究者，是因为他们关注的问题具有很强的现实意义和理论价值。从现实意义上看，发展中国家的发展问题是全球性的重大问题，国家富裕/贫困的问题一直是包括学者在内的有识之士关注的话题。几乎所有国家的领导人、统治者甚至人民，都想寻求国家长期繁荣之道，都希望找到国家长期增长的理论或方法。从理论意义上来说，经济增长理论是宏观经济学的核心内容。至少从古典经济学时期起，对经济增长决定因素的研究就一直是理论研究的重点，经历了以资本、劳动为主要生产要素的"要素假说"，以技术创新和进步为基础的内生增长理论和制度决定论等不同阶段。制度与经济增长和经济发展关系的理论是经济增长理论的一个重要阶段。从三位学者发表的论文和被引用数量来看，阿西莫格鲁在经济学的五大顶刊已经发表了85篇论文，并且多篇论文被引用量高达上万次，比如他2001年的文章"比较发展的殖民根源：经验考察"（The Colonial Origin of Comparative Development：An Empirical Investigation）和"国家为什么会失败：权力、繁荣和贫困的根源"（Why Nations Fail：The Origin of Power，Prosperity and Poverty）的被引用量接近两万次；还有数十篇论文的被引用量也达到几千次。自从阿西莫格鲁在2005年获得被称为"小诺贝尔经济学奖"或"诺贝尔经济学奖风向标"的克拉克奖之后，他就一直被认为是诺贝尔经济学奖的潜在得主。2024年，阿西莫格鲁与约翰逊和罗宾逊一起获得诺贝尔经济学奖，可谓实至名归。

那么，阿西莫格鲁等三人在制度与经济增长和经济发展关系方面的研究取得了哪些方面的突出贡献？总体上看，阿西莫格鲁等人打开了"制度"黑箱，深入研究了什么样的制度有利于长期经济增长和经济发展，特别是运用新古典经济学标准的理论框架对制度生成和变迁的机制进行了解释[1]。

---

[1] ACEMOGLU D, ROBINSON J A. Why nations fail：origins of power, poverty and property [M]. New York：Crown Publishers (Randon House), 2012.

第一，包容性制度是实现长期经济增长的关键。阿西莫格鲁等的分析框架是：政治制度决定经济制度，经济制度决定经济绩效。一个国家或地区的经济绩效直接取决于经济制度，这是因为经济制度会决定人们的经济活动或经济行为。比如，一个经济主体或市场主体应将有限的稀缺资源用于创新还是寻租？如果是用于创新，将有利于长期经济增长和经济发展；如果是用于寻租，不仅不利于经济增长和经济发展，反而可能会产生抑制或阻碍作用。该经济主体是基于自身利益最大化的目的而在特定的制度约束下做出的选择。有的国家或地区的经济制度鼓励创新，有的国家或地区的经济制度则鼓励寻租，前者能够实现长期经济增长和经济发展，后者则不能。那么，经济制度又是如何决定的？阿西莫格鲁等认为是由政治制度决定的。这至少包括几个层面的分析：一是政治制度决定了政治过程中的主体或参与者等；二是政治制度决定了政治过程或程序，即经济制度生成的过程；三是政治制度决定了政治过程中各种主体或参与者的话语权大小、投票权大小等。

阿西莫格鲁等根据包容性和攫取性两个维度将政治制度和经济制度各自分为包容性政治制度和攫取性政治制度、包容性经济制度和攫取性经济制度。他们认为，包容性经济制度是长期经济增长的关键，并且只有在包容性经济制度下，一个国家或地区才能够实现长期的经济增长。

那么，包容性经济制度有哪些特征？阿西莫格鲁等认为，包容性经济制度下，该国家所有的人都可以自由地进入或退出市场，市场是高度竞争的，每个人都可以自由地从事最适合个人才能的职业，能够发挥比较优势，并且能够根据对社会财富的贡献获得回报。这种社会能够激发所有人的积极性，无论是资本所有者还是劳动所有者，都能够尽可能地利用自己的资源禀赋和比较优势为社会创造财富[①]。

与包容性经济制度不同，在攫取性经济制度下，不是所有人都可以自由平等地进入或退出市场，市场是垄断的，不是每个人都可以根据自己的能力、禀赋等选择适合自己的职业，也不能够根据自己所拥有要素的贡献

---

① 达龙·阿西莫格鲁，詹姆斯·A. 罗宾逊. 国家为什么会失败［M］. 李增刚，译. 长沙：湖南科技出版社，2015.

获得报酬。在垄断性市场结构下，无论是买方垄断还是卖方垄断，处于垄断地位的一方都可以利用自己的垄断地位尽可能攫取对方的剩余，包括生产者剩余和消费者剩余。垄断者可以通过垄断地位获得超额利润，于是其在创新或采用新技术等方面的动力就会大幅度下降。但是，在高度竞争的市场结构中，一个市场主体要获得超额利润，唯一的途径就是创新，这就形成了激励创新的制度环境。

包容性经济制度和攫取性经济制度分别是在包容性政治制度和攫取性政治制度下形成或产生的。包容性的政治制度形成包容性的经济制度，攫取性的政治制度形成攫取性的经济制度。在攫取性政治制度下，政治权力掌握在少数精英手中，社会中的绝大多数人没有选举权和被选举权，没有参与政治过程的机会，经济制度通常成为精英人物攫取其他人的手段。相反，在包容性政治制度下，所有符合法定条件的人都有选举权和被选举权，总统或首相等领导人物是人们选举出来的代理人，而不是国家的统治者，总统或首相也清楚自己的权力是来自选民的选举或委托。经济制度是为所有选民的利益服务的，而不是为了少数精英人物的利益。一旦精英人物为了自己的利益而损害选民的利益，就会被选民罢免。这就在选民与精英之间形成了有效的制衡。攫取性政治制度能否产生包容性经济制度、包容性政治制度能否产生攫取性经济制度？阿西莫格鲁等认为，攫取性政治制度有可能产生出包容性的经济制度，但是不能够持续，因为这不符合攫取者或精英人物的利益；而包容性政治制度不可能产生攫取性的经济制度。

第二，通过"强国家、强社会"解决"国家悖论"。国家的存在既是经济增长的根源，也是造成人为经济衰退的根源。这是道格拉斯·诺思在《经济史中的结构与变迁》中提出来的理论。之所以说国家是经济增长的关键，是因为国家提供的产权保护、法律秩序、基础设施等公共产品对经济发展和经济增长至关重要。但是，无论是一个国家的政府规模太大还是政府运用合法垄断的暴力机器等进行掠夺或攫取等，比如征收过高的税收，都可能导致经济衰退，也不利于经济增长和经济发展。阿西莫格鲁等提出，为了对抗强国家或强政府可能造成的不利影响，需要有一个强大的、流动的社会。当国家或政府征收过高的税收或者通过其他方式进行掠夺、攫取的时候，社会能够采用各种方式抗衡。

按照强、弱将国家和社会进行分类，至少可以形成四种组合：强国家、强社会；强国家、弱社会；弱国家、强社会；弱国家、弱社会。阿西莫格鲁等认为，只有强国家、强社会的组合才能够实现长期的经济增长，并且在这种组合中，国家与社会必须既相互合作又相互对抗，对抗的力量又差不多恰好可以相互制衡。其他三种组合都不利于经济增长和经济发展。强国家、弱社会可能会产生攫取性制度，国家可能会通过高税收等方式掠夺公众；弱国家、强社会虽然在某个区域或领域存在秩序，但是整个国家处于无序状态，国家没有能力为整个社会提供稳定的秩序；弱国家、弱社会则更加混乱，无论是国家还是社会，都不能够提供秩序等公共产品。所以，阿西莫格鲁等认为，包容性制度是需要强国家为支撑的，当然，也需要强社会对抗国家可能带来的不利影响①。

第三，通过建立数理模型，解释了不同国家政治制度差异的经济根源。阿西莫格鲁等将一个社会分为两大阶层：一个是精英阶层或政治统治者，一个是普通大众阶层。他们都是完全理性的"经济人"，都是追求自身利益最大化的经济人。一是在既定的制度下追求自身利益最大化，二是为了追求自身利益最大化可能会改变或推翻原来的制度。这两个阶层的利益在很多时候是相互冲突或矛盾的。精英阶层人数相对比较少，比普通大众少得多，他们更容易达成集体行动。世界上几乎所有国家或地区的政治制度，在成为包容性制度之前都是攫取性的，即农业社会的君主制度。但是，有些国家或地区的攫取性制度转变成了包容性制度，有些国家却没有，根本原因就在于精英阶层与普通大众阶层博弈或斗争的结果不同。对于精英阶层来说，攫取性制度对他们是有利的，他们是既得利益者，会通过各种手段极力维护这种制度；对于被攫取者来说，虽然也可能会有"抗争"的意识，但是每个个体能够从"抗争"中获得的收益可能弥补不了为此所承担的成本，加上个体的"搭便车"、机会主义等倾向，使得被攫取

---

① ACEMOGLU D, ROBINSON J A. The narrow corridor: states, societies, and the fate of liberty [M]. New York: Penguin Press, 2019.

者无法形成推翻攫取性制度的集体行动。当一个国家或地区受到外生冲击或者国内人口结构发生变化等，都有可能改变精英阶层和普通大众阶层的相对力量。比如，在13、14世纪，西欧很多国家曾经流行黑死病，大量人口死亡，改变了统治精英和普通大众的结构，也改变了土地数量与劳动者的比例关系，使得劳动力相对于土地更加稀缺，土地所有者要想保有劳动力，就要提高劳动者的待遇，减轻"剥削"的程度。

阿西莫格鲁等分析了欧洲殖民者在北美洲和南美洲建立的不同殖民制度。欧洲殖民者在南美洲和拉美地区采取的基本上都是掠夺性的殖民制度，但是在北美洲（主要是现在的美国和加拿大）建立的却是生产性的殖民制度，原因不在于他们的偏好存在差别，而是因为南美洲生产白银等贵金属，为殖民者提供了相对便利的掠夺机会。殖民者刚到北美洲的时候，原本也想采取掠夺白银等贵金属的殖民形式，但是北美洲并不像南美洲那样盛产白银等贵金属，甚至没有什么可以掠夺的资源。殖民者为了生存下去，也为了实现自己的利益最大化，就占领土地并进行生产。所以，殖民者选择哪种殖民形式，取决于在既定的约束下不同的殖民形式能够为其带来的收益。

第四，阿西莫格鲁等对制度与经济发展和经济增长之间的关系进行因果识别，证明了制度是实现经济发展或经济增长的原因。制度对经济发展至关重要的判断或命题在提出来之后，有许多学者质疑这个判断和命题。一个根本的质疑是，制度到底是经济发展或经济增长的原因还是结果？这实际上就陷入制度与经济增长或经济发展互为因果的矛盾之中。阿西莫格鲁等人通过大量的实证检验证明了制度是经济发展或经济增长的原因而非结果——他们采用多个工具变量，都证明了制度是经济发展和经济增长的原因而不是结果。比如，他们采用的一个重要工具变量是殖民者移居殖民地的死亡率。这个工具变量相对于殖民地来说是外生的，即不受殖民地地理因素的影响，但是却会对制度产生影响。殖民者移居到殖民地的时候，如果死亡率比较高，他们就无法长期定居，从而倾向于选择掠夺；如果死亡率比较低，他们就可能会长期定居而选择生产。他们的研究结果表明，殖民者移居殖民地的死亡率与该地区现在的经济发展水平之间存在负相关关系。这就证明了殖民者在当时建立起来的攫取性的掠夺制度一直影响到了现在。阿西莫格鲁等人采用严格的计量实证，识别出了制度与经济发展之间的因果关系，是方法论上的重要发展。阿西莫格鲁等人的这一研究思路和研究方向影响了后来的许多经济学家，如2020年克拉克奖得主梅丽莎·戴尔（Melissa Dell）。

第五，阿西莫格鲁等还进一步对制度进行解构，深入考察不同类型经济活动对不同经济制度的需求。他们认为，财产权制度对长期经济增长最为重要，强有力的产权保护能够有效地激励投资和创新，促进经济繁荣的实现；而契约执行制度则对金融市场的发展和复杂交易更为关键，因为金融活动是契约密集型的，契约执行的效率直接决定了金融发展的深度和广度。

## 二、为什么是三人一起获奖而不是阿西莫格鲁一人获奖？

虽然阿西莫格鲁、约翰逊和罗宾逊三人一起获得诺贝尔经济学奖，但是三人对经济学的贡献并不相同。这至少表现为三个方面：一是阿西莫格鲁在经济学顶刊上发表的论文数量明显多于约翰逊和罗宾逊；二是在三人合作的成果中，有三人合作发表的成果，有阿西莫格鲁与约翰逊合作发表的成果，也有阿西莫格鲁与罗宾逊合作发表的成果，但是没有约翰逊与罗宾逊二人合作发表的成果；三是在诺贝尔经济学奖评选委员会发布的对获奖成果的详细介绍所引用的文献中，要么是三人合作的，要么是阿西莫格鲁与约翰逊合作的，要么是阿西莫格鲁与罗宾逊合作的，还有阿西莫格鲁与其他人合作的，但是没有约翰逊与罗宾逊两人合作的，也没有约翰逊或罗宾逊与其他人合作的成果。这说明，阿西莫格鲁是三人中的核心，三人的贡献并不对称，但是诺贝尔经济学奖委员会在发布的公告中确实表明三人各得奖金的1/3。这又是为什么呢？或者，既然阿西莫格鲁的贡献最大，为什么不只授予阿西莫格鲁一人呢？

首先，诺贝尔奖委员会对奖金的分配是平分，而不是根据贡献大小有差别地分配。诺贝尔奖在各学科的评奖都是采取奖金平分的做法，无论是二人得奖还是三人得奖，所有获奖者奖金平分，不会根据贡献大小进行分配。因为各位得主的贡献根本没有办法计量清楚，特别是在合作研究的成果中。虽然阿西莫格鲁等三人合作的成果中，阿西莫格鲁一直是以第一作者身份发表，但是这并不是根据贡献大小，而主要是根据作者姓名的字母顺序排名。

其次，诺贝尔经济学奖委员会奖金发放的对象虽然是诺贝尔奖得主，但其奖励的主要是在某个领域的研究成果。就像2024年的诺贝尔经济学奖得主获奖的原因是在"制度如何形成及其如何影响繁荣"方面的卓越研究。诺贝尔奖不是综合性的奖励，并不是因为某个人的所有贡献而得奖。有的学者可能会在多个不同领域都有突出贡献而不止一次获得诺贝尔奖，比如居里夫人就分别获得了诺贝尔物理学奖和化学奖，美国物理学家约翰·巴丁（John Bardeen）获得了两次诺贝尔物理学奖，英国生物化学家弗雷德里克·桑格（Frederick Sanger）获得了两次诺贝尔化学奖。阿西莫格鲁除了在制度经济学方面有突出贡献，在劳动经济学、数字经济学等方面也有突出贡献，也有可能会再次获奖，至少不排除这种可能性。

再次，三人在"制度如何形成及其如何影响繁荣"的研究方面进行了"富有成效"的合作。主要的奠基性成果都是三人合作完成的，比如2001年发表于《美国经济评论》的文章"比较发展的殖民根源：经验考察"The Colonial Origins of Comparative Development：An Empirical Investigation、2002年发表于《经济学季刊》的文章"财富逆转：现代世界收入分配形成中的地理和制度"（Reversal of Fortune：Geography and Institutions in the Making of the Modern World Income Distribution）、2005年发表于《美国经济评论》的文章"欧洲的兴起：大西洋贸易、制度变迁与经济增长"（The Rise of Europe：Atlantic Trade, Institutional Change, and Economic Growth）以及2005年在《经济增长手册》（Handbook of Economic Growth）上发表的文章"作为长期经济增长根源的制度"（Institutions as the Fundamental Cause of Long-run Growth）等。

最后，虽然约翰逊和罗宾逊在顶刊上发表的论文不如阿西莫格鲁多，但是他们也各有特色，并且在三人合作之前都已经成果卓著。阿西莫格鲁是典型的学院派学者，自从1992年获得博士学位之后在伦敦政治经济学院工作一年，从1993年开始一直在麻省理工学院工作，从未离开过；约翰逊是横跨政、商、学三界的学者，曾经在国际货币基金组织、美国的彼得森研究所等任职，担任过国际货币基金组织的首席经济学家，从2021年开始加入了房利美（Fannie Mae）董事会；罗宾逊则是重要的历史学家、政治学家和经济学家，特别重要的是他在非洲、南美洲等地进行的实地考察和调研，获得了大量的一手资料和数据，通过亲身感受使得研究更"接地气"，更有质感。此外，还必须指出的是，约翰逊在与阿西莫格鲁、罗宾逊合作之前，就已经在《美国经济评论》《经济学季刊》等经济学顶刊上发表论文，他当时研究的主题涉及苏联经济、转型经济、非正式经济（unofficial economy）等，合作者包括丹尼尔·考夫曼（Daniel Kaufmann）、斯坦利·费舍尔（Stanley Fischer）、安德烈·施莱佛（Andrei Shleifer）、拉波塔（Rafael La Porta）、洛佩兹（Florencio Lopez-de-Silanes）、格雷泽（Edward Glaeser）等学者。其中，施莱佛是哈佛大学教授，1999年克拉克奖得主，是"法与金融"中"LLSV"系列文章的核心人物，还是"新比较经济学"（new comparative economics）的开创者之一。罗宾逊在与阿西莫格鲁、约翰逊合作之前，也已经在《政治经济学杂志》（*Journal of Political Economy*）、《国际经济评论》（*International Economic Review*）等重要刊物上发表了关于劳动经济学、人口经济学以及经济增长等方面的论文，其合作者包括耶鲁大学的斯瑞尼瓦桑（T. N. Srinivasan）等。

总之，2024年的三位诺贝尔经济学奖得主因为对重要的问题做出了重要的理论研究而得奖，而这个重要的问题并非新问题，其基本的理论判断也并非全新，重要的是从新的视角、采用新的方法深入研究，从而推动理论和方法论的发展，并持续产生影响。

### 三、阿西莫格鲁等的理论对中国的启示

阿西莫格鲁等提出的包容性制度是实现长期经济增长的关键因素的判断，既能够解释中国改革开放之后所取得的伟大经济成就，也对中国未来的经济发展有所启示。

（一）中国改革开放取得的伟大成就得益于包容性经济制度

党的二十大报告指出，"坚持以人民为中心的发展思想。维护人民根

本利益，增进民生福祉，不断实现发展为了人民、发展依靠人民、发展成果由人民共享，让现代化建设成果更多更公平惠及全体人民"。这既是中国建设社会主义现代化国家所坚持的原则之一，也是中国改革开放之后一直坚持的一个原则。这个原则体现了包容性经济制度的本质。正是改革开放之后中国各领域经济制度的包容性逐渐提高，中国才取得了快速的经济增长。

在农村，家庭联产承包责任制是土地产权制度的改革，也是分配制度的重要改革。家庭联产承包责任制将农民作为农业生产的最终剩余所有者，按照定额交够国家的、留够集体的，剩下的都是个人的。这对农民意味着"多劳多得"，因为上交国家或留给集体的农产品的数额是固定的，产量高，个人的收益高。这就极大地提高了农民的生产积极性，改变了原来的"出工不出力"的境况。"多劳多得"是包容性制度最重要的特征。

在家庭联产承包责任制之后，农民不再被严格地限定在土地上，乡镇企业、外资企业等快速发展，对农民城乡流动、跨区域的限制降低，许多农民到城镇、到东部沿海地区务工，提高了劳动生产率，创造出了巨大的"人口红利"，推动了工业化和城镇化的进程。一是允许外资进入，鼓励并促进乡镇企业发展、个体户发展等，降低或取消了行业进入的限制、所有制的限制；二是降低或取消了人口流动的限制，特别人口的城乡流动和跨区域流动，优化了资源的配置，农村剩余劳动力不再被束缚在土地上。

国有企业先后经历了放权让利、承包责任制、股份合作制和股份制等改革历程，本质上都是通过增加企业的自主权、提高经营者和员工的分配比例、增加分配方式等，让企业经营者和员工获得更多的企业利润，从而提高经营者和员工的积极性。通过这一系列的产权改革、收入分配制度改革等，提高了经营者和员工的积极性，实现了经济的快速增长。

在中国特色社会主义经济制度建设上，所有制、资源配置方式和分配制度也都体现出越来越包容的特点。在所有制的结构方面，从"一大二公"发展为以公有制为主体、多种所有制经济共同发展，支持民营经济发展；在资源配置方式上，从有计划的商品经济，到市场经济在资源配置中起基础性作用、决定性作用；在分配方式上，从按劳分配发展为按劳分配为主体、多种分配方式并存，并提出要提高居民的财产性收入等。所有这些改革，都提高了各种经济主体参与经济活动的动力和能力，促进了经济的快速增长。

所以，阿西莫格鲁等提出来的包容性经济制度概念，可以用来解释中国改革开放所取得的伟大经济成就。

（二）包容性经济制度理论对中国的启示

中国未来仍然需要通过全面深化改革，不断提高制度的包容性，为进一步推动经济增长、实现长期经济增长奠定基础、创造条件。

首先，切实坚持和落实"两个毫不动摇"。党的二十届三中全会进一步强调要毫不动摇巩固和发展公有制经济，毫不动摇鼓励、支持、引导非公有制经济发展，促进各种所有制经济优势互补、共同发展。要保证各种所有经济依法平等使用生产要素、公平参与市场竞争，一方面要对国有经济的功能和分布领域科学定位，在保持公有制经济主体地位的前提下有所为有所不为，既要避免与民营经济过度竞争，又要避免通过垄断等途径限制民营经济进入或竞争；另一方面，通过负面清单管理等形式，除了明确规定民营经济不能够进入的领域和行业外，其他领域和行业至少是允许进入甚至鼓励进入的。

其次，保护所有市场主体的合法财产权和合法要素收益分配权，形成有效激励，为投资、消费等奠定基础。高水平市场经济体制最重要的基础制度就是完善的产权制度，既要明晰产权，也要保护产权。只有具备完善的产权制度，市场机制才能够有效发挥作用。政府对各种市场主体征收的税率要相对稳定，确保市场主体形成稳定预期。尤其重要的是，政府应尽可能降低或减少各种形式的"不确定收费"。

最后，形成鼓励创新的制度环境，只有不断创新的社会，才能实现快速增长。发展新质生产力以创新为核心特征，包括技术、产业、组织、制度等各方面的创新。建立公平竞争的环境，以创新作为获得超额利润的唯一途径，充分发挥社会大众的聪明才智，建立创新型社会。

总之，中国要实现经济的高质量发展，要实现长期可持续发展，就必须不断提高经济制度的包容性，不断完善高水平社会主义市场经济体制的基础制度，为实现中国式现代化提供坚实的基础和支撑。

# 诈骗的成因及其治理优化[*]

戴治勇[**]

**【摘　要】** 在当今信息爆炸的时代，我们每个人都不时受到各种诈骗信息的侵扰，诈骗造成的财产损失巨大且不断攀升，已然成为第一大财产类犯罪。笔者发现，大部分人对线下诈骗是没有抵抗力的，但线下诈骗覆盖面有限，因此线下诈骗的最佳应对策略是威慑。尽管人们大都对线上诈骗有一定免疫力，但被波及的易感者却很难幸免，因此对线上诈骗采取最佳应对策略是威慑的同时加强防范。诈骗泛滥主要是由于线上诈骗的出现，它更大程度上表现出标准化、规模化的特点，这对只针对诈骗者的传统威慑策略提出了挑战。加强防范需要聚焦受害者，从受害者出发，本文区分了深信不疑、将信将疑、不法交易三种类型的诈骗，发现前两种特别是第二种造成的损失更大，但第一种和第三种更可能出现重复被害的现象。在当前线上诈骗泛滥的背景下，反诈的防范资源更宜向诈骗信息的易感者、损失更大者和重复受害者倾斜。

**【关键词】** 线上诈骗；线下诈骗；受害者；诈骗治理

## 一、引言

由于数字金融和移动支付技术的飞速发展，财产类犯罪，特别是盗窃，出现了断崖式下降，但诈骗却刚好相反（见图1）。据公安部的统计，近10年来我国线上诈骗（即电信诈骗）案件平均每年以20%～30%的速度

---

[*] 本研究受到国家社会科学基金西部项目"从威慑到协同防范的诈骗治理转型研究"（23XJL001）的资助。

[**] 戴治勇，教授，博士生导师，西南财经大学法学院。

增长，尤其是 2011 年至 2015 年，年均增长率高达 70% 以上，每年因线上诈骗导致的民众损失达 100 余亿元，平均单笔金额超过万元。2022 年，全国因线上诈骗导致的财产损失更是接近 300 亿元。诈骗尤其是线上诈骗已经严重侵犯了人民群众的财产权利，影响人民群众的获得感、幸福感、安全感。如何遏制诈骗，减少财产损失，提高人民群众生活的幸福感，成为摆在党和国家面前的治理难题，也成为学术研究的重要课题。

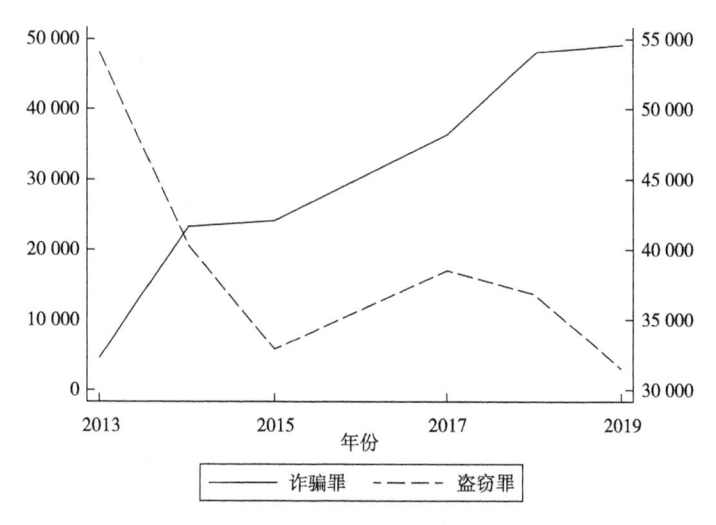

**图 1　2013—2019 诈骗与盗窃犯罪数量**① （单位：件）

数据来源：中国裁判文书网。

如果说传统诈骗波及面窄，尚属局部的线下诈骗（即面对面诈骗），当代诈骗则波及面广，已然是全局性的线上诈骗。传统诈骗面对面进行，受害者事后能够有效指证诈骗者，如果受害者众多，受害者报警的可能性也相应增加，同时，诈骗者现身犯罪现场，逃脱处罚的难度较大，追回赃款的概率也较大；而新型线上诈骗受害者与诈骗者从未谋面，诈骗者远在他乡甚至国外，通过电话或网络与受害者交流，有组织、有分工、有剧情设计，让受害者防不胜防，数字金融的发展使得被骗损失直达受害者财产上限，移动支付的迅捷也缩短了受害者识别和判断真伪的时间，一旦受

---

① 此图由西南财经大学法学院博士生曹东篱整理。在此表示感谢。

骗，财产被迅速转移，财产追回的难度大，受害者报警求助的意愿也相应减弱。这使得传统通过抓捕、处罚诈骗者的事后威慑手段效果有限。

为了有效遏制诈骗案件的迅猛增长，诈骗治理开始前移。自2021年起，公安部、工信部、中国人民银行等部门联合构建推出"五大反诈利器"，包括国家反诈中心App、96110预警劝阻专线、12381涉诈预警劝阻短信系统、全国移动电话卡"一证通查"服务、云闪付App"一键查卡"。治理手段既包括对典型诈骗手段的归纳总结及宣传警示，也包括对可疑账户的监控，转账前的及时劝阻，对转账金额的限制，甚至陌生账户之间汇款24小时可撤销，等等。同时，私人金融服务平台也开始行动起来，腾讯、蚂蚁集团先后推出了安全综合反诈平台，开发了"叫醒热线""延时到账""电诈风险识别""受害人预警和保护"等科技反诈手段，反诈已经进入AI时代。

针对近年来诈骗治理从单边威慑向威慑和防范两手抓的转型，亟待对传统理论进行扩展。传统威慑理论集中于对诈骗者的惩罚，即在发现、逮捕诈骗者的执法成本与处罚诈骗者的执法成本之间进行权衡。防范理论则需要聚焦受害者，分析哪些人更可能遭遇诈骗，哪些人又可能实际被骗，如何增强潜在受害者的防范能力，当受害者防范能力薄弱时第三方如何及时进行救助。由于资源是有限的、稀缺的，有效地配置资源要求精准识别遭遇诈骗后更可能实际被骗的受害者、更可能被大额诈骗的受害者、受到诈骗以后生活更困难的受害者。如果说事前警示还可以遍地撒网，那么，事中提醒、及时干预、事后疏导、防止再次被骗则需要更有针对性。

传统受害者理论最有代表性的是自我控制理论（self-control theory）[1]和生活方式暴露理论（life style exposure theory）[2]。前者认为，具有较低自我控制的个人更注重短期利益，更容易冲动和追求刺激，进而导致一些高风险行为或事件的发生，如吸毒、酗酒、吸烟、逃学、失业等，这些行为会自我选择进入危险的社会环境，增加其受害的风险；后者认为，被害是

---

[1] GOTTFREDSON M R, HIRSCHI T. A general theory of crime [M]. California: Stanford University Press, 1990.

[2] HINDELANG M J, GOTTFREDSON M R, GAROFALO J. Victims of personal crime: an empirical foundation for a theory of personal victimization [M]. Massachusetts: Ballinger, 1978.

由于被害人和加害人生活方式重叠所致,被害人的生活方式或日常活动受到一系列诸如生活习惯、文化差异、家庭背景等的影响,比如夜间外出、饮酒、邻里环境等,这增加了与加害人生活方式交叠的可能性。自我控制理论仅仅强调个体原因,生活方式暴露理论则既强调个体原因,也强调环境原因。在此基础上,雷晓燕等讨论了互联网接触增加了成为诈骗目标的可能性[1];Holtfreter et al.[2]、Reisig & Holtfreter[3]发现,频繁进行网络购物也会增加暴露在诈骗活动中的风险。除了受害者的自我选择以外,也有研究发现了诈骗分子的主动匹配"努力":通过从企业获得顾客消费行为和偏好等信息,他们会排除那些行事坚定、对其描述的"产品"不感兴趣的客户[4],在进一步接触中,诈骗分子会利用人们的贪欲、急躁、厌恶损失等心理特征有针对性地攻击,这些人可能和社会隔离度较高,并且存在一定程度的认知损伤,因而更容易成为被攻击的目标[5][6]。

遭遇诈骗并不一定实际被骗,受害者可能具有一定识别诈骗和防范诈骗的能力。不过,由于记忆、认知水平下滑[7]、信息处理能力下降[8][9][10],

---

[1] 雷晓燕,沈艳,杨玲. 数字时代中国老年人被诈骗研究:互联网与数字普惠金融的作用[J]. 金融研究, 2022 (8): 13-131.

[2] HOLTFRETER K, REISIG M D, PRATT T C. Low self-control, routine activities, and fraud victimization [J]. Criminology, 2008, 46 (1): 189-220.

[3] REISIG M D, HOLTFRETER K. Shopping fraud victimization among the elderly [J]. Journal of Financial Crime, 2013, 20 (3): 324-337.

[4] SHOVER N, COFFEY G S, SANDERS C R. Dialing for dollars: opportunities, justifications, and telemarketing fraud [J]. Qualitative Sociology, 2004, 27 (1): 59-75.

[5] LANGENDERFER J, SHIMP T A. Consumer vulnerability to scams, swindles, and fraud: a new theory of visceral influences on persuasion [J]. Psychology and Marketing, 2001, 18 (7): 763-783.

[6] SHADEL D P. The psychology of consumer fraud [D]. North Brabant: Tilburg University, 2007.

[7] ROSS M, GROSSMANN I, SCHRYER E. Contrary to psychological and popular opinion, there is no compelling evidence that older adults are disproportionately victimized by consumer fraud [J]. Perspectives on Psychological Science, 2008, 9 (4): 427-442.

[8] TEMPLE J. Older people and credit card fraud [J]. Trends & Issues In Crime And Criminal Justice, 2007 (343): 343-355.

[9] REISIG M D, HOLTFRETER K. Shopping fraud victimization among the elderly [J]. Journal of Financial Crime, 2013, 20 (3): 324-337.

[10] LICHTENBERG P A, SUGARMAN M A, PAULSON D, et al. Psychological and functional vulnerability predicts fraud cases in older adults: results of a longitudinal study [J]. Clinical Gerontologist, 2016, 39 (1): 48-63.

老年人群体更可能被骗。雷晓燕等发现,老年人接触互联网同时具有"曝露效应"和"学习效应",前者增加了遭遇诈骗的可能性,后者降低了实际被骗的可能性。饶育蕾等发现,不幸福的老年人更可能被骗[1]。由于金融类诈骗日益增多,也有文献注意到个体缺乏金融专业知识与被骗的关系[2][3],信任与被骗的关系[4][5]。从金融环境出发,高楠等发现了融资需求、信贷约束与被骗的关系[6],梁平汉等发现了金融可得性对网络传销类诈骗的抑制[7]。

综上所述,现有诈骗受害者研究大都受到当前诈骗的泛滥启发进入这一领域,却没有明确分析线上诈骗和传统线下诈骗在遭遇率、被骗率、损失大小、报警率、财产追回等方面究竟有何不同,受害者是如何被骗的,哪种受害者更可能被骗,哪种受害者可能遭遇大额诈骗,哪种受害者受骗后生活更困难,哪种受害者更可能重复被骗,这是当前新形势下展开有效的诈骗治理所必须知道的。

## 二、线上诈骗与线下诈骗

一般而言,线下诈骗面对面进行,需要诈骗者和受害者的时间、地点相互交叠才可能发生,波及面是有限的;线上诈骗则不然,它几乎不受时空交叠限制,因此,每个人遭遇线上诈骗的可能性肯定更大。但受害者在遭遇两种不同形式的诈骗时,自我防护程度如何?哪种形式更可能被骗?损失如何?是否报警?报警后损失多大程度上追回?还需要进

---

[1] 饶育蕾,陈地强,彭叠峰,等.幸福感能降低中老年人受骗风险吗?:基于CHARLS数据的实证研究[J].计量经济学报,2021,1(2):303-317.

[2] 刘阳,张雨涵.居民金融素养与家庭诈骗损失[J].消费经济,2020,36(2):60-71.

[3] 李庆海,徐闻怡,郁杨成.金融知识与农村居民金融诈骗损失[J].农村金融研究,2020(12):12-20.

[4] 朱家祥,沈艳,邹欣.网络借贷:普惠?普骗?与监管科技[J].经济学(季刊),2018,17(4):1599-1622.

[5] 王正位,王新程,廖理.信任与欺骗:投资者为什么陷入庞氏骗局?:来自e租宝88.9万名投资者的经验证据[J].金融研究,2019(8):96-112.

[6] 高楠,马媛媛,何青.融资需求、信贷约束与经济诈骗[J].世界经济,2022,45(4):134-161.

[7] 梁平汉,江鸿泽.金融可得性与互联网金融风险防范:基于网络传销案件的实证分析[J].中国工业经济,2020(4):116-134.

一步分析验证。

线下诈骗面对面进行，诈骗者更可能获得受害者信任，而且诈骗手段是针对受害者量身定做的，可实时调整，对诈骗者的技巧要求很高。线上诈骗更像一种标准化产品，尽管它也可能针对某一类人群进行产品细分，但一般不会针对个人，诈骗者只是根据事前的情节设计演练，基本上可以照着准备好的稿子宣读。只需要经过简单培训，诈骗操作员就可以上岗，这样，线上诈骗很容易量产，实现规模化生产。即使对某个个体而言，线上诈骗针对性低，成功率也更低，但由于规模化效应，总体而言，受害者数量可能会更高。至于损失金额，线上线下孰多孰少就完全不得而知了，只有实证研究才能回答这个问题。

利用 2015 年中国家庭金融调查（CHF2015）数据，我们可以对传统线下诈骗与当代线上诈骗做一个全面的比较①。该调查数据在全国范围内展开，样本规模总计达到 36 730 户家庭，涵盖了除新疆、西藏外的 29 个省（自治区、直辖市），包括 353 个县、1 417 个社区（村），为本文的研究打下了坚实的基础。

根据调查问题"过去一年，您家遇到过下列哪些形式的诈骗？"得到表 1 的描述性统计。答案包括："1. 电话诈骗；2. 短信诈骗；3. QQ、微信、飞信等网络诈骗；4. 钓鱼网站诈骗；5. 熟人/当面诈骗（传销、不正当商品交易）；6. 其他；7. 都没有。"从表 1 可以发现，在回答的 36 687 户家庭中，有 21 438 户（58.43%）家庭遭遇过诈骗，而且 15 009 户（40.91%）家庭遭遇过不止一种形式的诈骗。其中，遭遇电话诈骗和短信诈骗的最多。由于这是 2015 年的调查数据，相对来说，社交软件和钓鱼网站的诈骗相对较少，可以推测，近年来网络诈骗很可能呈几何级数增长。随着网络的普及，网络注册导致隐私信息泄露，电话、短信诈骗也会大幅增加。面对面的线下诈骗则不会有大的改变，甚至还可能出现一定程度的萎缩。

---

① 这是迄今为止针对诈骗问题进行全国大范围专门调查的两份问卷之一，另一份是北京大学国家发展研究院 2018 年的中国健康与老年追踪调查（CHARLS），但其调查对象只是 45 岁及以上的中老年人。后文利用 CHARLS2018 讨论了"重复受骗者"现象。

表1　各类诈骗形式对比

| | 诈骗形式 | 观测值 | 均值 | 标准差 | 最小值 | 最大值 |
|---|---|---|---|---|---|---|
| 1 | 电话诈骗 | 36 687 | 0.508 | 0.508 | 0 | 1 |
| 2 | 短信诈骗 | 36 687 | 0.443 | 0.497 | 0 | 1 |
| 3 | QQ、微信、飞信等网络诈骗 | 36 687 | 0.090 | 0.287 | 0 | 1 |
| 4 | 钓鱼网站诈骗 | 36 687 | 0.031 | 0.173 | 0 | 1 |
| 5 | 熟人/当面诈骗 | 36 687 | 0.069 | 0.254 | 0 | 1 |
| 6 | 其他 | 36 687 | 0.002 | 0.043 | 0 | 1 |
| 7 | 都没有 | 36 687 | 0.416 | 0.493 | 0 | 1 |

"6. 其他"里包括电视广告、信件、卡片等，不好归类为线上还是线下，暂时将其剔除，将项1、2、3、4归为线上诈骗，项5归为线下诈骗，重新罗列如表2所示。

表2　线上与线下诈骗遭遇率与被骗率对比

| | 遭遇户数（户） | 遭遇率（%） | 被骗户数（户） | 被骗率（%） |
|---|---|---|---|---|
| 线下 | 615 | 1.7 | 368 | 59.8 |
| 线上 | 18 846 | 51.4 | 518 | 2.7 |
| 线上和线下 | 1 931 | 5.3 | 388 | 20.1 |

先忽略同时遭遇线上和线下的情况，以方便比较。尽管只有1.7%的比例遭遇线下诈骗，但一旦遭遇，实际被骗的概率接近60%，说明当真遇到有针对性的面对面诈骗，大部分人是缺乏抵抗力的。超过一半的人会遇到线上诈骗，但实际被骗的概率只有2.7%，原因是大部分人对线上诈骗信息选择忽略或不理睬，这类诈骗铺天盖地而来，大部分人或者受到反诈宣传引导，或者多次碰到，已经知道其惯用伎俩。当然，更重要的原因可能还是标准化的诈骗"产品"缺少"技术"含量，针对性不强。不过，我们不能忽略线上诈骗的危害，因为线下诈骗实际被骗户数是368户，而线上诈骗实际被骗户数是518户！而且，由于人们遭遇线上诈骗的频率更高，有的人很可能不止一次被骗！

前面分析的逻辑表明，线下诈骗需要诈骗者和受害者时空交叠，线上诈骗则不需要，因此，线下诈骗更可能发生在人口密集、经济发达的地区，线上诈骗则更可能同质性地遍地开花。但是当我们按照地区对线上诈骗和线下诈骗进行对比时，却发现无论线上还是线下，基本分布在经济发达地区，遭遇诈骗最多的是广东省，其次是上海、福建、浙江、北京等地，如图2所示。原因是：受害者被骗的概率不因地区而改变，但诈骗收益却会因地区而变化，发达地区成功诈骗一次的收益更高，因此诈骗者在选择诈骗对象时更倾向于选择发达地区的居民，即使是线上诈骗，诈骗者也在有意选择诈骗对象。无论是按照东中西部还是城乡地区分类，结论也类似。

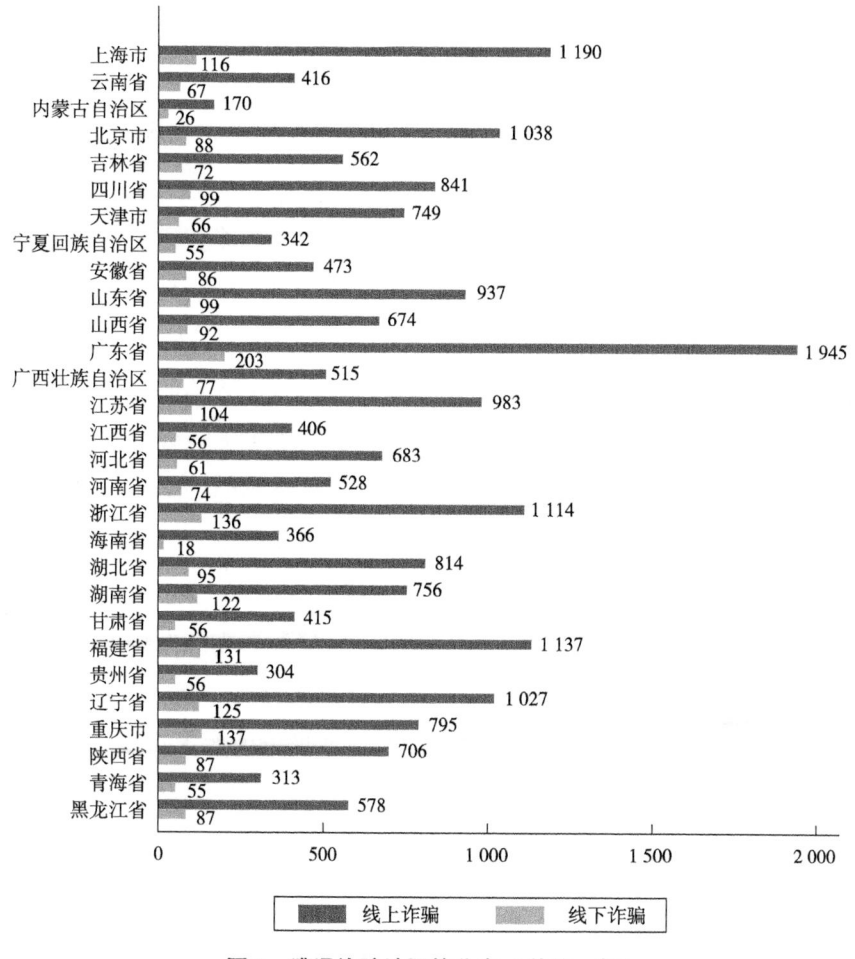

| 地区 | 线上诈骗 | 线下诈骗 |
| --- | --- | --- |
| 上海市 | 1 190 | 116 |
| 云南省 | 416 | 67 |
| 内蒙古自治区 | 170 | 26 |
| 北京市 | 1 038 | 88 |
| 吉林省 | 562 | 72 |
| 四川省 | 841 | 99 |
| 天津市 | 749 | 66 |
| 宁夏回族自治区 | 342 | 55 |
| 安徽省 | 473 | 86 |
| 山东省 | 937 | 99 |
| 山西省 | 674 | 92 |
| 广东省 | 1 945 | 203 |
| 广西壮族自治区 | 515 | 77 |
| 江苏省 | 983 | 104 |
| 江西省 | 406 | 56 |
| 河北省 | 683 | 61 |
| 河南省 | 528 | 74 |
| 浙江省 | 1 114 | 136 |
| 海南省 | 366 | 18 |
| 湖北省 | 814 | 95 |
| 湖南省 | 756 | 122 |
| 甘肃省 | 415 | 56 |
| 福建省 | 1 137 | 131 |
| 贵州省 | 304 | 56 |
| 辽宁省 | 1 027 | 125 |
| 重庆市 | 795 | 137 |
| 陕西省 | 706 | 87 |
| 青海省 | 313 | 55 |
| 黑龙江省 | 578 | 87 |

图2 遭遇诈骗地区的分布（单位：起）

一旦被骗，哪种损失更大呢？CHFS2015 并没有一一追问每一笔诈骗损失，而是询问了被骗损失最大的那笔数额。根据问卷中对损失最大的数额的调查可以发现，线下诈骗一旦成功，被骗金额比线上更大，均值达到 23 742.59 元，最大值甚至达到 2 000 000 元！（见表3）原因可能是：线下诈骗者会根据了解到的受害者的财产情况适时调整诈骗策略，尽可能压榨干净受害者的每一个"铜板"！同时，线上诈骗被骗金额的标准差也更小，因为线上诈骗更接近标准化产品。

表3 线上与线下诈骗最大损失金额对比

| | 被骗户数（户） | 损失均值（元） | 标准差 | 最小值（元） | 最大值（元） |
|---|---|---|---|---|---|
| 线下 | 367 | 23 742.59 | 152 179.50 | 8 | 2 000 000 |
| 线上 | 507 | 10 212.94 | 42 338.87 | 5 | 600 000 |
| 线上和线下 | 388 | 19 908.44 | 84 786.78 | 4 | 1 310 000 |

注：这里删除了报告实际被骗但又报告最大损失金额为零的样本，造成被骗户数与前后表格有细微差异。

被骗以后，受害者为了阻止损失进一步扩大，可能会通知银行；为了追回损失，可能会报警；为了排解受害的低落情绪，可能会告知他人；当然，为了面子或隐私，特别是因为不法信息被讹诈时，受害者也可能保持沉默。其中，报警、向警察提供诈骗犯罪线索是打击诈骗的前提，也是官方统计诈骗犯罪的重要依据。一般来讲，报警与否很大程度上取决于被骗损失的大小，以及警察可能追回损失的概率，即报警的期望收益。报警的成本，除了涉及受害者不法信息产生间接成本以外，基本上可以忽略不计。

表4说明，无论线上还是线下，报警率都很低，线下诈骗受害者报警率甚至不足20%，线上诈骗受害者报警率也仅为32%，但线上诈骗受害者报警率显著高于线下诈骗。这与表3的结果所展示的线下诈骗损失更大，我们推测报警的可能性也会更高并不一致，除非线上诈骗报警后财产损失追回的可能性更大。但表5表明，二者差异并不显著，线上诈骗财产损失追回的可能性甚至还略低。原因很可能是线下诈骗涉及非法交易的概率更高，以至于受害者不敢报警；或者线下诈骗的一起诈骗案中同时涉及多名

受害者，受害者彼此搭便车，希望别的受害者报警，给自己省去报警带来的成本。报警率偏低说明官方统计可能严重低估了诈骗给人们带来的财产损失的严重性，实际被骗人数很可能是官方统计的三到五倍。表5说明，无论是线上还是线下，一旦被骗，财产追回的可能性很低，这是报警率偏低最重要的原因。

**表4 线上与线下诈骗报警率对比**

|  | 被骗户数（户） | 报警户数（户） | 报警百分比（%） |
|---|---|---|---|
| 线下 | 368 | 70 | 19 |
| 线上 | 518 | 166 | 32 |
| 线上和线下 | 388 | 74 | 20 |

**表5 线上与线下受骗报警后损失追回对比**

|  | 报警户数（户） | 均值 | 标准差 | 最小值 | 最大值 |
|---|---|---|---|---|---|
| 线下 | 70 | 1.14 | 0.49 | 1 | 4 |
| 线上 | 161 | 1.07 | 0.43 | 1 | 4 |
| 线上和线下 | 72 | 1.06 | 0.33 | 1 | 3 |

注：1代表"没有追回"，2代表"小部分追回"，3代表"大部分追回"，4代表"全部追回"。问卷原有排序相反，为方便理解，这里用5减去原有排序值得到本表。有少量样本虽然报告了报警情况，却没有报告损失追回情况，所以报警户数较表4有所减少。

综上所述，当前的诈骗犯罪形势主要有以下变化，线上诈骗类似于标准化产品，很容易大面积推广，虽然线上被骗率明显较低，受骗损失也相对较少，但总的被骗人数和财产损失却可能更多。诈骗多集中发生在经济发达地区，受害者一旦被骗，无论是线上诈骗还是线下诈骗，财产损失追回的可能性都非常低。从遏制诈骗来讲，对诈骗者的威慑不能放松；从守护受害者财产来讲，防范是最好的应对策略。大部分人对线下诈骗是没有抵抗力的，因此，治理线下诈骗最好的办法是威慑。人们有一定的对线上诈骗的防范能力，因此，治理线上诈骗最好的办法是在不放松威慑的情况下加强防范。

### 三、诈骗成因的经济学分析

要加强防范，就需要了解受害者是如何被骗的。诈骗种类繁多，手段形形色色。从受骗原因来讲，线上、线下并无区别。

第一种情况：受害者未能识别骗局，对骗局信以为真。

诈骗者通过窃取受害者私人信息，利用受害者对熟人、企事业单位、国家机关的信任实施诈骗。比如，冒用亲朋好友的手机、QQ等通信工具；冒充电信局、公安机关、金融机构、医院等工作人员。这种诈骗或者是诈骗者真的骗术高超，或者是受害者自身轻信，缺乏防范意识，未对受骗信息加以核实。虚拟电话、虚拟网站，甚至AI换脸、声音合成等技术让受害者更加难以分辨。对这类虚假信息，只要受害者加以核实或者旁证，诈骗信息就会被识破。

那么，受害者为什么没有核实或者旁证该信息呢？当然，你可以说受害者信以为真，所以不会去核实。但是作为理性人，我们在做出消费决策时会货比三家，比质量、比价格、比服务，只要涉及钱款支付，都有值与不值的权衡比较，因此，不核实必有原因，根本的原因是核实是有成本的。当诈骗金额不大，受害者很可能觉得没有必要去核实，或者说当诈骗金额小于核实成本时，受害者很可能中招。核实成本对不同的人是不一样的，有的人可能不知道怎么核实，因此，假定核实成本是一个随机变量，核实成本大于诈骗金额的部分人会被骗，核实成本小于诈骗金额的部分人不会被骗。此外，对同一个人，核实成本在不同时间、事件上也是不一样的。当事出紧急，核实是需要时间的，受害者对事情越关切，核实的机会成本越高。当诈骗者编造一个类似受害者亲人遭遇车祸的故事时，受害者更可能被骗，而且被骗的金额可能更大。

当然，所有受害者转账支付的前提是受害者对转账金额有完全的支配权，受害者作为成年人，对小额受骗金额有完全的支配权是没有疑问的，大额受骗金额则与受害者在家庭财务决策中的地位或者在企业财务决策中的地位有关。在一个幸福和睦的家庭或一个公司治理健全的企业中，人在进行大额的财务决策时或者会与家人商量，或者会受到更多约束，一旦受害者在做出转账决策前需要与其他人共同商议，就延缓了决策时间，核实的可能性提高。我们不妨借用并修改林肯的名言：你可以在某个时间某个场景欺骗某个人，但你很难在所有时间所有场景欺骗所有人①，即参与决策的人越多，诈骗被识别的可能性就越高。因此，大额诈骗的受害者更可能是那些家庭或婚姻不幸的人！比如单身人群、离异人群、独居老人等。对受害者而言，这无疑是雪上加霜。

第二种情况：受害者其实对骗局将信将疑。

为了打破受害者的疑虑，诈骗者先以小利诱之，建立一定的声誉，逐渐获取受害者信任，期待受害者为了获得更大的利益而投入更多的金额，最终"杀猪"了结；或者将受害者拉入一个客户群，制造其他客户已经获得巨大利益的假象，利用人们决策时参照他人、不断修正自己的贝叶斯推断的决策过程，这时他人的决策最终会形成信息瀑布（information cascade），自己的先验推断在决策中的影响则越来越小。这一类骗局的受害者决策时间较长，从最初的将信将疑到最后的深信不疑，前期的成功获利让受害者越陷越深，完全屏蔽了其他干扰其决策的信息，一旦被骗，金额巨大，甚至被席卷一空。同时，这类诈骗活动"战线"比较长，还需要前期的虚假赢利诱惑，"群众演员"的鼓动，非单个诈骗者所能为，所以一般为诈骗团伙集体共谋。

从经济学的角度来看，所有的跨时期金融投资活动都可被视为暗含着不可置信承诺和严重信息不对称的动态博弈。投资者将金钱交给代理人打理，代理人是努力还是偷懒，委托人难以监督，到期后代理人很可能不能如约还款并支付利息或红利，甚至还有携款潜逃的道德风险。携款潜逃的道德风险需要法律的严惩加以遏制，偷懒的道德风险由于第三方难以观察，法律的作用有限，良好的公司治理制度则有助于减少该类道德风险。诈骗的道德风险本质上是携款潜逃，需要法律的严惩。但法律严惩的前提是能够抓到诈骗者，并有证据证明他携款潜逃。正常的金融投资活动中，代理人（如银行、证券、企业）都是公开注册的公司，投资是以合同作为

---

① 林肯的原话是："You may fool all the people some of the time; you can even fool some of the people all of the time; but you can't fool all of the people all the time."（你可以暂时欺骗所有的人，你甚至可以永远欺骗一部分人，但你不能永远欺骗所有人。）

凭据和保证的，重复博弈下合作的收益流贴现值大于机会主义下携款潜逃的一次性收益减去法律的预期惩罚成本。一旦重复博弈的收益和法律的预期惩罚成本降低甚至消失，携款潜逃就成了最佳选择。高风险活动需要以更高的溢价才能激励人们参与，这类诈骗大都以高收益作为诱饵，通过持续一段时间的高回报或者其他人已经获得高回报的事实打消受害者的疑虑。

金融投资活动严重的信息不对称和高度的不确定性使其成为专业性极强的风险决策。一个自然的问题就是金融知识是否有助于人们避免该类诈骗风险。金融知识的第一课是天下没有免费的午餐，第二课是高回报意味着高风险。知晓"天下没有免费的午餐"可以帮助人们怀疑前期赢利的合理性，避免这类诈骗风险；高回报意味着高风险，反过来说就是高风险才有高回报，可能促使人们参与高风险活动，可能使得拥有金融知识的人不被骗则已，如果被骗，损失可能更大。

第三种情况：涉及非法交易。

非法交易不受法律保护，产品本身是假冒伪劣的风险就比较大，特别是对于一次性交易而言。而且非法交易涉嫌违法，或者与社会规范、伦理道德相悖，买方容易授人以柄，陷入被对方敲诈勒索的处境。尽管敲诈勒索在刑法上与"杀猪盘"诈骗有本质的不同，但从经济学的角度来看，二者却无实质性差别，一个涉及不可置信威胁，一个涉及不可置信承诺，而且日常的反诈宣传中，"裸聊"也是其中重要的一种。当加害人通过人工甚至AI合成一个虚假的受害者嫖娼图片并对受害者实施敲诈时，则涉嫌诈骗罪；当加害人引诱或利用受害者参与嫖娼、裸聊，然后实施敲诈，就涉嫌敲诈勒索罪。为什么说诈骗者或敲诈勒索者的威胁是不可置信的？原因是这一类敲诈只为求财，不为置气。如果被敲诈者不予理会，敲诈者有两个选择：或者兑现威胁，公开被敲诈者的不雅视频、图片或其他某个犯罪事实；或者不兑现威胁，然后继续寻找下一个目标。不兑现威胁的收益是零，兑现威胁的收益则是负的。因为既然被敲诈者没有被骗钱财，敲诈者又只为求财，不公开只是少了一笔业务，公开则留下了犯罪线索，可能被警察顺藤摸瓜，发现更多的犯罪事实。对于职业化、公司化运作的诈骗集团而言，理性的选择是放弃威胁，继续寻找下一个目标。这与通常的线下敲诈勒索有很大的不同，线下敲诈勒索面对面，如果敲诈勒索不成功，敲诈者的强硬敲诈将使其"声誉"受到很大影响，为了"杀鸡儆猴"，敲诈者可能会不惜代价，但线上敲诈是一对一的敲诈，则不存在这个问题。

接下来的问题是，既然该威胁是不可置信的，为什么有的人会服从呢？答案是他们没有意识到对方的威胁是不可置信的，即使意识到对方很可能是虚张声势，但无法承受万一对方真的公开其违法或者与社会伦理道德相悖的行为的代价。没有意识到对方的威胁是不可置信的，大都是在其遇到该事件时害怕、慌乱造成的。自己不当行为在先，受害者甚至不敢报警或向其他人求助，使其决策进一步陷入孤立且信息屏蔽的状态。对方为了达到目的，也会故意制造压迫感，令其陷入恐惧，在不冷静的快速决策氛围中不断施压，压缩受害者的决策时间。此外，受其要挟的另一个原因是受害者声誉负担过重，或者由于其职业对品行的要求很高，无法承受信息泄露的代价。为了增加威胁的可信性，诈骗者常常引诱受害者安装有毒软件以窃取受害者的通讯录，然后以掌握其亲友通讯信息作为要挟手段。当受害者不就范时，诈骗者甚至可能小范围试探性地公开信息。诈骗集团大范围"鱼死网破"式的全网公开诈骗信息绝无仅有，而且各大平台还有审查责任。要挫败诈骗者的图谋，需要加强受害者的隐私保护。如果受害者亲友真的了解到受害者不当行为的信息，让受害者知道，受害者完全可以声称该信息是合成的，否认信息的真实性。同时，受害者必须认识到，每个人都需要为自己的行为负责，如果不法信息真的扩散了，受害者至少保住了钱财，如果想拿钱财去堵诈骗者的嘴，则只会同时失去钱财和名誉。

以上分析主要是从受害者缘何被骗的角度展开。从诈骗者的角度，我们可以对前面三种类型进行重新表述。人总是趋利避害的，诈骗者或以利诱之或以害吓之，以达到非法占有他人财物的目的。刑法上通常视前者为诈骗，后者为敲诈勒索。以利诱之，需要取得受害者的信任，诈骗者或者伪装成受害者的亲友，或者伪装成企业客服人员、国家机关人员等，基于受害者对亲友、企业、政府的信任而获得信任，这也是受害者在未核实的情况下对骗局信以为真的第一种类型。第二种类型是诈骗者"放长线钓大鱼"，通过前期的"鱼饵"主动赢得受害者信任。这两种类型类似于不完全信息动态博弈中拥有私人信息的诈骗者通过发送受害者误认为的与主体行为相同的信号,利用混同策略达到欺骗的目的。以害吓之,诈骗者或敲诈勒索者并不隐藏自己的身份,相反,他们就是要露出獠牙,恐吓受害者,制造受害者不服从、不转账的话他们就要实施威胁的假象。他们试图让受害者相信,公开受害者不当行为的信息对受害者而言成本是巨大的,是受害者不可承受的,但对诈骗者而言是没有成本的,由此,受害者可以通过支付一定钱财避免不利情况的发生。受害者一旦如约支付,就暴露了自己害怕的心理,他们又会利用信息的非竞争性,声称封住一个人的口并不意味着封住另一个人的口,一个又一个知情的诈骗者轮番上场,让受害者陷入万劫不复的深渊。

### 四、从关键少数入手强化治理

虽然第一类诈骗可能更加普遍,受害者更多,但受骗金额普遍更小;而第二类和第三类诈骗一旦中招,受骗金额更大,其中,受害者在第二类骗局中试探的成分多,被骗金额的方差可能更大。接下来我们利用CHFS2015年的数据对以上猜想进行验证。该问卷询问了样本家庭曾经因为哪种情形遭受损失:①发布虚假中奖信息;②亲朋好友的手机、QQ等通信工具被冒用;③冒充电信局、公安机关、金融机构、医院等工作人员诈骗;④网络购物诈骗;⑤不正当的商品交易(面对面);⑥高额回报/提供虚假致富信息;⑦以购房、购车退税为名诈骗;⑧募捐、集资诈骗;⑨提供虚假就业/实习信息诈骗;⑩无理由汇款诈骗;⑪其他。我们将①、⑥、⑧归为第二类,⑤归为第三类,其余归为第一类,得到表6。

表6 受骗类别与被骗金额

| | 观测值 | 均值 | 标准差 | 最小值 | 最大值 |
|---|---|---|---|---|---|
| 第一类<br>(深信不疑) | 695 | 16 436.15 | 101 410.10 | 4 | 2 000 000 |
| 第二类<br>(将信将疑) | 200 | 38 819.97 | 156 609.70 | 5 | 2 000 000 |
| 第三类<br>(不法交易) | 386 | 8 538.30 | 34 939.02 | 5 | 350 000 |

显然，第一类受害者最多，当然，这可能与诈骗花样更多有关，第三类受害者次之，第二类受害者最少。这说明大部分人还是相信"天上不会掉馅饼"，有基本的防范意识，但是人们却控制不住非法交易的冲动。从被骗金额来看，第一类和第二类被骗金额的最大值达到了两百万元，第二类诈骗的被骗金额均值明显最高，第三类最低，第二类诈骗金额均值是第一类的两倍有余，是第三类的四到五倍。同时，第二类诈骗被骗金额的标准差也最大，这与我们的预测一致。"天上不会掉馅饼"的常识让人们对金融类诈骗有天然的警惕，但一旦被骗，"高收益意味着高风险"又使受骗者损失更加惨重。但第三类受骗金额并不比第一类高，原因可能是在遭遇敲诈勒索时，受害者及时意识到顺从诈骗者的意志不能根本解决问题，于是及时止损或报警；如果是面对面的敲诈勒索，受害者还可能奋起反抗。因此，诈骗主要是以利诱之，而不是以害吓之。

虽然线上诈骗和线下诈骗受害者被骗的原因是一样的，要么轻信被骗，要么在将信将疑中深度被骗，要么因为不法交易被敲诈勒索，但线上诈骗被做成标准化产品大面积推广，这带来了一个问题：如果有的人不能吃一堑长一智，容易重复被骗，由于遭遇线上诈骗的可能性较高，他们将在线上诈骗洪流中成为最大的受害者。

犯罪学早已注意到受害者可能重复被害的现象，并从加害者和受害者的角度提出了一些解释，比如，加害者主动选择被害人，通过上一次的成功侵害了解到被害人的易感性[1]；受害者与加害者之间时空交叠[2]；受害人的自控能力导致其参加风险活动的频率增加[3]。这些解释对诈骗受害者而言是存疑的，因为它只是说明了受害者重复遭遇诈骗的可能性，而不是实际被骗的可能性。诈骗成功与否还需要受害者的主动配合，而受害者完全

---

[1] FARRELL G, PHILLIPS C, PEASE K. Like taking candy: why does repeat victimization occur? [J]. The British Journal of Criminology, 1995, 35 (3): 384-396.

[2] TURANOVIC J J, PRATT T, PIQUERO A. Structural constraints, risky lifestyles, and repeat victimization [J]. Journal of Quantitative Criminology, 2018, 34 (1): 251-274.

[3] IRATZOQUI A. Strain and opportunity: a theory of repeat victimization [J]. Journal of Interpersonal Violence, 2018, 33 (8): 1366-1387.

可能从以前的受骗经历中吸取教训。

根据2018年中国健康与老年追踪调查（CHARLS），Xin等（2024）发现的确存在重复被骗现象，有的人并不能从以前被骗经历中吸取教训！[1] CHARLS2018共有19 829名被访者，其中60岁以上的样本为10 270人，在这些样本中存在重复被骗的聚集性特征。

从表7第二列可知，人群中只有10.95%的人有过被骗经历，其中大部分人只被骗过一次，多次被骗的毕竟是少数。但是，如果以所有被骗次数为参照，一次被骗的只占总次数的49.97%，有超过一半的被骗者是那些重复被骗的受害者贡献的！换句话说，如果某个人有过受骗经历，则其很有可能再次受骗！因此，从诈骗治理的资源配置来讲，这些曾经报警求助的受害者应该成为未来反诈宣传教育的重点对象，而且，为了防止其遭遇大额诈骗，转账前的及时劝阻，转账金额的限制，甚至陌生账户之间汇款24小时可撤销等也更应该适用于他们，遭遇次数越多，限制也宜越多。

表7 重复被骗的聚集性

| 重复被骗次数 | 人数 | 人数占比（%） | 次数 | 次数占比（%） |
| --- | --- | --- | --- | --- |
| 0次 | 9 098 | 89.05 | — | — |
| 1次 | 829 | 8.11 | 829 | 49.97 |
| 2次 | 157 | 1.54 | 314 | 18.93 |
| 3次 | 60 | 0.59 | 180 | 10.85 |
| 4次 | 29 | 0.28 | 116 | 6.99 |
| 5次以上 | 44 | 0.43 | 220 | 13.26 |

注：此表转引自Xin et al（2024）。

为什么受害者没有从被骗经历中吸取教训呢？前面分析了第一类诈骗受害者被骗的原因是核实成本高，孤立决策，如果这两点在受害者身上不因受骗经历而改变，他就很可能再次受骗。同样，第三类诈骗受害者是由于不法交易导致的，如果受害者自我控制能力差，不法交易没有替代品，他也很有可能再次进行不法交易，成为重复受害者。反倒是第二类诈骗受

---

[1] XIN Y, XIA Y, CHAI Y. Routine activities and fraud re-victimization among older adults: do types of routine activities matter？[J]. Criminology & Criminal Justice, 2024（6）.

害者，很有可能从过往的受骗经历中吸取教训，正确认识风险和收益之间的关系。

如前所述，第一类诈骗受害者更可能是婚姻、家庭不幸的人，导致其决策孤立，一旦被骗，损失均值较大，而且还可能多次被骗，因此，这部分人群理应成为重点关注人群。但我们难以判断谁是婚姻家庭生活不幸的人，特别是婚姻存续期间，容易判断的是独居老人，曾经有过受骗经历的人等，对他们社区、民警以及相关部门应该对其给予更多的关心。抓住这些关键少数，是反诈资源配置优化的关键。而且，从其多次被骗经历来看，事前提醒的反诈宣传效果对这部分受害者是有限的，这部分关键少数更宜事中干预、事后疏导。转账金额限制、延时到账这类可能限制交易、成本较高的反诈手段不宜大面积针对所有人，而更宜针对这部分关键少数。相反，事前警示的反诈宣传则可以针对所有潜在的受害者。

## 五、结语

泛滥的诈骗信息如同病毒一般，已然存在于我们的生活中。大部分人开始学会与它们共生，但少部分易感者则深受其害。线上诈骗的标准化、规模化趋势意味着治理策略需要适当调整，一方面，需要继续对诈骗者保持惩戒、威慑的高压态势；另一方面，也需要"治病救人"，保护受害者。分析诈骗形势的变化、受害者被骗的成因，有助于优化反诈资源。反诈宣传如同打疫苗，成本较低，可以大面积铺开；转账金额限制、延时到账成本则较高，需要有针对性。但现在的反诈措施没有做出区分，对所有人一天之内的转账金额都给予了限制，提取金额超过5万元要求说明用途，这无疑增加了交易成本。本文的分析表明，反诈资源配置有待优化，特别需要重点关注未婚、离异、独居老人以及曾经有过受骗经历的人，加强事中提醒，对其转账金额施加适当限制，实行延时到账等。同时，我们注意到金融类诈骗造成的损失远大于其他类别的诈骗，反诈资源可以更多地向这类诈骗倾斜。此外，狠抓线上反诈的同时也不能放松线下反诈，因为大部分人对线下诈骗是没有抵抗力的。

# 无面额股制度：价值呈现、困难挑战与体系优化[*]

杨 军　陈上哲[**]

**【摘　要】** 相较于面额股制度，无面额股制度更能增强股权实质平等、提升公司资产价值、降低融资成本，从而有效促进公司资本制度与经济社会发展。我国新《公司法》选择了赋权型模式，只有股份公司才能在无面额股或者面额股之间选择。通过适配性和立法模式分析，现行的无面额股制度存在规则不统一不明确、与传统公司资本制度衔接成本高昂、监管难度大等问题。建议通过体系优化加快渐进式改革步伐，尽早实现统一授权资本制下无面额股制度全覆盖，完善无面额股配套制度，扩充资本计入，规范资本公积金运用，实现公司资本制度的体系化再造和效率提升。

**【关键词】** 无面额股；适配性分析；赋权型模式；体系优化

## 一、引言

以 1912 年美国纽约州公司法推行无面额股为发端，1998 年德国股份法修改允许发行无面额股，2001 年日本修改商法彻底废除面额股，2006 年新加坡公司法、2012 年韩国公司法引入无面额股制度，无面额股制度的推

---

[*] 基金项目：国家社科基金项目"社会企业参与乡村振兴的法律机制研究"（21XFX011），陕西省哲学社会科学重大理论与现实问题研究项目"法治化营商环境下陕西民营企业破产重整的纾困对策研究"（2022ND0482）。

[**] 作者简介：杨军，西安财经大学法学院教授，硕士生导师，主要研究方向：金融法、公司法。陈上哲，西安财经大学法学院2020级本科生，主要研究方向：公司法。

行已成为全球公司法律改革的一项重要举措①。近年来，中国公司对融资渠道的快捷化与多元化需求逐步增长，以无面额股制度改造公司资本制度的呼声愈发强烈。

2023年12月29日修订通过了《中华人民共和国公司法》（以下简称"新《公司法》"），无面额股制度正式被我国公司资本制度所吸收。无面额股制度的引入，作为公司资本制度前端改革的重要一环，相较于面额股而言，在消除投资立场下的价值误导、打破公司折价禁令、保护债权人利益、维护股权实质平等以及吸引投资等层面能发挥更为出色的作用。但新制度经济学理论提醒我们，当发展中国家从发达国家引入制度时，灵活的新制度所带来的无序成本会直接影响到资本制度的改革成效。从西方舶来的无面额股制度会出现水土不服，嵌入既有的公司资本制度难度加大，可能会付出较高的监管成本。无面额股制度的引入表明，我国公司资本制度改革已经进入深水区，因此，探究无面额股制度在公司资本制度中的定位与功能、实现新的公司资本制度的体系化再造具有重要的理论意义和实践价值。

## 二、无面额股制度的价值呈现

面额股制度一定程度上维系了股东形式意义上的平等，在认缴股份所支付对价方面实现了股东之间的公允对待。而无面额股制度是在传统面额股制度不能有效回应公司融资需求以及债权人保护等背景下发展而来的，体现了资产信用下的新衡量标准，为形成从资本引入、运用、流出这一良好的闭环打下了基础②。

（一）增强实质意义上的股权平等

公司成立之初，投资者之间在面临资本金的投入以及获取对价权利

---

① 钱弘道.法律经济学的理论基础[J].法学研究，2002（4）。无面额股制度改革被视为公司法改革或制度变迁中的重要一环，原因在于因市场外部环境的变化发展使得原有的制度安排变得无效、并非最佳或制度短缺，也会改变可供选择的制度结构的范围。
② 朱慈蕴.公司法现代化的走向[J].师大法学，2021（1）.资本引入即资本制度前端，指代投资者资产进入公司后资本化的过程，强调融资能力和资本压实；资本运用即资本制度中端，指资本中端的体系化建设涉及公司的资本运营，重点强调资本运营的稳健和合规；资本流出即资本制度后端，指公司资本的分配问题，包括但不限于股份分红、股份回购以及财务资助等。

时，面额股制度支撑了形式意义下股东间的出资平等，即就股东的金钱以及其换取股份数额之间所确立的等量关系。然而，在市场竞争激烈的情形下，形式意义下同股同价的功能落空，股东间达成投资协议所考虑的因素可能会超出同股同价这一强制性规定，抑或同股同权本身并不能阻碍股东在发行股票前以不同的价格获取股份，进而导致实质上的同股不同价。无面额股制度引入之前，在不考虑双层股权结构或其他特别股的操作下，发行面额股的公司虽然可以通过提高发行溢价的设计，让新进入的投资者以高于原股东的对价取得新股，公司在达成资金需求后可以减少发行股份，以保持原经营者较高持股比例，但在面额股框架下，出资金额与股份数额仍要维持一定比例，难以透过悬殊比例创造差异化的效果。

无面额股制度的引入，使得公司在发行股份时不必按照某一特定的价格进行，将选择权留于公司自身，改善了股东间的投资安排和股权架构，即所谓的还权于投资者，充分尊重当事人间的意思自治。无面额股所具有的功能就在于实质意义上私权领域的开放、公司资本制度的功能转向[①]。公司可以根据不同的发行需求和目标投资者，灵活设定发行价格和股份比例，这不仅有助于吸引外部投资，也为原有股东提供了以较小成本增加持股的机会，有利于创始人和管理层更好地掌控公司，维护公司控制权，增强股权的平等性。无面额股还能使股权激励计划更加灵活，员工可以以较低成本获得公司股份，增强其归属感和激励效果。无面额股制度突破了传统面额股发行中对折价发行的限制，使得新股发行价格能够更贴近市场实际，降低融资门槛，提高资本筹集的效率，有利于各类股东在融资活动中享有更平等的地位。

(二) 提升公司的资产信用

从传统公司资本制度的视角看，面额股制度承载着三大功能[②]。一是公司债权人保护功能。通过记载股票票面金额、禁止折价发行等确保公司资本的稳定，防止由发行"掺水股票"导致的资本不充足问题。二是维系股东形式意义上的平等。实现"所有股东之间在认缴公司股份所支付对价

---

① 林凯. 再论无面额股票的功能与引入 [J]. 时代法学，2021 (6).
② 邓峰. 普通公司法 [M]. 北京：中国人民大学出版社，2009：308-309.

方面的公允对待"。三是释放投资信号。面额股所采取的金额标注方式为投资者的投资提供了一定的参考标准。从法经济学视角看，面额股所具有的功能在于降低公司股东与外部债权人之间的信息成本，并在形式上缓解二者信息不对称，因此在交易前夕避免了公司股东的机会主义以及逆向选择问题。然而，在多变的商事领域，票面价值的静态信息功能渐渐趋于弱势，法律提供其他机制来保护债权人的利益，无论是票面价值抑或与之相关的最低资本额，均仅仅是形式上的虚幻保障对策①。原因在于，公司的信用不仅仅取决于资本信用，运营中的公司更多地依赖于资产信用②。对债权人而言，公司股份按照何种价格发行以及发行总量，比其股份的票面金额更重要。对于后期公司融资而言，公司股份的价值是以公司的估值为基础的。而公司的估值在公司发展过程中会不断变化，人为地锁定股份的面额所具有的意义在逐渐地消散。

无面额股制度允许公司根据市场情况灵活确定股票的发行价格，不再受限于面值，从而提升了公司的资产信用，满足了公司的融资需求。第一，无面额股制度能真实反映公司价值。由于公司可以根据自身的经营状况、市场因素等综合指标确定一个符合实际情况的发行价格，增强了股票价格作为公司信息传递机制的有效性，更能真实反映公司价值，有利于投资者根据更准确的市场信息做出投资决策。第二，无面额股制度能优化股权结构。公司在没有票面面额作为最低价格的限制下，可以根据不同的情景，以不同的价格发行相异比例的股份给予不同的股东，并实现外部投资者较高出资却持有较少的股权，避免经营权流落他人，原经营者可以以较低出资拥有较高持股，以维护对公司的控制权，进而构建适合公司后续运行的股权关系。第三，无面额股制度能保护债权人利益。无面额股制度使得危困企业的新股发行价格可以根据企业自身的融资需求制定，提高新股对投资者的吸引力，疏通危困企业通过发行新股获取外部融资的渠道。第

---

① 朱慈蕴，梁泽宇．无面额股制度引入我国公司法路径研究［J］．扬州大学学报（人文社会科学版），2021（2）．
② 王心茹，钱凯．公司资本制度功能转变背景下无面额股的引入［J］．西南金融，2018（11）．

四，无面额股制度能提升公司治理能力。无面额股制度的引入，需要公司建立更为透明和公正的决策机制，确保无面额股的发行和定价过程能够充分反映股东的意愿和利益，从而带动公司治理进一步优化。

无面额股制度的诞生是商事领域演化之成果，其既受公司资本制度再造的内生压力影响，也受公司治理结构优化的外部压力影响。正是在各项制度因素的限定压力下，企业家通过对自治性因素的调整来实现其利益最大化。但是在进行公司资本改革下的制度移植时，人们常常会预设其功能的发挥，导致对新事物的认知产生偏差。自上而下的法律改革和新制度进入旧制度体系后会产生何种反应，对其所产生的体系性冲击或者延伸性影响，有待全面客观的分析。

### 三、无面额股制度的适配性分析

公司资本制度的体系化再造是一个跨学科的系统性课题。无面额股制度并不是孤立地存在于公司资本制度之中，而是与其他存在于公司资本制度之中的规则有着高度的关联性[1]。因此，除了需要考虑无面额股制度本身所具有的既定功能外，还需要对相关制度效果进行经济分析，以回应制度转轨指向，共同推进公司资本制度的体系化。依据制度经济学理论，新制度进入旧体系之中，要判断其为行之有效的制度，产生良好的效应，有三个评判依据：一是制度具有普适性，二是制度具有确定性，三是制度具有兼容性[2]。

（一）普适性的适配比对

制度的普适性是指制度设计应当具有广泛的适用性，能够适用于"未知且数目无法确定的个人和情景"。这意味着无明显情形下对于个人和组织体的差别对待，有违社会主义市场经济精神。普适性的价值目标是确保制度的广泛适用和公平，使得具有不同背景和条件的个体都能在该制度下公平竞争和发展，促进社会的整体效率和公平公正。

---

[1] 朱慈蕴. 公司法现代化的走向[J]. 师大法学，2021（1）.
[2] 贝彼得，柯武刚，史漫飞，等. 制度经济学：财产、竞争、政策[M]. 2版. 韩朝华，译. 北京：商务印书馆，2018：161-165.

审视新《公司法》无面额股制度，相关规定存在明显的普适性问题。新《公司法》第一百四十二条规定，公司的资本划分为股份，公司的全部股份，根据公司章程的规定择一采用面额股或者无面额股。这表明此次公司资本制度改革，新引入的无面额股仅适用于股份有限公司，有限公司不能发行无面额股，股份有限公司可以选择发行面额股或无面额股，但不能同时发行两种类型的股份。这种无明显情形下对于个人和组织的差别对待，事实上违背了制度的普适性原则，不符合社会主义市场经济精神，将导致效益缩减的不利后果。

（二）确定性的适配比对

制度的确定性是指制度设计应当明确、稳定，并且能够为参与者提供对未来行为的可靠预期。不确定的制度会影响经济的稳定性和增长，还会对社会预期、企业行为和政策制定产生深远影响。制度确定性的价值目标是通过明确的规则和预期来引导和规范个体及组织的行为，减少经济行为中的不确定性和经济活动中的外部性，为市场参与者提供稳定的预期，以实现社会的整体效益和公平正义。

审视新《公司法》无面额股制度，相关规定在认识和实践层面存在不确定性。第一，股份公司同时可以发行面额股与无面额股的双规制立法设计，反映出两种完全不同的制度观念以及基于两种不同观念而形成的体系并存于同一公司资本制度之中①。认识上的交错势必带来公司选择上的无措，增加公司治理和资本市场运作的复杂性。第二，股份公司只能择一采用面额股或者无面额股，不能同时发行两种类型的股份。如果选择无面额股，会带来什么结果也是不确定的，在此情形下，无面额股与面额股之间的转化就应该是确实要解决的问题，但新《公司法》未明确规定无面额股与面额股之间的转换规则，这无疑会增加公司资本结构调整的复杂性和成本。第三，股份公司如果选择无面额股，将面临其他配套规则无法匹配的问题，从而增添公司运行中的风险和混乱。第四，新《公司法》引入无面额股是作为一种过渡状态还是终局状态尚不明确。这种不确定性可能会导

---

① 叶林，张冉. 无面额股时代公司资本制度的体系性调适 [J]. 国家检察官学院学报，2023（6）.

致市场参与者对改革方向和深度的误判,影响长期的投资决策和公司战略规划。第五,无面额股制度允许公司在发行股票时有更大的灵活性,但这种灵活性的边界、条件和限制没有明确,很难确保所有参与者都能够预测其行为的后果,并据此做出决策。无面额股制度的不确定性会强化企业融资约束,增加企业经营风险,从而抑制了企业的固定资产投资与经营投资。

(三) 兼容性的适配比对

制度的兼容性是指该新制度与旧制度之间不能彼此矛盾,应当形成一个相互兼容的整体性规则体系,确保制度变迁的平稳过渡,避免因制度冲突导致的社会成本和效率损失。兼容性的价值目标是通过制度间的协调来促进制度目标的实现,将公平竞争的理念贯穿于现有制度体系,充分发挥市场在资源配置中的决定性作用,更好地发挥政府的作用。

审视新《公司法》无面额股制度,其在兼容性方面存在一定的问题和挑战。第一,作为公司资本制度前端的法律改革,无面额股制度具有牵一发而动全身的影响力。无面额股制度为公司提供了更多的灵活性和创新空间,但中端和后端改革没有相应的改革措施,容易出现资本过度流出和债权人利益受损等问题。第二,新《公司法》赋予公司选择面额股制或无面额股制的权利,但公司登记、证券登记结算等相关基础设施没有及时更新以匹配市场主体的需求,导致无面额股制度的推广和实施受阻,影响公司资本制度的改革效果。第三,新《公司法》规定,公司可以将已发行的面额股全部转换为无面额股,或者将无面额股全部转换为面额股,但并未规定相应的转换规则。其中,对涉及股票性质变化、资本公积金、注册资本、股份拆分等问题,新《公司法》未作出相应的规定。由于缺乏相应的规范,无面额股和面额股相互转换的操作恐暂时难以实施。第四,现有的公司法框架及相关规则均建立并派生于面额股基础上,已经形成了相对稳定、完整和体系化的规则体系,具有强大的稳定性。新《公司法》虽引入了无面额股制度,但并未同时推出相关的实施细则,使得无面额股制度缺乏相应的规则供应。

此次改革无面额股制度的适用范围限缩在股份有限公司之中,这种

"二分+择一"的做法必然产生两类公司资本形成制度的割裂,称不上高效制度的普适性。无面额股制度的引入在定位上看似是对面额股制度的替代,但现实上仍是以面额股制度为主,无面额股仅能起到缓和面额股制度僵硬性的效果,是对面额股制度的局部修正。立法者欲将无面额股与面额股制度并轨运行,最终的结果可能是向无面额股制度迈进。

### 四、无面额股制度的立法模式

为了协调好各项制度规则,发挥无面额股制度的最大功能,各国公司法对无面额股制度的引入与否采取了不同的立法模式,模式一为赋权型引入模式,模式二为强制型引入模式,模式三为强制型排除模式[①]。

#### (一)三种模式的法律表述

就模式一(赋权型无面额股制度模式)而言,公司可根据自身情形选择是否发行无面额股份,为公司股东会或董事会提供了自由选择的私法空间。赋权式的法律规范如同"菜单"一样,不同类型的公司可以根据立法提供的餐单选择合乎自身的制度规范。新《公司法》第一百四十二条规定,我国采取模式一(赋权型无面额股制度模式)指股份公司可以选择采用面额股或者无面额股。模式二(强制型无面额股制度模式)指废除面额股制度,公司全面实行无面额股制度,日本2001年的《公司法》就采用了这种强制型无面额股单一模式。模式三(强制型排除无面额股制度模式)即强制型面额股制度,德国1998年以前的《股份法》就规定,公司股本分成股份,股份最低面值为50马克,禁止发行无面额股份。我国1993年的《公司法》也采用模式三,规定,"股份有限公司的注册资本为在公司登记机关登记的实收股本总额","股份有限公司注册资本的最低限额为人民币一千万元。股份有限公司注册资本最低限额需高于上述所定限额的,由法律、行政法规另行规定","股票发行价格可以按票面金额,也

---

① 罗培新.公司法强制性与任意性边界之厘定:一个法理分析框架[J].中国法学,2007(4).依据该规则分类,赋权型引入模式下,对公司股份面额的选择不进行强制性规定,不强制推行无面额股制度,同时将无面额股发行交由公司自治,股东会或董事会可根据自身专业的商业判断自由决定;强制型引入模式下,对公司股份面额的选择进行强制性规定,强制推行无面额股制度;强制型排除模式下,对公司股份面额的选择进行强制性规定,强制推行面额股制度。

可以超过票面金额，但不得低于票面金额"。在 1993 年《公司法》出台施行后，立法机关先后进行过五次修改或修订，但未改变股票票面金额的规则①。原公司法所采取的单一的排除无面额股模式（模式三）已不再符合公司自治的要义，应当予以舍弃。

对比模式一和模式二，可以发现两者各有利弊。模式一，其利为：公司可以更加自由地根据经营状况选择适合的制度；其弊为：公司自治空间的扩张可能会增加整个资本市场中法律制度的建构成本以及管理监督的复杂性，生成机会主义。模式二，其利为：制度转换一步到位，能够尽早发挥无面额股的优势；其弊为：无法给市场中的公司留下空窗期，可能存在市场接受程度不佳、产生混淆等情形。

（二）我国无面额股制度的立法选择

我国新《公司法》第一百四十二条规定："公司的资本划分为股份。公司的全部股份，根据公司章程的规定择一采用面额股或者无面额股。采用面额股的，每一股的金额相等。公司可以根据公司章程的规定将已发行的面额股全部转换为无面额股或者将无面额股全部转换为面额股。采用无面额股的，应当将发行股份所得股款的二分之一以上计入注册资本。"第一百四十八条规定："面额股股票的发行价格可以按票面金额，也可以超过票面金额，但不得低于票面金额。"第一百四十九条规定："股票采用纸面形式或者国务院证券监督管理机构规定的其他形式。股票采用纸面形式的，应当载明下列主要事项：……（三）股票种类、票面金额及代表的股份数，发行无面额股的，股票代表的股份数……"第一百五十一条规定："公司发行新股，股东会应当对下列事项作出决议……（五）发行无面额股的，新股发行所得股款计入注册资本的金额……"第二百一十三条规定："公司以超过股票票面金额的发行价格发行股份所得的溢价款、发行无面额股所得股款未计入注册资本的金额以及国务院财政部门规定列入资本公积金的其他项目，应当列为公司资本公积金。"我国无面额股制度的规则主要体现为：一是择一规则，即要求公司根据章程择一采用面额股或

---

① 叶林，张冉. 无面额股规则的创新与守成：不真正无面额股：《公司法（修订草案二次审议稿）》规则评述 [J]. 证券法苑，2022 (3).

无面额股，不可以既采用面额股又采用无面额股；二是载明规则，即股票采用纸面形式的，应当载明无面额股代表的股份数；三是可转换规则，即公司可以根据公司章程的规定将已发行的面额股全部转换为无面额股或者将无面额股全部转换为面额股；四是发行收入的会计规则，即采用无面额股的，应当将发行股份所得股款的二分之一以上计入注册资本，发行无面额股所得股款未计入注册资本金额的，应当列为公司资本公积金；五是股东会决定规则，即股东会应当对发行无面额股所得股款计入注册资本的金额作出决议。

新《公司法》关于公司资本形成制度以及无面额股制适用双重任意性规则，采取双重赋权型模式，即在采取法定资本制抑或授权资本制时，可由公司任意选择；在是否采取面额股或无面额股制度时，同样可以自由选择。法定资本制与无面额股制度之间并不当然是排斥关系。1912年美国纽约州允许发行无面额股，公司发行无面额股票时出现了只有发行价而没有面额的情形。为确定法定资本，法律又创造了一个新概念——设定资本（stated capital），即当公司发行股票获得发行价格的对价之后，公司董事会必须在发行价格以内划定一个份额，作为法定资本，超过这个数额的被称为"资本盈余"。换言之，公司必须虚拟一个"面额"，这样就满足了法定资本制的要求。在授权资本制下，面额和注册资本概念已不重要，授权资本是以股份数额而不是资本额的方式表述。透过美国的相关法律规定我们看到，授权资本制的核心，一是股东会通过公司章程授权董事会可发行无面额股的上限，董事会可以在这个限额内自行决定每次发行的数额、时间；二是公司章程一定要载明资本授权范围，这也是公共机关对公司的授权，会涉及税收问题[1]。

公司法律制度的抉择并非逻辑推理的结果，而是一项经济政策选择的结果。越加宽松的经济导向以及市场诚信制度的建立，才是现阶段无面额股制度得以引入衔接的一剂良药。就新《公司法》本身而言，公司资本形成制度也是一项菜单式的赋权型规范，新制度的创造或引入会对大众释放

---

① 邓峰. 普通公司法 [M]. 北京：中国人民大学出版社，2009：309-316.

出一定的信号，人们会对制度性激励做出自己的反应，许多制度的诞生改变了人们所遇到的成本与收益，进而改变了人们的行为选择①。

**五、无面额股制度面临的主要挑战**

在无面额股制度的功能实效上，自上而下的法律改革有悖于商事实践的演化路径，易产生水土不服问题。双重赋权型模式下的授权资本制与法定资本制的并轨、面额股与无面额股的并轨，所带来的挑战是巨大的。一方面，法定资本下无面额股制度为了让公司保持一个理论上固定的资本额度，必须不断增加其他规则来共同完成这个目的；另一方面，授权资本下无面额股制度面临着股票发行、盈余分配、催缴资本等现实问题。

(一) 规则不够统一、明确

无面额股制度在新《公司法》上缺乏有效制度应有的普适性、确定性和兼容性，总体来看是不规范的。

一是无面额股制度仅适用于股份有限公司，有限责任公司无法采用无面额股或类别股，这导致不同类型公司之间法律适用的不平等。有限责任公司实行法定资本制与限期认缴制，而股份有限公司在资本形成环节统一为实缴制，同时面临多种资本制度的选择，这会导致对公司估值的困惑、潜在的利益冲突、资本流入的紧缩。五年认缴期限的实施会进一步紧缩有限责任公司的资本流入。无面额股与面额股之间的转换规则尚未有明确的法律规定，涉及资本公积金、注册资本等重要财务要素的调整，缺乏具体的操作指导。授权资本制与无面额股制的同时出现，由于缺少公司登记、证券登记结算等一系列配套制度，会导致市场预期与政府公信力下降，损害投资人、债权人合法权益以及社会公共利益。

二是在不真正无面额股与真正面额股的选择上不够明确。理论上，无面额股分为记载式无面额股票和纯粹无面额股票两种，但在实际的公司章程和新《公司法》的规定中，对于这两种类型的区分不够明确，导致实际

---

① N. 格里高利·曼昆. 经济学原理：微观经济学分册 [M]. 8版. 梁小民, 梁砾, 译. 北京：北京大学出版社, 2020：7. 经济学十大原理之一：人们会对激励做出反应，激励是指引起一个人做出某种行为的事物。

操作中存在困难①。同时股票面额制度改革存在不同路径，包括允许折价发行或引入记载式无面额股。通过审视公司章程中关于股票最低发行价格的规定、新《公司法》第一百四十二条和第二百一十三条的规定，无面额股制度下所得股款的列入问题，即如何将股款计入注册资本或资本公积金，仍须进一步明确和解决，导致其所引入的仍是一种不真正面额股，在形式上仍类似于面额股。

（二）衔接成本高昂

改革过程中，由于既存制度中的隐性规则，使得本土公司在法律变革的转轨中可能对既有的效率规则产生抗拒和制约，导致预设的制度功能难以发挥，甚至减损既有的制度收益②。综观各国面额股改革，主要是从单一的面额股模式转向单一的无面额股模式，而非我国的并轨加自由转换模式。因此，双重赋权型模式自身的制度建立将会付出较高的成本。

一是原《公司法》中以面额股制度为中心所建构的公司资本制度仍然占据重要地位，无面额股制度存在明显的供给不足。虽然新《公司法》已经实施，但原《公司法》中以面额股制度为中心所建构的公司资本制度仍然占据重要地位，而无面额股制度存在明显的供给不足，需要对公司会计制度以及社会信用评价体系等进行新一轮的完善。具体到认缴制和实缴制、注册资本、会计核算、资本公积金、股份拆分、股东责任等制度改革，都需要调整。例如，无面额股没有票面价格，而发行资本一般是认定股东承担责任的依据，如果只有股份数额而没有价格，则股东责任的上限应如何确定？旧资信体系开始瓦解，新信用体系尚未建立，以资本为核心所构筑的整个公司信用体系不可能完全胜任对债权人利益和社会交易安全保护的使命。面额股制度自身对于评判公司资本信用起到了一定的信息传递作用，即对外公示公司信用状况。例如，完善公司出资制度、对信用公

---

① 前者是指股票票面上并不记载股票金额，但公司章程内容规定有每股的最低发行价格的股票，后者不仅具备无面额股的表面特征，而且在章程中亦不存在有关公司股票发行价格的规定，真正实现了股票的无面额、无限价。

② 黄辉. 公司资本制度改革的正当性：基于债权人保护功能的法经济学分析 [J]. 中国法学，2015 (6).

示系统的改造等。实践中，对于公司信用查询或进行披露的成本都相当高，赋权型模式下资本信用与资产信用的建立都需要同步完善、协同推进，对不同信用范式所具有的功能应当分类考虑。菜单式的选择模式所基于的禀赋效应，对新资信体系的建立提出了更大挑战。

二是法定资本制下和授权资本制下的无面额股制度面临着多种挑战。法定资本制要求公司保持一个理论上固定的资本额度，公司股东会和董事会必须不断增加出资形式、出资数额、增加资本或减少资本、股息分配、股票发行价格不能低于票面价值等规则来共同完成这一目的。规则越复杂，无面额股的效用越微小，也越难以适用。西方国家授权资本制的核心之一是股东会通过公司章程授权董事会决定发行股份的上限和时间，而我国采取通过法律明确授权资本的限制条件，规定股份上限、时间和发行权限。新《公司法》第一百五十二条规定："公司章程或者股东会可以授权董事会在三年内决定发行不超过已发行股份百分之五十的股份。但以非货币财产作价出资的应当经股东会决议。"同时赋予股东会和董事会发行股份的权利，实际限缩了董事会的权利，使授权资本制打了折扣，也对股东或董事忠实义务提出了较高的要求。由于外部市场中相对单一的融资通道以及对于公司财务会计的便捷化处理，公司在面临制度选择时考虑空间有限，可能会导致无面额股适用的落空。

### （三）监管难度增大

在双层赋权型面额股模式下，允许无面额股与面额股同时存在，无论是法律规范上还是财务衡量上，必然存在两套并轨模式，司法及市场将应对双重模式冲突的混乱局面[①]，无疑会加大市场管理难度。

一是相较于模式二而言，双重赋权式模式的建构意味着行政机关需要提供两种以上不同的登记系统，制定两套不同的程序规则，并同时考虑公司面额股和无面额股转换时如何处理公积金等问题，以面对公司所具有的自由选择权，这无疑会加大系统建设成本。当然，此类成本会随着登记体系、程序规则的不断完善而逐渐降低，但在监管层面，多层级的登记、程

---

① 叶林，张冉．无面额股规则的创新与守成：不真正无面额股；《公司法（修订草案二次审议稿）》规则评述［J］．证券法苑，2022（3）．

序适用会造成后续的监管成本不断增大。其中，登记成本包括信用系统的初始搭建成本（数据栏目的更新与协调）、记载和维护信用信息的成本、登记机构的信用审查成本（审查无面额股制度与既有面额股制度之间的相容性而付出的成本）。

二是由于信息披露机制不健全，导致资本安全的风险增加，进而导致监管成本大量投入。信息成本包括当事人对信息获取的付出，如公司出资情况等信息调查等，但不限于信息的编制成本、传播成本、规范成本等。而信息披露制度的经济学功能是降低信息获取成本，让债权人能够甄别潜在债务人的不同品质，并将此反映在上述利率设定等契约机制中，从而避免由于债权人将所有债务人一视同仁的逆向选择问题。赋权型模式下无面额股制度建构产生了多元股权关系，制造了大量的信息，针对这些信息建立起的披露制度所付出的成本也应纳入考虑范围之中。虽然新《公司法》改革引入的无面额股制度比改革前的机制有着更为宽松的自治空间，可谓商事制度改革的一方良药，但毋庸置疑的是，相关监管机制仍然需要得到进一步建立和完善，在这个过渡期间，并轨制下无面额股机制的效率可能难以完全实现。同时，法律改革过程中也极易造成当事人的行为混乱，进而产生新的违法行为，加大监管成本。

新制度引入所引发的法律改革，在旧的公司资本制度这条生产流水作业线上进行模块式地更换"作业工具"，若不顾及其他生产工具的衔接，极易造成系统性风险。立法者在设计众多规则之时即面临一道难题，即如何合理配置公司法的规则模式，其关涉公司在参与商事实践中所负担交易成本的高低，影响一个企业是否可以高效率地运作并达到效益最大化。

## 六、无面额股制度的体系优化

极具时代性的无面额股制度改革需要立足于本土的公司法并进行体系化研究。法律分析应关注诸要素之间管制的强弱程度和相互之间的协同效应[1]。无面额股制度所带来的资产信用的核心内容之一在于强调放松设立

---

[1] 沈朝晖. 重塑法定资本制：从完全认缴到限期认缴的动态系统调适 [J]. 中国法律评论, 2024（2）.

阶段的资本行政管制，但是通过公司设立阶段筹集的资本仅仅是公司资产的初始构成，并不代表改革的全部完成，需要公司法相关规则的强化作为替代性支撑。

### （一）明确全面推行无面额股的时间表

无面额股制度的优势是明显的，实施统一的无面额股制度也将是大势所趋。原《公司法》在修改时，考虑到面额股制度长期存在的现实，市场已经形成了路径依赖（path dependence），如果全面废除面额股制度，会引发制度变迁成本（transition costs），对市场稳定性和效率会产生负面影响。加之我国资本市场尚未达到非常成熟的状态，如果全面废除面额股制度，可能会引起市场主体的恐慌，造成市场的巨大动荡，使得转换成本更大。另外，无面额股制度对市场投资主体的投资能力和抗风险能力要求较高，全面废除面额股制度没有给投资者对新制度足够的适应时间，不利于投资者权益的保护。为了减少制度变迁的冲击，给市场主体足够的时间来适应新制度，新《公司法》采取渐进式改革策略是可以理解的，应加快从面额股制度向无面额股制度过渡，减少改革的衔接成本。

建议将全面推行无面额股制度和法定资本制的过渡时间定为十年左右，即经过十年左右时间，通过修改法律，允许股份公司和有限公司一律实行无面额股制度（模式二）；取消法定资本制，全面实行授权资本制。选择适当的评价体系，开展对实行无面额股制度的评估，尤其是面额股与无面额股之间相互转换的评估，减少制度之间的冲突和混乱。

### （二）完善相关配套制度

公司法改革预设效益与改革整体效益是两个层面的问题，不能简单认为改革一定会带来预期和整体效果。仅在公司资本制度的前端注重鼓励投资、活跃经济、放松管制的理念，即一味地增加新的股份关系，却不搭建起相关的配套制度，无法打通制度之间的逻辑关联，亦无法从资本制度体系内部去理解各个制度，易造成效益削减的不利后果[①]。

一是建议出台具体的实施细则，填补制度空缺，确保无面额股制度能

---

① 朱慈蕴. 中国公司资本制度体系化再造之思考 [J]. 法律科学，2021（3）.

够在保护公司股东、投资者和社会公共利益的同时，实现制度的平稳过渡和健康发展。二是明确转换规则。由于无面额股和面额股相互转换可能涉及股票性质的变化、资本公积金、注册资本、股份拆分等问题，需要明确转换规则，降低转换成本。三是切实保护股东和债权人利益。在发行无面额股时，基于公司控股股东或者董事会的原因，可能会以低于公司资产所对应的价值对外发行无面额股，从而损害公司利益，或者损害原股东和中小股东的利益。因此，需要从实体和程序两个角度予以规制，保护原股东特别是中小股东的利益。四是规范股东义务和责任。如果有票面价值的规定，存在注册资本，股东责任应以数额表示；如果不存在票面价值，发行完毕，则股东的义务就已经履行完毕，股东按照其持股比例行使权利；股东存在催缴资本，并且直到公司破产也没有实际缴纳到位的，应通过立法规定责任倍数。五是接轨国际资本市场，通过无面额股制度的引入促进境内企业境外融资和红筹企业境内融资，降低企业国际化发展的转换成本，满足红筹企业接轨境内资本市场的需求，促进资本市场的国际化。

(三) 强化信息披露要求

无面额股的引入在一定程度上进一步弱化了注册资本初始所具备的担保功能以及信号功能，也带来了全新的需要披露的公司信息。要充分利用原有的和新《公司法》的规定，开展无面额股信息披露，使投资者和债权人更准确地了解公司的资本状况和偿债能力，从而有效评估交易风险。

按照新《公司法》强化公司信息公示机制要求，特别是要发挥国家企业信用信息公示系统的功能和作用，将涉及公司登记、合并、分立、增资、减资等多个方面的信息公示及时公开，其中，无面额股的信息公示也要及时公开。新《公司法》第四十条明确了公司应公示的特定事项，包括股份有限公司发起人认购的股份数，股权、股份变更信息，行政许可取得、变更、注销等信息以及法律、行政法规规定的其他信息，这就包括股东持有的无面额股的股份数、无面额股与面额股之间转化信息等。新《公司法》第三十二条要求公司登记机关将公司登记事项通过国家企业信用信息公示系统向社会公示，第二百五十一条①规定，公司未依照规定公示有关信息或不如实公示有关信息的，将面临罚款等法律责任。

### （四）扩充资本计入

新《公司法》第九十六条形成了在注册资本的统一计入，即股份有限公司的注册资本为在公司机关登记的已发行股份的股本总额，同时第一百四十二条第三款规定"采用无面额股的，应当将发行股份所得的二分之一以上计入注册资本"，为无面额股的资本计入开辟了通道。

赋权型模式下的无面额股制度下股份的发行价格以及自由转化会极大地影响到注册资本。新《公司法》采纳法定资本制度与授权资本制的双轨制，我们应该鼓励企业采取授权资本制，明确不像美国多数州那样会对授权资本征收特许权税（franchise tax）②。在股份发行的决定权与自由转化上极大地扩充股份发行选择空间的基础上，合理协调无面额股制度的发行安排，依据新《公司法》第一百五十一条③的规定，即董事会负责制定发行无面额股的作价方案，最终由股东会行使无面额股发行决定权，决定其发行价格。站在整体视角可以看出，新《公司法》在资本计入的安排上既有的放矢，又足够理性。按照新《公司法》有关忠实义务④的规定，应将董事制定发行无面额股作价方案以及转化程序行为纳入其中，对其进行衡量和判断。

### （五）规范资本公积金的运用

无面额股的引入对于公司资本制度的冲击是全方位的，具体到公积金制度，一方面，新《公司法》对资本公积金的使用做了修订，以应对无面

---

① 《公司法》第二百五十一条规定："公司未依照本法第四十条规定公示有关信息或者不如实公示有关信息的，由公司登记机关责令改正，可以处以一万元以上五万元以下的罚款。情节严重的，处以五万元以上二十万元以下的罚款；对直接负责的主管人员和其他直接责任人员处以一万元以上十万元以下的罚款。"

② 邓峰.普通公司法［M］.北京：中国人民大学出版社，2009：311.

③ 《公司法》第一百五十一条第一款规定："公司发行新股，股东会应当对下列事项作出决议……（二）新股发行价格……（五）发行无面额股的，新股发行所得股款计入注册资本的金额。第二款规定："公司发行新股，可以根据公司经营情况和财务状况，确定其作价方案"。

④ 《公司法》第一百八十条第一款规定："董事、监事、高级管理人员对公司负有忠实义务，应当采取措施避免自身利益与公司利益冲突，不得利用职权牟取不正当利益。"

额股制度的自由性；另一方面，无面额股制度的适用，为取消资本公积——股本溢价科目增加了可行性，进一步推进资本计入一体化进程。

一是缩减资本公积金使用条件的限制。新《公司法》第二百一十四条第一款和第二款扩大了公积金适用范围，即公司的公积金可以用于弥补公司亏损、扩大公司生产经营或者转增公司资本。同时也应当看到，在公积金的适用程序上，增加了更为严格的条件。公积金弥补公司亏损，应当先使用任意公积金和法定公积金；仍不能弥补的，可以按照规定使用资本公积金。由于资本公积的科目包括溢价款、接受控股股东或非控股股东直接或间接代为偿债或者债务豁免或捐赠等多个子科目，其中有些子项目仅体现股东权益的账面变动，并没有实际的资金流入公司，因而无法用于弥补亏损。从无面额股制度的引入需要公司资本进行全方位调整的认识，同时"按照规定使用资本公积金"的要求，资本公积金弥补亏损应当遵循何种程序，需要做出细致化的规定。二是消除资本公积金计入的法律差异。依据新《公司法》第一百四十二条第三款之规定："公司发行无面额股的，可以自主决定将相当于全部股款或二分之一以上的股款列入注册资本。"此规则意味着通过公司章程的自治安排，公司有权自由决定是否设置资本公积金科目。而无论股份发行价格高低与否，在会计上均表示为无资本公积金科目。公积金归零相当于在法律上将公积金等同于注册资本，此举也将进一步消除公积金与注册资本之间的法律差异。

## 七、结语

新《公司法》引入无面额股制度，扩充了公司股权类型，增加了公司资本制度下投资者的自治空间，有利于弘扬企业家精神、推进公司资本制度的体系化再造。无面额股制度的引入本身就是一场深刻的公司制度变革。它不仅影响公司资本前端、中端与后端制度变革，而且影响各个端节中的制度及其相互之间关系变革。置身这一特定而复杂语境中的公司法创新，不能简单地拿来就行、采取"目的-手段"这样简单的功利主义和功能主义的公式，任由市场进化决定公司资本制度的功能定位和体制变革。我国当前采取的双重赋权型模式应当是一种过渡性模式，很难在当今世界找到可以借鉴的经验。要发挥公司法的规范和引导功能,加快统一授权资本制、统一无面额股制度的改革,不断完善无面额股发行模式、转换规制、股本溢价处理方式、分期缴纳、股东义务责任等配套制度,更好地服务于企业的融资和市场发展需求。

# 技术赋能、逻辑耦合与治理转型：
# 区块链融入跨域环境司法的基本路径[*]

吴应甲[**]

**【摘　要】** 生态环境的整体性与行政司法体制分割性之间的矛盾，使得跨域环境司法成为常态。目前，跨域环境司法存在结构性失衡、系统性困境和规范性不足等诸多局限，而区块链技术的多中心机制、分布式记录、信任创造、防篡改以及共识机制等优势，使其能够适用于多主体、跨区域写入的司法应用场景，恰好契合跨域环境司法的天然属性，提升跨域环境案件的司法效能，优化跨域司法的职权配置。区块链技术有助于完善环境司法存证制度、赋能智慧环境审判、提升环境诉讼服务质效、优化环境两法衔接程序和提高环境司法协作效能。区块链技术驱动跨域环境司法的发展前景，应当是以司法区块链联盟为基础打造跨域环境合作平台，以跨域环境类案为先导引领区块链技术平台建设，以人工智能发展为契机助力区块链环境司法推进。

**【关键词】** 区块链；跨行政区划；环境司法；实践样态；发展前景

## 一、引言

探索设立以流域等生态系统或以生态功能区为单位的跨行政区划司法改革是生态文明体制改革的重要内容。改革过程中，各地将生态环境资源

---

[*] 基金项目：河南省哲学社会科学规划项目"黄河流域生态环境执法司法协同配合机制研究"（2023BFX024）、河南省软科学研究计划项目"生成式人工智能融入环境治理的法律风险及规制路径研究"（252400410079）、国家自然科学基金资助项目"基于环保与效率创新的供应链激励合同研究"（71961019）、河南省社科联调研课题"区块链司法的安全风险防控机制研究"（SKL-2024-218）。

[**] 吴应甲，公安部郑州警察学院副教授，河南理工大学文法学院兼职法律硕士研究生导师，主要研究方向为环境资源法学和数字法学。

案件交由专门法院集中管辖,极大地推动了跨域环境司法的进步,跨域调查取证、异地审执和跨区送达已成为司法实践中的常态①。然而,跨域环境司法在实践中也面临着一系列问题和诸多困境,如污染源头追查困难、责任主体界定模糊、互信合作意识薄弱、信息共享程度不足、运行成本较高以及沟通协调机制不畅等②,都制约着跨域环境司法的发展。

2022年5月,最高人民法院公布《关于加强区块链司法应用的意见》,明确提出发挥区块链互通联动功能,构建法院、检察院、公安机关、司法行政机关等多部门跨链协同作业体系。区块链是一种去中心化、不可篡改、可追溯的分布式数据库技术③,其以去中介化的形式实现点对点价值传输,在跨域环境司法方面有非常广阔的应用空间,能够在很大程度上增加互信,提升跨域环境司法效能。

目前,有关区块链与环境司法的研究文献主要分为两大类:第一类是区块链在司法中应用的研究。主要包括区块链在司法存证、个人信息保护和强制执行等领域的应用(刘品新,2021;王禄生,2022)、区块链与司法价值共通与融合发展(彭巍,2021)、区块链技术下两法衔接以及刑事侦查的发展(申纯、王彬,2021)、区块链技术在审判事实中的认定(李晓丽,2022)以及基于区块链的司法执行创新(李叶宏,2022)等。第二类是关于区块链赋能跨域环境治理的研究。主要包括区块链为环境治理带来了创新动力,优化了治理工具的兼容性,并提升了治理框架的开放性,促进了治理机制的多元化(余敏江、杨煜,2021);在保持原有部门职能和责任界限的前提下,通过区块链的应用,可以加强纵向和横向的协同合作与资源整合,进而实现生态环境领域跨部门的协同治理(颜海娜、张雪帆、王露寒,2021);还有学者提出了生态环境"大综合一体化"行政执法改革的数字化转型之路(陈真亮、王雨阳,2021)。

---

① 邢爱芬,颜鸽.区块链技术赋能司法的应用场景与前景展望[J].信息技术与管理应用,2023,2(3):147-158.
② 李波,于水.基于区块链的跨域环境合作治理研究[J].中国环境管理,2021,13(4):51-56.
③ 靳世雄,张潇丹,葛敬国,等.区块链共识算法研究综述[J].信息安全学报,2021,6(2):85-100.

上述内容为本文的研究提供了支撑和借鉴，但是已有研究对于跨域环境司法的特殊性未作考量，对于区块链技术在跨域环境司法中的应用论述不足。基于此，本文将从跨域环境司法的既有局限切入，并以此为基点，深入探讨区块链技术嵌入跨域环境司法的适宜性，从技术治理视角探索区块链在跨域环境司法中的应用价值，并对区块链技术赋能跨域环境司法的实践样态进行分析，创新提出跨域环境司法的发展路径，以期构建更加科学合理的跨域环境司法长效协作机制。

## 二、跨域环境司法的既有局限

### （一）跨域环境司法结构性失衡

其一，司法权在区域层面受到行政辖区和政府权力结构的限制，这在一定程度上确保了法律适用的统一性和协调性，但也可能挑战司法的相对独立性。我国长期以来实行"条块结合，以块为主"的行政管理架构和"属地管理"原则①，该管理模式有利于保持司法机关与地方政府的密切联系，确保司法工作的顺利开展，但也衍生了地方保护主义等诸多弊端。为了克服该弊端，我国推行省级以下法检人财物统管改革和以铁路法检为基础的跨行政区划司法改革，旨在减少对同级政府的依赖，但执行中仍存在诸多问题。比如，法院推行人财物省级统管后，经费构成主要以省级财政资金为主，同级财政不再直接拨付资金。然而，仍有部分法院依赖同级财政的经费供给，且同级财政经费供给量在经费总收入中的平均占比为43.22%。在某些基层法院，这一比例甚至高达87%②。此项改革旨在实现省级统一管理，但面临实际执行困难和地方差异性的挑战。尤其是在经济发展不均衡的区域，这些差异将影响跨域环境案件的审执效果。

此外，法院内部运作受到财务性和行政性司法利益的双重影响。环境案件处理过程中产生的受案等诉讼费用构成财务性司法利益，裁决金额直

---

① 周黎安. 地区增长联盟与中国特色的政商关系 [J]. 社会，2021，41 (6)：1-40.
② 范丽. 省级统管后法院经费保障机制再造 [J]. 人民司法，2021 (22)：72-78.

接影响这部分利益①。即便经济发达地区的环保法庭不依此作为主要财政来源，但相关考核机制仍关注案件数量、结案率等指标。鉴于绩效考核压力的存在，环保法庭可能会调整其对环境案件的审理策略，以达到内部审判绩效目标。

其二，区域环境司法资源的非均衡化配置导致结构性失衡。在司法体制改革和司法能力建设中，区域环境司法资源的不均衡配置问题日益凸显，主要体现在纵向和横向两个层面。在纵向配置方面，当前的改革主要集中在基层和市域层面，而环境司法的协调与发展则更侧重于省域和跨省域层面。这种布局可能忽略了基层司法资源的倾斜性考虑，导致偏远地区司法资源匮乏，影响整个司法体系的效能。在横向配置方面，环境司法协作面临利益冲突，尤其是在跨区域流域司法协作中更为突出。由于各地经济条件、资源禀赋和执法能力的巨大差异，法院在司法资源配置上难以实现均衡，从而加剧了区域内司法资源配置的结构性偏差和失衡现象。同时，当前的跨行政区划改革是以铁路运输法检为基础推进的，但铁路公检法由于跨行政区设置，长期以来没有共同的政法委，缺乏议事协调机制，也不利于跨域环境案件的处理。

从空间社会学的视角看，这种不均衡对空间和司法正义构成了挑战。资源和权威在特定区域内呈现出异质性特点，但司法资源在地理空间中的配置存在显著不均衡，包括不同法院间司法资源的绝对差异以及各区域间司法资源分布的相对不均②。要解决此问题并实现资源配置的均衡合理，必须消除结构性机会不平等的状况。这要求在空间的生产、分配及构建过程中，恪守公平、正义和非压迫的准则，保证资源分配的公正性和合理性，以满足空间和司法正义的基本要求③。

(二) 跨域环境司法系统性困境

其一，跨域环境司法协同配合停留在政策化与形式化层面。在当前的司法实践中，区域环境协作主要体现在政策宣示层面，缺乏协作深度与执

---

① ZHANG X H. Judicial enforcement deputies: causes and effects of Chinese judges enforcing environmental administrative decisions [J]. Regulation & Governance, 2014, 10 (1): 29-43.
② 亨利·列斐伏尔. 空间与政治 [M]. 李春, 译. 2版. 上海: 上海人民出版社, 2015: 23.
③ 沈秋豪, 陈真亮. 区域环境司法协作的实践表征及发展理路探析 [J]. 中国环境管理, 2023, 15 (1): 119-126.

行合力。现行的制度设计和责任规定存在短板，相关文件多聚焦于框架性和原则性内容，而忽视了履约细节、成本效益及争端处理等核心内容。此外，以工作领导小组为核心的推进模式存在组织架构不清晰、权责界定不合理、利益分配不到位等问题，将导致跨域环境司法的协同配合机制运行质效较低。

从运行体系和多元主体参与角度看，区域环境司法协作亦存在问题。一方面，缺乏明确的操作流程指南，导致协作的启动、中止或结束完全依赖临时性的沟通协商，这种不确定性可能使参与方选择不启动协作机制，削弱协作机制的实效性。另一方面，尽管多元化参与主体增加了协作难度，但同时也蕴含提高问题处理效率的潜力。为推进区域环境司法协作工作，法院、检察院等司法机关应积极拓展与公安、生态环境、自然资源等部门的常态化互动渠道，建立健全稳定的协作关系，以确保区域司法内外系统间的有效协调与配合[1]。

其二，跨域环境司法协同配合机制的内外协调瓶颈。司法与行政在环境案件审理中须紧密协作。案件事实确认和裁决有效性依赖于行政程序提供的证据。环境司法审判很大程度上有赖环境行政执法的证据支持，法官须借助行政人员的专业知识判断。在跨区域案件中，地方管理部门常先介入以固定损害结果要求法院提升与生态环境等部门的合作效率和协调性。

当前，区域间合作框架及司法协作机制仍显薄弱，限制了法律裁决执行的效能。为了提升效能，有必要加强对环保非政府组织的支持与培养，并规范其管理运行，激发其在环境司法合作中的积极参与和创新精神，以此推进区域环境治理向多中心主义的新模式转变，进而构建更加全面和深入的环境治理体系，为我国的可持续发展提供有力保障。

（三）跨域环境司法规范性不足

一方面，跨域环境司法协同配合的法律依据不足。当前，跨域环境司法协作主要依赖政策指导和行政协议。各地高级人民法院通过发布文件、

---

[1] GUNNINGHAM N. Environment law, regulation and governance: shifting architectures [J]. Journal of Environmental Law, 2009, 21 (2): 179-212.

组织会议等方式推动协作，但存在法律位阶不高、效力层级不清等问题。此外，实体法和程序法上的挑战也不容忽视，如不同省份环境犯罪入罪标准、赔偿额度等存在差异与冲突，而设立专门法院则缺乏明确的程序法依据①。因此，需要完善跨域环境司法协同配合的法律依据，提高协作效率。

另一方面，跨域环境司法的审判标准存在差异。首先，跨域环境案件成因纷繁复杂，因果关系难以界定，证据收集困难，证明标准较高。其次，流域或地域间环境案件审理存在差异。环境污染判定和监测标准制定差异大，导致证据采信难。法院常通过协商或上级协调应对等方式，影响合作机制的实施和发展。此外，各地制定地方性环保法规或政府规章的多样化，导致环境执法标准和尺度不统一。环境行政执法证据是司法审判的关键参考，而标准不一致无疑削弱了司法判决的标准化和权威性。

### 三、区块链技术嵌入跨域环境司法的应然逻辑

#### （一）价值相融：契合跨域环境司法的天然属性

生态环境的整体性与行政司法体制分割性之间的矛盾，使得案件往往涉及跨流域、跨区域的司法协作需求，这要求各地司法机关打破地域界限，实现信息共享和资源互补。在此背景下，区块链作为社会治理变革的重要技术，其价值与跨域环境司法的天然属性相契合。区块链技术的多中心机制、分布式记录、信任创造、防篡改以及共识机制等优势，使其能够适用于多主体、跨区域写入的司法应用场景。与传统的中心化治理模式相比，区块链技术的多中心机制强调去中心化、去信任化，各节点之间无须信任即可进行安全、可靠的信息交换和协作。这种机制与跨域环境司法协作的多中心治理形态形成价值契合②，为司法协作提供了新的可能。在跨域环境司法协作中，区块链技术可以发挥以下作用：

---

① 刘晓鸣，曹振. 黄河流域生态环境司法保护的实践困境与优化路径 [J]. 学习论坛，2024 (3)：128-136.

② 林民望，吴京. 区块链赋能下跨界环境协作治理集体行动困境消解：技术架构、作用机理与潜在风险 [J]. 生态经济，2023，39 (1)：197-205.

首先，区块链技术的分布式记录特性可以确保司法信息的真实性和完整性。通过将所有信息记录在区块链上，各节点可以共同维护一个不可篡改的信息账本，有助于防止信息被篡改或伪造，确保司法信息的真实性和可信度。

其次，区块链技术的信任创造机制可以降低跨域环境司法协作中的信任成本。在传统的司法协作中，由于各地司法机构之间存在信息不对称和信任缺失的问题，往往需要花费大量时间和精力进行沟通和协调。而区块链技术的信任创造机制可以通过智能合约等，自动执行预定义的规则和操作，从而降低信任成本，提高协作效率。

最后，区块链技术的共识机制可以促进跨域环境司法协作的公平性和透明性。通过采用共识算法，各节点可以在平等的基础上达成共识，确保决策的公正性和透明度，有助于消除地域性差异和偏见，提高司法的公正性和公信力。

### （二）技术赋能：提升跨域环境案件的司法效能

其一，区块链技术通过其独特的点对点传输机制，有效地促进了司法数据的采集与共享。传统的司法数据采集方式往往受限于地域、时间等因素，导致数据共享困难重重。而区块链技术通过去中心化的方式，实现了数据的高效、安全传输，使得不同地域、不同部门之间的数据共享变得轻而易举。这种技术特性不仅提高了数据采集的效率，也为后续的数据分析、证据认定等工作提供了有力支持[1]。

其二，智能合约的应用进一步提升了数据共享效率，为一站式诉讼服务奠定了基础。智能合约是一种自动执行的合同，当满足特定条件时，它可以自动执行相应的操作。在跨域环境案件中，智能合约可以帮助各方快速达成协议，并确保协议的自动执行，这将大幅缩短案件处理的时间，并提高司法效率，使得当事人能够更快地获得公正的判决[2]。此外，区块链技术中的时间戳技术确保了司法数据的安全与溯源。时间戳技术可以记录

---

[1] 胡元聪，谢凤. 智慧司法下数据保护困境突破的区块链技术进路 [J]. 科技与法律（中英文），2021（6）：9-17.

[2] 马长山. 司法人工智能的重塑效应及其限度 [J]. 法学研究，2020，42（4）：23-40.

数据生成的时间,并为数据提供一个不可篡改的证明。在跨域环境案件中,由于涉及的数据种类繁多、来源复杂,数据的真实性和可信度成为一大难题。而时间戳技术的应用可以确保数据的完整性和真实性,为案件的公正处理提供有力保障。

其三,非对称加密技术则优化了案件信息流转的可信任性。非对称加密技术采用公钥和私钥相结合的方式,保证了数据的安全传输和存储。在跨域环境案件中,由于数据传输涉及多个部门和地区,数据的安全性显得尤为重要。非对称加密技术的应用可以有效防止数据在传输过程中被篡改或泄露,确保案件信息的机密性和完整性。同时,区块链技术还降低了取证成本,使取证时间更加灵活便利。传统的取证方式往往需要耗费大量的人力、物力和财力,且受到时间和地域的限制;而区块链技术通过其去中心化、不可篡改的特性,使得取证过程更加简单、高效。同时,由于区块链技术具有时间戳和加密等安全机制,使得取证结果更加真实可信。

其四,区块链的链式结构特点与证据链的闭环性形成契合,实现了数据真实与司法公信、智能合约与司法高效的契合。区块链技术通过其独特的链式结构,将每一个数据块按照时间顺序连接起来,形成了一个不可篡改的数据链。这种结构与证据链的闭环性高度契合,使得每一份证据都能够被完整地记录和追溯。这不仅保证了数据的真实性和可信度,也提高了司法的公信力和效率。

(三) 流程再造:运用分布式治理优化职权配置

在跨域环境司法的实践中,由于利益博弈和地方保护主义的存在,经常会遭遇权力扩张、信任缺失、效能低下和集体行动困境等难题。这些问题不仅影响了司法的公正性和效率,也削弱了人们对法治的信任感。为了应对这些挑战,可以引入区块链技术,通过分布式治理优化职权配置,实现司法流程的再造[1]。

区块链技术的特点在于其去中心化、透明化和不可篡改,这使得它非常适用于多方博弈和非中心化的司法场景。通过区块链技术,所有参与司

---

[1] 彭巍.区块链与司法的价值共通与融合发展[J].科技管理研究,2021,41(6):201-206.

法活动的节点都能够参与记账过程，形成一个基于数字或技术的多方共同参与的新型信任模式。这种信任模式不仅能够有效地解决传统司法中信任缺失的问题，还能够提高司法活动的透明度和可追溯性，增强对司法公正的信任感。

在分布式治理框架下，每个节点都具有平等的地位和权力，共同参与决策和监督过程，以防止权力扩张和滥用，提高决策的效率和准确性。同时，通过区块链数据共享和共识算法等机制的应用，可以有效地解决传统职权配置过程中存在的信息不对称、监督乏力和决策回音壁等问题，在提高司法活动的效率和公正性的同时，还能够增强对法治的信心和认同感。

**四、区块链技术融入跨域环境司法的实践样态**

区块链技术能够有效促进案件诉源治理，推动诉讼流程简化，进而提升司法效率。同时，该技术还能助力完善诉讼证据证明制度，增强电子证据的采信度，显著降低司法证明成本。此外，区块链技术在执行制度改革方面也发挥着重要作用，能够简化执行流程，加强执行监督，实现执行财产的可视化，为电子送达制度的健全提供有力支持。总体而言，区块链技术在跨域环境司法领域的应用具有广阔前景和深远意义。

*（一）环境司法存证与区块链技术的应用*

随着科技的不断进步，传统的环境司法存证方式已经难以满足现代社会对于证据真实性和可信度的高要求。特别是跨域环境电子数据，由于其固定保全难、容易被篡改等弊端，使得真实性的追溯成本高昂、难度巨大。然而，随着区块链技术的兴起，这一问题有望得到有效解决。区块链技术以其异地溯源性和难以被篡改等特点，为环境司法存证提供了新的解决方案。通过利用区块链技术，相关证据的可信度得到了显著提升。具体而言，利用区块链的环境司法存证主要包括以下两个方面：

一是存量环境证据的数字化存证。环境执法司法单位可将获取的材料以电子证据的形式上传至区块链存证平台，这些证据将被永久性地记录在区块链上，确保其真实性和可信度。一旦上传至区块链，这些证据便无法被篡改，从而有效地防止证据被伪造或篡改的可能性。同时，由于区块链的分布式特性,这些证据还可以在不同的节点上进行备份,从而确保证据的安全性和可靠性。

二是增量环境证据的生成与记录。在使用区块链存证平台的过程中还可以生成新的证据。例如,通过利用物联网技术,可以实时监控环境数据,并将这些数据以电子证据的形式上传至区块链存证平台,不仅可以实时记录环境数据的变化情况,还可以为环境执法司法单位提供更加全面、准确的证据支持。此外,通过利用智能合约等技术,还可以实现自动化取证和证据验证等功能,进一步提高环境司法存证的效率和准确性[1]。

区块链技术在环境司法存证中的应用具有广阔的前景和潜力。例如,通过利用区块链技术的去中心化特性,可以实现环境数据的分布式存储和共享,从而有效地解决数据孤岛问题。此外,通过利用区块链技术的智能合约功能,还可以实现环境监管的自动化和智能化,进一步提高环境监管的效率和准确性。通过利用区块链技术的异地溯源性和难以被篡改等特点,可以有效解决跨域环境电子数据真实性方面追溯成本高、难度大等问题。同时,通过利用物联网技术和智能合约等技术,还可以实现环境数据的实时监控和自动化取证等功能,进一步提高环境司法存证的效率和准确性。未来,随着技术的不断发展和应用场景的不断拓展,区块链技术在环境司法存证中的应用将更加广泛和深入。

(二)智慧环境审判与区块链技术的融合

在 Web 3.0 时代,区块链技术逐渐渗透到社会的各个领域,其在环境司法审判领域的应用尤为引人瞩目。区块链技术推动了跨域环境司法审判从传统案卷形式向数据模块形式的转换,不仅提升了审判效率,还为环境保护提供了有力保障。

首先,区块链技术实现了线上智能化全流程审理。在这一模式下,电子文书通过电子化开具核验,大幅缩短了案卷流转的时间。相较于传统的纸质案卷,电子文书不仅提高了工作效率,也降低了纸张浪费,体现了绿色环保的理念。同时,链上证据的真实度较高,确保了证据的完整性和可信度。存

---

[1] 马明亮. 区块链司法的生发逻辑与中国前景 [J]. 比较法研究, 2022 (2): 15-28.

证、取证、认定集约一体化的实现，使得整个审理过程更加高效、透明①。

其次，区块链智能合约的引入为环境司法审判带来了革命性的变革。按照链上设定的条件，智能合约能够自动完成立案组庭、证据流转、流程管理和案卷归档等程序。在这一过程中，所有的法律行为都会被记录在链上，形成了一条不可篡改的法律行为链，在实现自动化协同和全链条见证的同时，也增强了整个审判过程的可信度。

最后，智慧执行系统的应用为环境案件的执行提供了有力支持。在传统的环境案件执行过程中，异地执行往往面临着成本高、路途远、时间长等诸多弊端。而智慧执行系统通过将裁判文书信息、查控财产处置进程、执行组织情况等内容嵌入链上，凭借智能合约技术自动处罚相应节点，极大地提升了执行效率，不仅减轻了执行人员的工作负担，也有效地保障了环境案件的执行效果②。

(三) 环境诉讼服务与区块链技术的结合

区块链技术在环境诉讼服务中的应用逐步显现出其巨大的潜力。区块链技术以其独特的去中心化、透明性和不可篡改的特性，为解决环境损害鉴定中的乱象提供了全新的解决方案，极大地增加了鉴定的透明度，提升了鉴定的权威性和可信度③。在环境损害鉴定工作中，必须涵盖主体信息、鉴定流程、鉴定报告以及鉴定结论等重要信息。传统的鉴定流程中，这些信息往往存在被篡改或伪造的风险，导致鉴定结果的可信度受到质疑。然而，区块链技术的应用使这些关键信息可以被完整地记录在区块链上，形成不可篡改的数据链。一旦信息上链，就可以通过签章、鉴定书与源文件的哈希值比对，确保数据的完整性和真实性，为提取溯源证据提供了极大的便利。

此外，区块链技术还能助力环境案件办理的公正性。通过建立公正联盟链，基于信任机制，司法机关和当事人可以将相关材料上传至链上，公

---

① 杨震，孙梦龙. 纸域司法改革的方向标：数智时代的区块链司法：以《最高人民法院关于加强区块链司法应用的意见》为中心展开 [J]. 政法论丛，2022 (6)：146-158.
② 李叶宏. 基于区块链技术的司法执行创新研究 [J]. 西北民族大学学报 (哲学社会科学版)，2022 (2)：76-86.
③ 郝志鹏. 区块链在提升司法鉴定公信力中的应用研究：以海事司法鉴定为样本 [J]. 中国司法鉴定，2021 (6)：10.

证员可进行节点共享，突破了时间和地域的限制，实现链上办公①。这一模式不仅能够有效防止数据的伪造和篡改，还能显著提升办案效率，确保环境案件的公正、高效处理。

区块链技术在环境诉讼服务中的应用还具备巨大的拓展空间。例如，可以利用智能合约自动执行环境赔偿协议，确保赔偿金额及时、准确的支付；通过大数据分析，可以对环境损害进行更精确的评估；结合物联网技术，可以实时监控污染源的排放情况，为环境诉讼提供更有力的证据支持。

### （四）环境两法衔接与区块链技术的引入

在环境保护领域，行政执法与刑事司法衔接一直是焦点。然而，受权力本位和管理体制的制约，这一过程中常常出现环境监测信息共享不畅、有案不移等问题，给环境保护工作带来了不小的困扰。区块链技术的引入为这些问题的解决创造了路径，通过打破信息壁垒、解决有案不移的问题以及构建异地互信机制，为环境保护工作注入了新的活力和动力。

区块链技术的分布式账本特性，使得各个环境行政机关能够在一个去中心化的平台上共享信息。这一特性打破了传统信息壁垒，营造了一个更加开放、透明的信息环境。环境监测数据在区块链上被记录后无法被篡改，确保了数据的真实性和可信度。同时，相关部门可以实时查看和更新数据，确保信息的及时性和准确性。

智能合约技术的引入为解决环境行政机关有案不移的问题提供了新的思路。智能合约是一种自动执行的合同，当满足一定条件时，会自动执行相应的操作。在环境执法领域，可以设定当某个环境监测数据超过一定阈值时，智能合约自动触发，将案件移交给刑事司法机关处理。这样，不仅可以避免人为干预和延误，还能确保案件处理的及时性和公正性。

区块链技术在构建异地互信机制方面也具有独特的优势。在传统的环境执法与刑事司法衔接中，由于地域、部门等因素的限制，各机关之间往

---

① 伊然. 区块链技术在司法领域的应用探索与实践：基于北京互联网法院天平链的实证分析［J］. 中国应用法学，2021（3）：24.

往缺乏信任。而区块链技术的去中心化、不可篡改等特性，使得各机关可以在一个公开、透明的平台上进行交互和合作，从而建立起一种异地互信机制。这种机制不仅有助于加强各机关之间的沟通与协作，还能提高整个环境保护工作的效率和质量[1]。

（五）环境司法协作与区块链技术的交融

传统的环境司法协作方式面临着证据材料、法律文书等案卷信息流通不畅、信任缺失、中心化等问题，而区块链技术的出现为这一领域带来了革命性的变革。区块链技术以其去中心化、数据不可篡改、高度安全等特点，为跨域环境司法协作提供了全新的解决方案。在区块链技术的支持下，不同层级和地域的司法主体可以在各自的节点上参与诉讼环节，实现案卷信息的实时共享和流通。这种"群体记账"的方式不仅打破了信息孤岛和数据壁垒，还使得诉讼过程更加透明、公正和高效。

首先，区块链技术能够确保案卷信息的真实性和完整性。在区块链网络中，每一份数据都被加密并分散存储在多个节点上，任何对数据的篡改都会立刻被网络内的其他节点发现并拒绝。因此，通过区块链技术，环境司法协作中的证据材料和法律文书等关键信息可以得到有效保护，避免被篡改或伪造。

其次，区块链技术能够提升环境司法协作的信任度。在传统的环境司法协作中，由于信息流通不畅和信任缺失，往往导致协作效率低下，而区块链技术的去中心化特点使得所有参与者都可以平等地访问和更新数据，从而建立起一种基于技术的信任机制。这种信任机制不仅可以降低协作成本，还可以提高协作效率。

最后，区块链技术能够实现环境司法数据的跨部门跨级别协同使用。在传统的环境司法协作中，由于数据壁垒和信息孤岛的存在，不同部门和不同级别的司法机关往往难以有效地共享和使用数据。而区块链技术的引入使得这些数据可以在一个安全、透明的平台上进行高效流通和协同使

---

[1] 申纯.区块链技术背景下"两法衔接"机制改革研究[J].广西大学学报（哲学社会科学版），2021，43（2）：130-135.

用，从而大幅提升了环境司法协作的整体效能[①]。

区块链技术在环境司法协作中的应用具有巨大的潜力和前景。通过打破信息孤岛和数据壁垒、提升信任度和实现高效协同使用等方式，区块链技术为环境司法协作带来了全新的机遇。随着区块链技术的不断发展和完善，环境司法协作将迈向一个更加公正、透明和高效的新时代。

**五、区块链技术驱动跨域环境司法的发展前景**

（一）以司法区块链联盟为基础，打造跨域环境合作平台

司法区块链已经成为推动司法现代化、提升司法效率的重要工具。为了更好地应对跨域环境司法的挑战，建议以司法区块链联盟为基础，打造跨域合作平台[②]。

首先，需要在现有的司法联盟链基础上，结合环境司法的特点进行顶层设计和统筹规划。跨域环境司法涉及多个地区和部门，因此，链接互通、数据互通、标准互通成为构建平台的关键。通过建立环境司法的区块链联盟，将公检法司等部门纳入跨链协同应用平台，可以打破部门间的信息壁垒，实现数据的高效流通和共享，提升案件处理的效率和准确性。

其次，需要建立一个具有生态环境执法职能的行政机关与公安机关乃至检察机关的跨链协同应用平台，这将有助于实现全流程、全过程的法律监督，确保环境执法的公正性和透明度。通过该平台，各部门可以实时共享案件信息、执法数据和监控数据，形成合力，共同打击环境违法行为，维护生态环境安全。

最后，需要实现与具有环境治理功能的社会行业平台的互联互通，这将使环境司法区块链平台融入整个社会治理体系，形成政府、企业和社会公众共同参与的环境治理格局。通过该平台，我们可以吸引更多的社会力量参与环境治理，形成全民参与、共建共治共享的环境保护新局面。

---

[①] 李鑫，刘沛琦. 区块链司法应用：动因、路径及方法论 [J]. 湖湘法学评论，2021，1 (2)：5-14.

[②] 江苏省高级人民法院课题组. 数字经济背景下区块链技术的司法应用 [J]. 人民司法，2023 (7)：91-95.

以司法区块链联盟为基础构建跨域合作平台，是应对环境司法挑战、推动司法现代化的重要举措。通过该平台的构建，可以实现数据互通、标准互通、链接互通，打破部门间的信息壁垒，形成打击环境违法行为的合力，吸引更多社会力量参与环境治理，共同推动环境保护事业的发展。

（二）以跨域环境类案为先导，引领区块链技术平台建设

在当前生态环境法治建设的大背景下，铁路运输法检专属管辖生态环境案件的改革措施已逐步深入，并呈现出积极的社会效应和法律成效。这一改革不仅体现了对生态环境保护的重视，也反映了司法体系在应对复杂环境问题时的创新与努力。在此基础上，有必要进一步探讨如何引入区块链等前沿技术来优化环境司法的流程与效率。

跨域环境案件由于其涉及地域广泛、法律关系复杂等特点，一直是环境司法领域的难点。传统的处理方式往往因为信息不对称、证据难以固定等问题而效率不高。将区块链技术应用于跨域环境案件的处理中，以其去中心化、数据不可篡改等特性，为环境司法领域带来了革命性的变革。在跨域环境案件中，通过区块链技术，可以构建一个涵盖电子证据生成、传输、提取及保存的全方位、全流程、全时序的标准机制[1]。这一机制能够确保证据的完整性和真实性，避免证据在传输过程中被篡改或丢失，从而提高司法处理的公正性和准确性。

为了有效实施这一机制，需要从简单类型的跨域环境案件入手，逐步积累经验。通过将顺类案的法律关系、嵌入节点、流程内容以及法律风险，可以为后续的推广打下坚实的基础。当经验成熟时，这种基于区块链技术的环境司法处理模式可以逐步推广至全部案件，为跨域环境司法提供更加高效便捷的解决方案[2]。此外，互联网法院作为新兴的司法形态，已经在跨域问题处理方面进行了诸多探索，并积累了较为成熟的经验。将区

---

[1] 上海市静安区人民法院课题组，孙静．数字时代区块链存证的实践检视及司法应对［J］．数字法治，2023（4）：109-126．

[2] 李晓丽．论区块链技术在民事审判事实认定中的应用［J］．法律适用，2022（10）：159-169．

块链技术与互联网法院相结合，不仅可以进一步提升跨域环境司法的效率，还能为环境司法创新提供新的思路和方向。

以跨域环境类案为先导，引入区块链技术来引领环境司法平台建设，不仅是对现有司法体系的补充和完善，更是对未来环境司法发展的积极探索。期待这一创新模式能够在实践中不断成熟，为生态环境保护提供更加坚实的法治保障。

(三) 以人工智能发展为契机，助力推进区块链环境司法

人工智能和区块链技术逐渐成为推动社会进步的重要力量。在环境司法领域，这两种技术的结合将带来革命性的变革，极大地提升案件处理的效率和质量。

人工智能在辅助司法方面已经取得了显著的成果。在处理环境案件时往往涉及海量的环境数据，需要对其进行深入分析、归纳和提炼。传统的数据处理方式不仅效率低下，而且容易出错。而人工智能通过强大的算法和计算能力，可以迅速、准确地处理这些数据，极大地节省了人力、物力和财力，提升案件办理的质效。与此同时，区块链技术以其独特的去中心化、不可篡改和高度安全等特性，为环境司法领域带来了新的机遇。通过区块链技术，可以确保环境数据的真实性和可信度，避免数据被篡改或伪造。这为环境案件的审理提供了强有力的证据支持，使得判决更加公正、公平。

当然，人工智能和区块链技术并不是孤立存在的，它们在跨域环境司法方面具有显著的互补作用。一方面，区块链技术能够提升人工智能处理信息的可信度。通过区块链的不可篡改性和高度安全性，可以为人工智能处理的数据提供背书，确保其真实性和可信度，这有助于增强人工智能在环境司法领域的应用效果，提升判决的准确性和公正性。另一方面，人工智能在认知技术和环境智慧管理等领域的应用，能够显著提升区块链技术的实施效果[1]。通过人工智能的算法和计算能力，可以更加深入地挖掘和分析环境数据，为区块链技术的应用提供更加精准、全面的支持，这有助

---

[1] 蔡一博. 智能合约与私法体系契合问题研究 [J]. 东方法学, 2019 (2): 68-81.

于推动区块链技术在环境司法领域的广泛应用，提升整个司法系统的效率和质量。

综上所述，加强区块链技术与人工智能的深度融合，将为环境司法领域带来巨大的变革和进步，这不仅可以有效提升生态环境案件事实认定和法律适用的效能，为跨域环境司法的良好发展提供充分的技术支持和保障，还可以推动整个司法系统的智能化和现代化进程，为社会的可持续发展做出积极贡献。因此，应该积极探索和研究区块链和人工智能这两种技术的结合应用，为跨域环境司法领域的未来发展注入新的活力和动力。

# 数据要素市场的失灵及监管因应

## ——以个人信息保护与反垄断为焦点

刘 迪[*]

【摘 要】目前,政府推动数据要素市场化的主要目的之一,是在保护个人信息的基础上,最大限度地激发数据这一新型生产要素的价值。各国相关立法都试图对消费者对其个人信息的失控现象进行规制,如"告知-同意"规则等。然而,法律的适用受制于数据要素市场的失灵问题:市场中存在信息不对称和消费者有限理性,两者共同造就了功能失调性均衡,大型平台企业的垄断行为进一步巩固了该均衡。理论上,市场失灵可以通过个人信息保护法制改革在一定程度上被化解。然而,由于当前社会各界对数据类型和权属的迷思,以及实践中数据主体对个人数据的失控,都大大限制了个人信息保护立法及其监管执法的有效性。这就给反垄断法的适用提供了介入空间。如果希望以应对市场失灵为目的的监管体系在整体上取得成效,那么个人信息保护与反垄断这两项制度间的相互联系必须得到重视,从而构建互补的监管模式,将两种原本不同领域内的执法机制通过两法重叠议题紧密地联系起来,以此构建协同一致的执法框架,并维持不同监管职能间的平衡,进而促进企业的主动合规。

【关键词】个人信息保护;反垄断;市场失灵;互补的监管模式

## 一、问题的提出

个人信息作为数据要素的组成部分,在大数据和平台经济的发展

---

[*] 刘迪,同济大学上海国际知识产权学院助理研究员,法学博士。

中迸发出巨大经济价值①，但也造成了消费者（数据主体）、企业（数据处理者）以及政府之间的利益冲突。现有学术讨论主要通过赋予个人信息财产权或个人信息社会控制等路径平衡各方利益冲突，但这却可能阻碍数据的正常流通及其相关利益的合理分配②。其中，个人信息与个人数据混同是学术界争议的热点之一。本文并不执着于两者间的区隔③，而是更想将二者视为一整个"橘子"，并将其置于数据要素市场之中④，对其流通、损益以及监管等方面进行细致的考察。本文的研究目的是：一方面，在个人数据被充分赋能的前提下，实现市场环境下数据处理者对其所收集数据的充分利用，并以此实现有序且有效率的市场竞争；另一方面，对于处于市场弱势地位的数据主体，在其可能面临的市场失灵问题前，为之提供一个可供参考的监管保护路径，从而促进数据交易。

换言之，本文是以市场竞争的视角切入，以公私法结合的方式重新审视现实中个人信息保护与反垄断两者间的重叠问题。这亦符合当前《中华人民共和国个人信息保护法》（以下简称《个人信息保护法》）的法律属性和社会定位⑤。可以明确的是，《个人信息保护法》试图通过建立个人信息处理一般规则及处理过程中的个人与信息处理者之间的权利义

---

① 中共中央 国务院关于构建更加完善的要素市场化配置体制机制的意见 [EB/OL]. (2020-04-09) [2022-06-19]. http：//www. gov. cn/zhengce/2020-04/09/content_5500622. htm. 该意见将数据视为一种新型生产要素，强调要加快培育数据要素市场。
② 方志伟，王建文. 从个人信息到数据要素：个人信息商业利用的制度安排：以《个人信息保护法》为中心 [J]. 广东社会科学，2022（1）：241.
③ 刘迪. 论平台反垄断与个人数据保护之重叠：以双重程序为视角 [J]. 德国研究，2021，36（3）：119-121. 本文将延续笔者对个人信息与个人数据两个概念的等同使用，因为这并不影响本文的整体分析与逻辑架构。另外，虽然隐私与个人信息不同，但在实践中，隐私与个人信息常常混用，如大部分企业网站的个人信息保护政策/条款一般都命名为隐私政策/条款。是故，笔者认为，对于此类术语的混用，应当保持足够的理解。诚如维特根斯坦所指，语言的含义必须在具体的情境中才能得到理解。（参见：维特根斯坦读本 [M]. 陈嘉映，编译. 上海：上海人民出版社，2020：109）.
④ 申卫星. 数字权利体系再造：迈向隐私、信息与数据的差序格局 [J]. 政法论坛，2022，40（3）：97. 申卫星教授在文中将信息与数据视为相互依存且依托的"橘皮和橘肉"。
⑤ 王锡锌. 国家保护视野中的个人信息权利束 [J]. 中国社会科学，2021（11）：134；梅夏英. 社会风险控制抑或个人权益保护：理解个人信息保护法的两个维度 [J]. 环球法律评论，2022，44（1）：9.

务关系，实现在数据要素红利与个人信息保护之间的平衡①。

总之，本文将主要回答两个问题：一是哪些因素会诱发与个人信息保护相关的市场失灵以及相应监管的局限性？二是面对市场失灵，反垄断监管是否可以与个人信息保护监管（亦称"数据保护监管或数据监管"）相容？并以何种方式共同处理两法重叠的问题？由此展开全文分析，第二部分与第三部分将重点回答第一个问题；第四部分将以互补模式的三个层面（机制、职能及手段）对第二个问题作出回应。

## 二、造成与个人信息保护相关市场失灵的因素

本部分将主要解决的问题是：为什么数据要素市场中的个人信息保护存在市场失灵？笔者在研究数据要素市场时发现，似乎有多种因素导致消费者对个人数据缺乏控制：信息不对称和消费者的有限理性（共同创造了功能失调性均衡），市场垄断（巩固了功能失调性均衡），等等。

### （一）数据要素市场中的信息不对称

信息不对称作为市场失灵的一个原因，从表面上看会造成一方当事人（通常为消费者）需要付出较高的信息成本以形成所谓的理性判断。然而，当该信息成本（主要是获取信息的成本）过高而超出消费者预期可通过交易实现的收益时，交易就可能不会发生②。

在平台经济背景下，数据处理者与数据主体之间的个人数据交易在很大程度上会出现信息不对称问题。例如，市场中的大部分消费者不可能完全清楚平台现在与未来可能持有的数据类型与数量以及处理的具体过程，因此不易评价自身的数据控制权利；另外，消费者可能不太清楚其行使数据控制权利而输送给平台数据的行为会面临的数据安全风险，由此又会影响其对数据控制权利的评价③。此处，信息不对称可能会迫使消费者支付

---

① 张继红. 经设计的个人信息保护机制研究 [J]. 法律科学（西北政法大学学报），2022, 40 (3)：42.
② 罗伯特·考特, 托马斯·尤伦. 法和经济学 [M]. 史晋川, 董雪兵, 等译. 6版. 上海：格致出版社, 2012：37.
③ STRANDBURG K J. Free fall: the online market's consumer preference disconnect [D]. Chicago: University of Chicago Legal Forum, 2013：132.

额外的信息成本，才可以做出是否同意平台提出的数据对价决定①。

造成消费者这种认知困难的主要原因是，大数据的价值在于个人数据的聚合与分析，这可以揭示关于这些记录所涉及的个人的一些更深层次和更敏感的知识信息②。例如，虽然一桶汽油具有内在价值，以至于它被用作确定市场上商品参考价格的计量单位，但单一的数据本身几乎没有任何经济价值；只有通过汇总数据及其后续分析，才能提取数据的价值。因此，要评估单条数据信息的价值和披露带来的损害风险几乎是不可能的③。此处的问题在于，消费者无法控制那些进行概率推断并从匿名数据中识别分析的企业将如何对待他们④。

另外，数据可以流入消费者档案的创建，消费者档案由大量各种关联组成，可用于检测个人的偏好或行为模式。信息披露不仅可能泄露有关个人的信息，还可能泄露他人的信息。例如，如果个人品位在家人或一群朋友中是相关的，那么，了解个人的偏好也可以提供关于他/她的家人或朋友网络的宝贵信息⑤。因此，个人无法评估自己的数据披露是否可能影响他人。同样，个人也无法知道通过汇总来自不同来源的数据可以建立怎样的个人资料档案。卖家不需要收集每个消费者的数据，只需要能够了解消费者作为一个群体的行为。基于这点，在数字市场中，个人基本上不可能了解数据处理究竟发生了什么，以及数据披露的含义是什么。

（二）消费者的认知偏差、有限理性及心理偏差

过往的市场失灵理论总体上是围绕科斯定理的交易成本理论演化而

---

① 值得注意的是，市场消费关系中即使存在信息不对称，并不意味着每个消费者都必须支出相应的信息成本去消除该问题。因为，在成熟的数字市场中，早已孕育出众多信息中介方（例如，进行比较或信息披露的网站或应用程序等），提供诸如价格比较、交易条件比较与折扣比较等资讯，一方面方便消费者的评估，另一方面刺激生产者之间的竞争，进而整体上缓解消费关系中的信息不对称问题。《个人信息保护法》第六十二条第（四）款的规定正是由此孕育而生的，在此不再赘述。

② 唐要家. 中国个人隐私数据保护的模式选择与监管体制 [J]. 理论学刊, 2021 (1)：71-72.

③ SOLOVE D. Privacy Self-management and the consent dilemma [J]. Harvard Law Review, 2013 (126)：1890.

④ ELVY S-A. Paying for privacy and the personal data economy [J]. Columbia Law Review, 2017 (117)：1415.

⑤ LAROUCHE P, PEITZ M A, PURTOVA N. Consumer privacy in network industries [R]. ACERRE Policy Report, 2016：30.

成,重点在观察交易当中的交易成本如何阻碍交易的产生。然而,近年来受到高度重视的行为经济学从认知心理学的角度出发,探讨了正常自然人在行为决策上可能存在的限制[1]。当前,大部分学者认为行为经济学仅为新古典经济学的补充而非替代,其大体上是在新古典经济学的漏洞之上提出若干修正假设,如"有限理性(bounded rationality)"[2]。一般而言,新古典经济学基于个人行为理性并符合个人利益的假设,而行为经济学则认为消费者的认知限制在消费者决策中发挥着重要作用[3]。人们在获取、记忆和处理呈现给他们的所有信息方面的局限性,导致人们的决策是通过简化的心理方法和策略进行的[4]。有研究表明,人类决策的传统理性模型是错误的,因为人们经常根据"直觉推断(heuristic)"方式做出决定[5]。因此,即使拥有所需的所有信息,我们的认知限制也可能导致做出理性决策的系统性偏差[6]。

首先,就认知限制及偏差而言,消费者很难比较他们所采取的与个人信息相关方法所带来的损益。他们通常会四处寻找环境中的线索来指导行为,包括他人行为和过去经历,从而导致他们的隐私偏好根据环境而波动。如果消费者习惯于在特定情况下共享数据,或者相信其他人会这样做,那么与新环境中相比,消费者不太愿意披露数据。这也与人们的现状偏见有关,特别是当比较不同选择的成本较高时尤其突出。此外,消费者不仅倾向于相互比较,而且倾向于关注较容易比较的事物,避免比较不容易比较的事物。换言之,消费者不一定会考虑最相关的信息,而是依赖更

---

[1] JOLLS C, SUNSTEIN C, THALER R. A behavioral approach to law and economics [J]. Stanford Law Review, 1998 (50): 1471.

[2] Ibid, p. 1476.

[3] 凯斯·R. 桑斯坦. 行为法律经济学 [M], 涂永前, 等译. 北京: 北京大学出版社, 2006: 155-157.

[4] ACQUISTI A, GROSSKLAGS JENS. What can behavioral economics teach us about privacy? [J]. Digital Privacy, 2006: 369.

[5] SOLOVE D. Privacy Self-management and the consent dilemma [J]. Harvard Law Review, 2013 (126): 1887.

[6] ACQUISTI A. From the economics of privacy to the economics of big data in privacy, big data, and the public good: frameworks for engagement [M] //BENDER S, LANE J, NISSENBAUM H, et al. Privacy, big data, and the public good. Cambridge: Cambridge University Press, 2014: 87.

容易获得的信息，或者能证实其直觉的信息[1]。所有这些都会使他们在决定何时以及与谁共享数据方面的评估结果产生认知偏差。显然，缺乏主动决策与缺乏信息是相互关联的，即对事物运作方式知之甚少会导致隐私在消费者心中成为一个遥远而抽象的概念。

其次，个人行为中另一个违背理性的因素是控制感会导致更多的冒险。比如，人们觉得地面驾驶比飞行更安全，因此会用公路交通代替空中旅行，其中部分原因是他们觉得地面驾驶时有更多的控制权。人们在地面驾驶时展现的风险控制能力确实比飞行时展现的风险控制能力更强。然而，事实上，地面驾驶比飞行危险得多，因为存在更多无法控制的风险来源（例如，驾驶的车辆数量和其他驾驶员的行为）。控制某些风险的能力似乎实际上分散了人们对无法控制的其他风险的注意力[2]。相应地，当消费者对自己的数据有更多的控制权时，他们最终可能会低估与数据披露相关的潜在风险，从而导致披露过多。相反，感到缺乏控制的个人可能会高估潜在风险，从而导致披露的信息低于他们预期。这确实是现存的问题，因为这些数据交换发生的环境是由处在交易另一方的企业设计的。由于这些企业掌握了有关消费者如何应对在线环境差异的信息，他们会以鼓励消费者分享更多信息的方式设计其网站，而不是创建较为中立的在线环境[3]。

最后，在数据要素市场中，消费者的决策不仅受认知限制的影响，还深受心理偏差的驱动，即过度自信或机会主义。消费者往往低估隐私泄露的长期风险，尤其是在享受短期利益（如免费服务、各种便利）时，他们可能忽视隐私侵犯的潜在后果[4]。过度自信使消费者误认为自己能有效防

---

[1] CAROLAN E. The continuing problems with online consent under the EU's Smerging Data Protection Principles [J]. Computer Law & Security Review, 2016 (32): 472.

[2] BRANDIMARTE L, ACQUISTI A, LOEWENSTEIN G. Misplaced confidences: privacy and the control paradox [J]. Social pSychological and Personality Science, 2012, 4 (3): 340-341.

[3] ACQUISTI A, BRANDIMARTE L, LOEWENSTEIN G. Privacy and human behaviour in the age of information [J]. Science, 2015, 347 (6221): 509.

[4] SUNSTEIN C R. Infotopia: how many minds produce knowledge [M]. London: Oxford University Press, 2006: 212.

范隐私风险，而机会主义则促使他们相信小范围的隐私泄露不会造成大问题，甚至认为自己能控制未来的隐私风险。再综合考虑上述信息缺乏和认知限制，普通消费者一般难以进行中性的成本收益计算。因为他们不可避免地被眼前的欲望所支配，这掩盖了他们行为长期和不确定的后果。

总之，在数据要素市场中，这些认知限制和心理偏差导致了所谓的"隐私悖论"①。消费者在进行短期交易时会较为短视，常常忽视信息泄露和隐私侵犯的损害和长期成本。这可以解释为数据披露与潜在负面后果之间的薄弱连结，即为了享受免费服务的直接好处，消费者在披露数据时不会过多考虑随之而来的长期损失。

（三）功能失调性均衡的产生

市场运作的一个基本特点是，消费者能够评估不同产品或服务的收益和成本，并选择最能满足其需求的产品或服务。市场越透明，消费者就越能为其收集必要的信息来做决定。因此，数据流通是市场竞争的一个重要因素，也是消费者福利的一个基本特征②。不知道谁收集了哪些数据以及如何使用这些数据，会使消费者难以在市场竞争对手之间做出选择。这种信息不对称，再加上消费者的有限理性，会导致市场出现所谓的"功能失调性均衡（disfunctional equilibrium）"③。

此时，消费者会感到无能为力，无法以任何有意义的形式参与数据信息的收集和使用④。因此，消费者一般在处理个人数据方面不信任市场。当涉及数据披露时，这种感觉会导致消费者缺乏参与感或某种形式的功能失调，消费者进行成本收益分析的动机会随之减弱，由此导致个人数据的披露可能不取决于特定企业提供的隐私政策，而主要与使用需要数据的特定服务的必要性或意愿有关。由此产生的结果是任意披露，这意味着除了

---

① SOLOVE D. The myth of the privacy paradox [J]. Georgy Washington law review, 2020 (89): 1.
② STIGLER G J. The economics of information [J]. Journal of Political Economy, 1961 (69): 213.
③ FARRELL J. Can privacy be just another good? [J]. Journal on Telecomm & High Tech Law, 2012 (10): 257.
④ SOLOVE D. Privacy and Power: Computer databases and metaphors for information privacy [J]. Stanford Law Review, 2000 (53): 1398.

披露将来可能对他们造成损害的信息外,消费者还可能拒绝使用该服务或拒绝披露实际上有利于他们的信息。

行为经济学认为,作为消费者在市场上选择基础的系统性偏差,可能会导致卖家在商业决策中逐渐适应这些偏差。有学者的研究表明,当消费者具有不完全理性或目光短浅时,市场均衡往往不会为个人提供隐私保护①。由于消费者缺乏评估数字市场提供给他们的隐私能力和意愿,企业改善隐私条款可能也不会得到多少回报。是故,市场将不会提供与实际隐私偏好相匹配的一系列有竞争力的选择。在此情况下,市场竞争将变成了一场恶性竞争,企业通过掩盖而不是澄清他们的隐私政策获得更多的利润。这也导致企业的竞争会利用消费者有限的理性和意志力②。在这种市场内,即使是激烈的竞争,也不会解决最终的市场失灵。简言之,剩下的竞争力将努力最大化表面的净收益,而不是产品的实际净收益。

久而久之,上述情况会形成恶性循环。如果消费者一直收到诸如"没有隐私保护,只能接受现实"的信息,企业会将每笔交易视为同等的潜在损害并采取相应的行动(此处的假设是企业始终最大限度地利用个人数据),这会导致企业根本没有动力采取更多的隐私保护政策。在功能失调性均衡中,市场本身不太可能摆脱这种均衡,因为消费者的态度和企业的反应会不断相互强化,并不断恶化。此外,如果存在市场垄断,这种均衡就会变得特别稳定。对于市场新进入者而言,很难采取更多隐私保护政策,因为这些政策不会改变消费者的需求。因此,新进入者不太可能从这些政策中充分受益以抵消由此产生的成本和/或利润损失。当然,市场中占支配地位的大型企业更有可能终结这种功能失调性均衡。然而,大型企业是从中受益最多的人,在无外力作用下大多没有动力去改变现状。此处就为反垄断法的介入和相关监管提供了理由。

---

① ALESSANDRO A. The economics of personal data and the economics of privacy [R]. WPISP-WPIE Roundtable: The Economics of Personal Data and Privacy: 30 Years after the OECD Privacy Guidelines, OECD Conference, Background Paper 3, 2010: 6.
② STUCKE M E. Is competition always good? [D]. Nashville, TN: University of Tennessee, 2012(203).

## (四) 网络效应下市场垄断的加剧

垄断亦是造成市场失灵的主要原因之一。一般而言，垄断可能造成垄断者不受竞争压力的影响，同时提升其自身的谈判地位，这使垄断者可以相对恣意地抬升财产价格或拒绝提供财产，最终导致交易未能如期发生①。从理性人角度看，恣意地阻碍交易产生是不符合垄断者本身的理性的。在不完全竞争的垄断市场中，由于缺乏相对的制衡，垄断的生产者可能较难主动降低其预期生产者剩余，甚至将面对消费者请求谈判时采取较强硬的谈判立场，由此导致相对人需要支付较高的谈判成本说服垄断者，进而导致整体市场交易成本的增加。同时，垄断可以被理解为，造就了市场各主体间的权力不对称。

首先，在平台经济下，平台企业凭借网络效应、规模效应等较为轻易地获取了长期市场支配地位。在较高的市场进入壁垒下，不可避免地存在平台竞争者不足的垄断现象。这种由垄断导致的交易成本增加，是导致消费者与垄断者（数据处理者）之间不大可能形成有效个人数据交易的主要原因之一，进而阻碍了合法的个人数据交易市场的产生。一方面，诸如谷歌等大型搜索引擎受益于间接网络效应，即拥有的用户越多，那么其对广告商的价值就越大，而增加的广告收入使谷歌能够更多地投资于免费服务，吸引更多消费者使用并进一步提高其在市场上的地位②。另一方面，平台可以通过技术设计来实践其滥用市场支配地位行为。例如，如果用户在浏览器上禁用 cookies（指网站服务器存储在客户端的数据），则部分平台将不允许用户登录其账户。

其次，市场垄断加剧了企业在隐私条款上竞争动力的匮乏，即当用户不太可能转换平台时，支配企业几乎没有理由通过竞争以改善它们的隐私政策③。数据驱动的互联网企业通常受益于规模经济、网络效应和自我偏好

---

① 罗伯特·考特，托马斯·尤伦. 法和经济学 [M]. 史晋川，董雪兵，等译. 6 版. 上海：格致出版社，2012：34-35.
② STUCKE M E, EZRACHI A. When competition fails to optimize quality: a look at search engines [J]. The Yale Journal of Law and Technology, 2016 (18): 76.
③ PASQUALE F. Privacy, antitrust and power [J]. George Mason Law Review, 2013, 20 (4): 1022.

的正反馈循环。这些市场特征会在数字市场中制造进入壁垒，从而导致市场倾覆以及"赢者通吃"的结果。事实上，诸如谷歌、脸书（现为 Meta）、亚马逊和苹果等数字巨头，都在数字领域的一个或多个市场中拥有相当程度的市场力量。这些企业可能没有理由提供比最低标准更高的隐私保护或透明度，因为它们的市场力量与数据的收集和利用密切相关。因此，过度收集数据不仅巩固了其市场支配地位，而且会使市场失灵常态化。

最后，因缺乏构建竞争服务所需的数据，市场新进入者在试图抢占市场时几乎无法提供更好的隐私保护。如果新进入者的战略是基于提供比竞争对手更好的隐私条款，那么可能会吸引那些重视隐私而不是质量的用户。但因可能无法获得所需的数据规模，从而不能真正成为现有市场主导服务的替代方案。当然，也有可能是新进入者从更有利的隐私保护策略开始，以此获取大量用户，但随后遵循旧有的隐私减损模式，以便在赢者通吃的市场中取得成功。因此，在数字市场中，初创企业难以为具有不同偏好的消费者提供不同级别的隐私保护。相反，占支配地位的企业会利用消费者缺乏替代方案这一事实，迫使消费者接受低水平的隐私保护，以此收集和货币化更多数据，进一步拉大自身与其他市场竞争者之间的差距。

### 三、个人信息保护监管的限制因素

目前，世界各地对个人信息的保护，大都旨在通过应用数据分类、权属、数据处理者告知义务以及数据主体知情同意权等概念来重新平衡市场中的信息与权力不对称，以此赋予和保护个人基本权利，并提高其决策能力[1]。理论上，数据保护监管机构依法要求平台及时通知用户个人数据的处理情况，从而增加消费者对数据实践的了解和控制；监管当局还通过阻止企业在未经数据主体同意的情况下处理数据，以此来限制市场中的不对称。理想中的情况是：通过增加个人控制和政府监管，可以在一定程度上解决功能失调性均衡问题，并促进企业在隐私政策上的竞争。但是，限于立法及其实施中的漏洞，当前对个人数据的政府监管还存在许多限制与不

---

[1] 姚佳. 个人信息主体的权利体系：基于数字时代个体权利的多维观察[J]. 华东政法大学学报, 2022, 25 (2): 96-97.

足,下面将展开具体分析。

(一) 对数据类型和权属的迷思

1. 数据类型迷思的破解:个人数据与非个人数据之间可以实现转化

一般而言,只有当企业的行为与个人数据有关时[①],数据保护机构才能进行干预。对于数据的定义和分类,在当前世界各国的立法中基本难以找到完全一致的标准[②]。这可能是由于各国(地区)的历史文化和法律渊源等因素的差异造成的。对于数据类型的立法争议到底会对数据保护法的适用带来多大影响,现阶段因缺乏相关的实证研究还不得而知。仅从信息不对称的角度看,数据类型的划分有助于将消费者和平台间的不对等地位放在同一情境下进行讨论。

从数据保护法规看,各国(地区)法规都不同程度地指明了(非)个人数据的范围和具体类型。例如,英国信息专员办公室(ICO)指出,如果基本上可以从信息(直接或与其他信息结合)中识别出一个人,那么该信息就有资格在《欧盟一般数据保护条例》(GDPR)框架下作为个人数据[③]。此处,假名数据(pseudonymized data)是个人数据,而匿名数据(anonymized data)是非个人数据,故 GDPR 明确规定不适用于匿名信息[④]。因此,被匿名化的个人数据可能不适用"告知-同意"规则[⑤]。

然而,有研究表明,基于当前的技术,从匿名数据中重新识别个人的能力(re-identification)是完全可行的[⑥]。从监管角度来看,必须考虑到即

---

[①] 个人数据或个人信息的定义详见 GDPR, Article 4 (1);以及中国《个人信息保护法》第四条等。

[②] 陈兵,顾丹丹. 数字经济下数据共享理路的反思与再造:以数据类型化考察为视角 [J]. 上海财经大学学报, 2020, 22 (2): 127.

[③] What is personal data? [EB/OL]. [2022-05-28]. https://ico.org.uk/for-organisations/uk-gdpr-guidance-and-resources/personal-information-what-is-it/what-is-personal-data/what-is-personal-data/.

[④] 详见 GDPR, recital 26;中国《个人信息保护法》第四条第一款也有类似规定。

[⑤] 林洹民. 个人信息保护中知情同意原则的困境与出路 [J]. 北京航空航天大学学报(社会科学版), 2018, 31 (3): 19. 本文使用"告知-同意"而非"知情同意",是想强调市场主体/当事人的多样性,并不单考虑个人.

[⑥] ROCHER L, HENDRICKX J M, DE MONTJOYE Y. Estimating the success of re-identifications in incomplete datasets using generative models [J]. Nature Communications, 2019, 10 (3069); 沈伟伟. 个人信息匿名化的迷思:以《个人信息保护法(草案)》匿名化除外条款为例 [J]. 上海政法学院学报(法治论丛), 2021, 36 (5): 114-117.

使个人数据无法识别，企业也可以通过用户生成的数据获得的好处（如通过更好的算法可以带来更高的利润和更大的市场支配地位），故仍然会引发公平以及如何保护消费者利益的问题。例如，如果通过用户使用算法来训练算法，那么提供算法的企业从改进的服务中获得所有利润是否公平？在这些情况下，个人将面临更少的选择，即对使用哪些服务的控制更少，而这是否重要？在考虑如何在数字市场中赋予消费者权利时，这些问题是有关联的。

因此，处理非个人数据亦可能影响消费者的利益。在数字领域，个人数据处理方式的公平性与数据在市场环境中的使用方式密切相关。然而，虽然数据保护法是为了保证数据主体和数据控制者/处理者之间的利益平衡，但在涉及非个人数据（可以转化为与个人相关的数据）时，个人利益就无从保障。这起码表明，类似于 GDPR 的许多数据保护法在某些方面是无法解决市场失灵的。而反垄断法的适用可以在一定程度上确保竞争过程为消费者带来公平的结果，无论是涉及个人数据还是非个人数据。通过两法互补的方式，可以在一定程度上弥补数据保护法的狭隘定义，并为竞争创造条件，从而为消费者带来更好的条件。

2. 数据权属迷思的破解：大数据分析过程的两个阶段

当前，国外学术文献不乏依据科斯定理探讨数据权的归属问题[①]。而科斯定理对于讨论个人数据法制方面也颇有参考价值。科斯定理的精髓在于强调了界定财产权的重要性，以及交易成本的存在对财产权的分配可能带来的影响。换言之，科斯定理除强调财产权分配和交易成本之间的关系外，更进一步揭示了法律对具体财产权的分配并不等于该财产现实中最终的分配，即应将静态化的财产配置视角转化为动态化视角。

因此，当前的数据保护监管不需要纠结于静态的数据权属配置。从数据处理的动态过程看，大数据应被视为一个两阶段的过程。第一阶段，企

---

① SOVERN J. The Coase Theorem and the power to increase transaction costs [J]. McGeorge law review 40 935; 2009; HERMSTRÜWER Y. Contracting around privacy: the (behavioral) law and economics of consent and big data [J]. Intellectual Property, Information Technology and Electronic Commerce Law, 2017 (9).

业收集数据；第二阶段，企业将收集到的数据转化为提高盈利能力的收益。这种划分可以将大数据与反垄断联系起来，这对与之相关的数据保护同样重要[1]。

具体而言，可以将第一阶段定义为"数据输入"阶段。在此阶段，仅仅收集数据并不能为企业带来更高收益，为了获得更高利润的潜在机会，企业反而会投入更多的成本来提升收集能力。同时，可以将第二阶段定义为"数据输出"阶段。在此阶段，企业将其获取的数据转化为以降低成本、提高质量和创新新产品的形式创造价值的资产或生产要素[2]。在第二阶段，企业将投入大量的金钱和人力来整理所收集的数据，并使之变成可以利用的大数据集合（亦称"数据集"）。因此，在数据集需要耗费实质性投入的情况下，立法若不提供额外的产权保护，则很可能无法保护数据收集者的投资积极性[3]。因此，在数字市场中讨论个人数据的产权属性，需要遵循大数据的两阶段过程。

进一步而言，将财产权问题放入第二阶段的情境下讨论才是有意义的，而非第一阶段。至于在已成为企业财产的数据集中，个人是否仍对其中的个人数据成分产生权属联系的问题涉及人格权属性，但若个人在此主张财产属性，却与市场经济理论和民法基本原则相悖[4]。换言之，在第二阶段，虽然反垄断法可以起到缓解企业对数据集享有排他权的负外部性，但这种所谓的"有限排他权"仍应牢牢置于企业手中[5]。因此，在大数据的第二阶段仅讨论个人数据财产权可能会阻碍市场运行[6]。

再回到第一阶段，企业（数字平台）通过隐私条款等方式与用户缔结交易个人数据的协议，依据科斯定理，除法律之外，当事人还可以通过交

---

[1] KRZEPICKI A, WRIGHT J D, YUN J M. The impulse to condemn the strange: assessing big data in antitrust [J]. CPI Antitrust Chronicle, 2020, 2 (2): 16.
[2] Ibid, p.18.
[3] 崔国斌. 大数据有限排他权的基础理论 [J]. 法学研究, 2019, 41 (5): 12.
[4] 此处，民法学者可能会认为，明确区分个人信息与个人数据两个权利客体概念会解决人格要素在数据企业赋权障碍。但笔者认为，实践中，强制要求企业甚至法院、政府主管部门等去认清上述概念的区隔是有难度的，而日新月异的实践亦会反噬强制区隔的正当性，故应留有余地。
[5] 崔国斌. 大数据有限排他权的基础理论 [J]. 法学研究, 2019, 41 (5): 17.
[6] 唐要家. 数据产权的经济分析 [J]. 社会科学辑刊, 2021 (1): 98.

易来调整法律初始设置的特定财产权分配方式,进而使财产最终的现实分配符合其利益最大化的需求。因此,即使法律对于财产权的分配仍有待检验,但如果法律并未禁止该财产权的交易,当事人仍然可以基于私人自治的方式交易该财产。应注意的是,最有效率的资源配置是否能通过私人谈判达成,取决于交易成本的高低。在不同情境下,信息不对称、谈判复杂性、时间成本、执行成本等因素都可以视为交易成本的一部分①。私人自治的成功率将依赖于个案中各种交易成本的计算,交易成本过高,则可能阻碍私人交易的达成。

总之,应在个案中规避法律对财产权分配的负面影响,实现最大效益。换言之,在第一阶段,合同可能更适合对个人数据流通的保护,而非法定财产权②。这是因为,个人数据的法定财产化路径虽然解决了数据性质问题,但简化了制度构建的难度,即人们对于个人数据享有的利益不是单维度的,而是多元的③,在不同情形下可能会呈现不同的利益,如民事自由、商品利益、消费者保护利益或人格尊严等。要是采取多元价值定性个人数据,那么构建制度的难度就要比单一方式大得多。而合同的优势在于可以适应人们多元化的利益诉求,这也符合消费者在有限理性下非单一地以数据换服务的现实需求。值得注意的是,第一阶段与第二阶段一样,都不太认同通过立法将个人数据固化为个人所有财产。至于第一阶段中所提及的合同形式,其基本法律保障之一是"告知-同意"规则。然而,当

---

① 信息不对称是指,当交易双方对信息的掌握不对称时,买卖双方可能需要投入更多的时间和资源来搜寻、核实信息,或者依赖中介,这增加了交易成本;谈判复杂性是指,如果交易内容复杂,涉及的条款较多,谈判成本就会增大,这种复杂性可能来自合同条款的细化,或者交易涉及的利益较多,需要协调和权衡各方利益;时间成本是指,交易过程中的时间消耗也是交易成本的一部分,例如,长时间的谈判、交易的不确定性、等待其他信息或批准的时间等,都属于时间成本;执行成本是指,一旦交易达成后,确保合同的履行、监督合约条款的执行以及解决违约等问题,都会产生执行成本,这些成本通常包括法律费用、监控费用等。

② 张五常曾通过实证研究证明了科斯的洞见:私人谈判有时不但考虑了私人利益和成本,而且顾及社会利益和成本,因而不需要政府管制。参见张五常. 蜜蜂的神话:一项经济调查 [M]//丹尼尔·施普尔伯. 经济学的著名寓言. 罗君丽,等译. 桂林:广西师范大学出版社, 2018:99-123.

③ 值得注意的是,个人数据财产化并不是没有一点好处,具体参见 SAMUELSON P. Privacy as intellectual property [J]. Stanford Law Review, 1999 (52):1133.

前国内外学界对于该规则的质疑从未停止①。

(二) 数据控制与同意处理的困境

当前各国（地区）数据保护立法讨论的另一个重点是，数据保护的帝王原则——"告知-同意"规则。将科斯定理套用至数据保护法律即可发现，由"告知-同意"规则确认的数据处理者对于个人数据的控制权并非促进和实现数据要素自主有序流动的唯一途径。进一步而言，引入"告知-同意"规则，本质上是试图通过立法方式将现有法律分配于数据处理者的权利（如知识产权及商业秘密等），在一定程度上转变为分配给消费者个人。而制定该规则背后的考量是，默认将个人数据分配于消费者将更有可能发挥该数据的最大效益，故立法也应该围绕此考量进行设计。因此，即使维持法律将个人数据最终分配于数据处理者的方式，也不能排除将个人数据控制权优先分配于消费者自身②。

在市场环境下，数据保护监管对个人基本权利的关注范围相当狭窄。虽然类似于 GDPR 的法规可以适用于一些基本的数据处理活动，但其与数字市场的现实并不一致。首先，收集和处理的数据过多，个人无法对其进行合理控制；其次，这些市场的特点是市场高度集中，这意味着即使企业向数据主体提供明确具体的信息，但若消费者没有合适的替代方案，他们也无法选择其他服务提供者。从两法重叠的角度看，在数据保护法固定保护标准的前提下，涉及反垄断法的问题越多，那么数据保护监管在处理市场失灵时面临的问题就越多，而数据保护法实现赋予个人对数据控制权的监管目标的可能性就越小。

当涉及数据的市场维度时，目前大部分数据保护法都面临一个同样的严峻问题，即对同意的依赖。这些针对同意的法律保障看似简单③，但将

---

① 参见前引 Solove 文；SCHWARTZ P M, PEIFER K N. Transatlantic data privacy [J]. Georgetown Law Journal, 2017 (115)；胡凌. 论赛博空间的架构及其法律意蕴 [J]. 东方法学, 2018 (3)：91.

② 崔国斌教授认为："收集行为如果侵害他人的在先权益，收集者可以依据该在先权益的法律规定承担法律责任。立法者并不需要以否定数据集合权保护的方式增加该威慑效果。"笔者认同此观点。参见崔国斌. 公开数据集合法律保护的客体要件 [J]. 知识产权, 2022 (4)：47以下.

③ 例如，GDPR, recital 32 and Article 7 (2)；我国《个人信息保护法》第十四、十五条等。

其付诸实践会带来一系列困难①。根据"告知-同意"规则，个人数据只能为特定的、明确的和合法的目的而收集，且不得以与这些目的不相容的方式进一步处理②，同时必须充分、相关且仅限于与处理目的相关的必要内容③。然而在市场中，大数据的使用很少是静态的，而是在不断开发利用数据集的新方法。这种大数据分析的目的通常是确定个人或个人自己都不知道的行为模式④。因此，数据的创新使用可能与最初收集数据的目的大相径庭。如果每次创新使用数据都需要重新获得同意，将难以保持有关数据转变用途告知信息之简单明了。事实上，因隐私条款往往过于模糊或复杂，以至于消费者无法获得他们做出决策所需的信息。

值得注意的是，大量数据的聚合造成了进一步的问题，即众多看似微不足道的信息可以通过大数据整合拼凑出原本不具有的完整信息。这意味着要做出真正明智的决定，用户个人必须了解每一次披露（即同意披露）如何影响他们现有的整体数据档案，而这在目前几乎是不可能的。

此外一个影响同意的因素是，用户在看到隐私条款后，通常只得到"接受或退出"的格式化选项，个人因此被剥夺了做出有意义选择的自由。此处，用户无法在市场上选择他们具体的数据保护偏好，以及获得根据不同情况调整这些偏好的能力。随着"接受或退出"机制的固化，市场将偏离个人对其数据的最佳控制水平⑤。因此，"接受或退出"机制进一步侵蚀了集中市场中同意的意义。由于网络效应或普遍缺乏替代品，消费者最终会被迫接受与其偏好不符的条款。

是故，具有垄断倾向的数据市场对数据保护监管框架产生了显著影响。在垄断市场中，占支配地位的企业不受市场力量的约束而独立行事；

---

① 按照吕炳斌教授说法，同意规则的困境是无法彻底解决的，只能适用理性的策略，如区分适用不同的同意强度，参见吕炳斌. 个人信息保护的"同意"困境及其出路［J］，法商研究，2021，38（2）：97.

② 见 GDPR, Article 5（1）（b）。

③ 见 GDPR, Article 5（1）（c）。

④ CAROLAN E. The continuing problems with online consent under the Eu's emerging Data Protection Principles［J］. Computer Law & Security Review, 2016（32）：469.

⑤ COSTA-CABRAL F, LYNSKEY O. Family ties: the intersection between data protection and competition in EU Law［J］. Common Market Law Review, 2017, 54（1）：2.

由于用户缺乏替代方案，这些企业可以获得大部分用户的同意，从而以纯粹形式化的方式履行数据保护法所施加的保障措施。以 GDPR 第六条为例，同意是数据主体积极参与数据处理决策的唯一法律依据①。同意背后的基本原理是，当数据处理对于 GDPR 预设的目的之一不是必要时，企业仍然可以直接从数据主体那里获得数据处理的许可。这符合数据保护的核心价值，即让个人控制他们的数据。然而，如果同意仅是"接受或退出"的选择，则整个概念就失去了意义。同意不仅仅是为了告知个人使用服务的条件，而是赋予他们对处理其数据条款的协商能力。但是，现实往往会忽略后者。因此，同意实质上成了充分而非必要条件。

为了让数据保护机构评估同意是否在市场环境中"自由给予（freely given）"②，他们需要评估消费者在市场上到底有哪些具体的选择。然而，数据保护机构目前没有手段也没有意图来评估市场是否具有足够的竞争力而让消费者能作出真正的选择③。更重要的是，当前数据保护的方法与数字市场的现实不相容。从表面上看，法律规定不能使用数据作为一种支付方式，因为这将涉及企业"强迫"个人放弃他们的数据以使用其服务。但如果企业依靠数据来实现货币化，而不仅是以货币形式支付，就不能指望其在没有任何形式报酬的情况下提供服务。因此，若数据保护机构需要掌握市场现实，要么承认数据是为服务而交换的事实，要么禁止在网络上激增的侵权商业模式。

总之，除了数据分类及其权属问题外，明晰当前是什么因素制约了数据处理者与数据主体间的合法数据交易亦是一个同等重要的问题。本部分内容为这两个问题给出了粗略的答案，而接下来应回答的问题是：政府是否应该介入促进该交易的发生？为了建立健全交易市场，政府应以何种形式介入？将个人信息保护的法制重点从权属和控制问题转移到如何形成健

---

① GDPR 第 6 条规定的其他 5 个依据（合同履行、法律义务、切身利益、公共利益与合法的其他利益）都较为被动且需要多方参与。
② 见 GDPR, Article 4 (11)。
③ 笔者认为，即使当前无法评估且用户存在"隐私悖论"等问题，也不能否认从理性人的假设出发去讨论个人信息处理条款的法律宗旨，这是对良法的追求，万不可动摇。另参见杨显滨. 网络平台个人信息处理格式条款的效力认定 [J]. 政治与法律, 2021 (4): 20.

全的个人数据交易市场,这是科斯定理给我们的启示。当单一的数据监管框架无法实现建立健全市场的目标时,就需要考虑整合与市场动态相关的元素,并辅以反垄断法的适用①。

## 四、反垄断助益个人信息保护监管的互补模式

本部分将试图从执法合作的互补监管模式出发,将个人信息保护和反垄断两种不同领域内的执法机制通过两法重叠议题紧密地联系起来。互补的执法合作模式可以充分利用两个监管部门的优势和资源,并有助于提高整个数据要素市场监管框架的有效性。整体上看,该互补模式必须做到以下几个方面。一是政策导向与跨部门协调机制:政府可以出台政策,明确反垄断与数据保护监管的跨部门协调机制。例如,设立专门的联席会议机制,定期汇报跨领域案件,进行合作协调,避免导致执法过程中的冲突和信息不对称。二是激励机制与奖惩制度:可以通过设立激励机制(如奖励机制、协作评分等)鼓励执法机构跨领域合作。同时,对于未能有效合作的机构,可以通过问责等机制进行制衡,确保两者在监管合作中保持积极性。三是联合研究与标准制定:通过推动两者在数据使用与市场竞争领域的联合研究,可以为两者的合作提供理论支持与实践经验。此外,联合制定关于数据使用、共享与保护的行业标准也能为两者的监管合作提供规范依据。具体而言,对于该互补模式的解释可以从机制、职能、手段三个层面展开。

### (一)机制层面:构建协同一致的执法框架

如前所述,将两种制度关联在一起,这在政策选择和规则应用方面具有重要意义,其目的是提高两种制度之间的一致性和协同作用,使它们更适合解决市场失灵问题。可以依靠个人信息保护法和反垄断法之间相互关系的不同维度来应对可能存在的执法挑战。互补的执法策略可以帮助创建更综合的监管框架及手段。这种执法策略是利用制度之间的协同作用,并

---

① 本文并不否认诸如《消费者权益保护法》等法律在规制市场方面可发挥的作用,但作为"经济宪法"的反垄断法,理应被放在优先考虑的位置。限于篇幅,本文仅聚焦于数据保护法与反垄断法之间的交叉适用问题。

将执法工作集中在最需要的地方。目前，反垄断法在解决两法重叠问题及其相关市场失灵方面已发挥了一定作用①。本文旨在设计一个与市场运作更兼容并能驾驭市场运作的执法框架，这有可能促进在线数据生态系统发生变化，为企业在隐私条款上进行竞争创造更好的条件，并最终为消费者提供更好的隐私条款。

在搭建互补合作机制之前，需要注意的是两个机构之间可能存在的冲突：①执法机构可能会通过对第三方开放个人数据而尝试解决市场进入壁垒的方式，但这会在一定程度上侵害个人数据权益；②行业内部可能会通过扭曲竞争风险的方式来解释数据保护法律要求，而这种方式更有利于大规模的综合性平台而非小规模的非综合性平台。因此，英国竞争管理与市场管理局（CMA）和ICO一同给出的建议是，要让用户清楚了解到收集了哪些个人数据以及如何使用这些数据，并且可以就是否接受平台提供的隐私条款做出自己的决定，同时这些选择架构和默认规则（default rules）的设计能较好地反映用户偏好②。

未来，协同互补的执法应重点关注包含隐私条款的格式化服务合同（以下简称"格式合同"）。如上所述，在合同中存在一个假设，即个人选择是有意义的，并体现了市场参与者偏好的可操作性。在市场上同意或交易的选择不应受胁迫、欺诈和政府干预的影响③。但是，占市场支配地位的企业可以利用操纵或胁迫的方式将一方意志置于另一方意志之上，从而使后者丧失自决权。事实上，格式合同中所包含的信息强制披露、"接受或退出"规定以及默认规则等形式，都已经成为利用消费者有限理性的工具④。虽然，反垄断法或许可以解决同意中缺乏真正选择的问题，但对信息不对称等问题几乎无能为力。这就给个人信息保护法留出了补进空间。

---

① 张占江. 个人信息保护的反垄断法视角［J］. 中外法学, 2022, 34（3）：693.
② CMA Policy paper. Competition and data protection in digital markets: a joint statement between the CMA and the ICO［EB/OL］.（2021-05-19）［2024-12-05］. https://assets.publishing.service.gov.uk/government/uploads/system/uploads/attachment_data/file/987358/Joint_CMA_ICO_Public_statement_-_final_V2_180521.pdf, paras. 84-87.
③ MARTIN K. Manipulation, privacy, and choice［J］. North Carolina Journal of Law & Technology, 2022（3）：485.
④ DOUGLAS E. Monopolization remedies and data privacy［J］. Monopolies, 2020, 24（2）：56.

具体而言，数据保护监管可以使用"助推（nudge）"方式来推动政府、用户与企业三方一同修缮服务中的隐私条款。助推理论就是自由家长主义的具体体现之一，其秉承了自由家长主义的精髓，仅试图将行为人助推至特定行为方向，但仍尊重行为人接受助推后的自主决定内容①。作为对传统经济学的补充，立法中助推式的设计不仅有助于缓解行为经济学当中正常人的有限理性，而且有助于减少交易成本②。在立法中，以格式合同为形式的助推型监管将由数据保护监管机构承担，而竞争管理机构将发挥事前侦测、告知以及事后评估等作用。

总之，在具体的执法衔接措施上，一是构建跨领域联合工作小组。这些小组可以就涉及数据隐私与市场竞争的复杂案件进行联合审查，确保在保护消费者权益和促进市场竞争之间找到平衡。二是建立信息共享与协作机制。例如，反垄断执法机构在调查过程中发现，企业滥用个人数据或侵犯用户隐私的行为时，可以向个人信息保护执法机构报告；反之，个人信息保护机构在发现数据滥用行为时，若这种行为涉及市场竞争或影响市场结构，可以向反垄断机构通报。三是形成协同审查与处罚制度。对于一些涉及竞争与隐私的案件，可以设立协调审查和联合处罚机制。两者可以协商统一的审查标准，避免重复审查或判罚过重，确保市场监管的协调性与公正性。

（二）职能层面：维持不同监管间的平衡

首先，要明确两种执法间的界限。一般而言，个人信息保护法和反垄断法涉及两个不同的问题：保护个人对数据的权利与保证市场的良好运行，但有时两者会有重叠，例如，过度的数据收集会导致市场力量的过分集中。在这些情况下，竞争主管部门可以介入以弥补数据保护执法能力的缺陷。由于对数据的控制往往与企业的市场力量密切相关，竞争管理机构可以从这个角度研究数据实践如何帮助企业保持其支配地位。尽管如此，

---

① LAMBERT T A. From gadfly to nudge: the genesis of libertarian paternalism [J]. Missouri Law Review, 2017, 623 (82).
② 对助推型监管与默认规则的反思，参见 BAR-GILL O, BEN-SHAHAR O. Rethinking nudge: an information-costs theory of default rules [J]. University of Chicago Law Reivew, 2021, 531 (88).

时刻保持制度之间的界限在执法中亦很重要。实践中，要确保更合适的执法当局进行干预才是最明智的，以此使行政干预尽可能地高效。因此，在当前立法和机构改革未能有所突破的情况下，明确数据保护与竞争执法之间的边界，反而有利于提升执法的清晰程度，防止权力泛化和滥用①。

其次，要在反垄断救济措施中兼顾个人信息保护。在互补模式中，在对数据处理采取任何救济措施之前，竞争主管部门应考虑是否有任何同等效力的隐私条款以及这些条款是如何执行的。如果有，并且涉案企业没有遵守这些规定，那么竞争主管机构应通知数据保护机构，同时评估通过这种方式可以在多大程度上解决问题。此外，如果数据保护法没有设置相应的义务，竞争主管部门将有机会实施旨在纠正市场活动的救济措施。虽然竞争法的所有救济措施都可能通过改善市场运作来间接使数据保护制度受益，但其中一些救济措施有可能直接促进数据保护，而另一些救济措施可能会损害个人数据权利。因此，在决定采取何种救济措施时，竞争管理机构应坚持的准则是：具体救济措施在保护竞争的同时，维护最佳的数据保护水平。

最后，要慎用结构性救济措施。理论上，如果行为救济措施还不足以纠正反竞争行为，竞争主管部门还可以选择实施结构性救济措施。经济合作与发展组织（OECD）将结构性救济措施定义为：通过转让有关有形或无形资产的产权（包括将整个业务单位转让）来有效改变市场结构的措施，并且不会造成前后者之间在未来存在任何持续关联。此措施完成后，结构性救济不需要任何进一步的监测②。要明确的是，结构性措施是一项万不得已时才可采取的救济措施③。在美国，对是否拆分大型科技公司的

---

① 值得注意的是，我国《个人信息保护法》第五十条第二款不适时地将个人诉讼权利落于立法之中，这很可能会导致案量激增以及私力滥诉的局面。此时，如果竞争管理机构能在相关案件中主动承揽部分职能，也许会减轻数字保护机构和法院的应诉压力。

② OECD. Roundtable on remedies and sanctions in abuse of dominance cases [C]. European Commission, 16 May 2006, DAF/COMP/WD 34, 2006: 37.

③ Commissioner Vestager's Speech. Competition in a digital age: changing enforcement for changing times [EB/OL]. (2020-06-26) [2023-04-11]. https://ec.europa.eu/commission/commissioners/2019-2024/vestager/announcements/competition-digital-age-changing-enforcement-changing-times_en.

问题更多地出现在公共讨论中①。然而，即使一些大企业拥有明显可分割的实体，拆分它们也不是那么简单。此处的问题是，拆分企业是否会真正产生促进竞争的预期效果②。诚然，对两法重叠问题适用互补的执法模式将大大缓解由一个机构来进行执法时所能犯下的失误率，但不该因此就放开结构性救济措施的适用，否则所得收益远远比不上付出的社会成本。

### （三）手段层面：以促进企业主动合规为最终目的

更高的合规性和更好的市场运作将减少诉诸更多救济措施的需要。救济措施应被视为最后手段，因为它们可能会在一定程度上扰乱市场秩序。从执法者的角度看，创造足够的合规性激励措施十分具有挑战性，因为数据保护合规性通常不仅昂贵且复杂，而且对公司而言，放弃某些形式的数据处理可能意味着错失收益。因此，有必要集中讨论可以采取哪些措施来提高企业的合规性。

首先，在数据合并审查方面，数据保护机构的执法权往往会受到限制。如果数据最终掌握在合并后的新实体手中，并且以与披露时预期不同的方式和目的使用，则可能会显著影响数据保护权益。从反垄断角度看，数据合并可能会导致竞争压力的降低和更大的市场力量，这使竞争主管机构有机会审查合并，并可能阻止该合并或对其设置一些条件。在互补模式下，有竞争主管部门的授权并不能证明干预是合理的，数据保护主管部门在处理合并对数据保护的威胁时可能会自行做出决定。在此情况下，探索竞争主管部门如何通过其与合并相关的权力来支持数据保护机构工作是极有意义的，而其中一个重要方式就是促进企业主动合规。

一般而言，数据保护机构拥有的唯一事前工具是，强制执行数据合并之前的影响评估③。在这种情况下，数据控制者（即企业）应在处理数据

---

① SITARAMAN G. Too big to prevail: the national security case for breaking up big tech [J]. Foreign Affairs, 2020 (90): 116.
② MANNE G A, DIRK A. Antitrust dystopia and antitrust nostalgia: alarmist theories of harm in digital markets and their origins [J]. George Mason Law Review. 2021, 28 (4): 1363 – 1364; MÄIHÄNIEMI B. The role of behavioural economics in shaping remedies for facebook's excessive data gathering [J]. Computer Law & Security Review. 2022 (46): 10 – 11.
③ 见 GDPR，Article 35 (4)；另见我国《个人信息保护法》第五十五条第五款。

之前，对拟进行的处理操作进行个人数据保护影响评估[1]。如果数据保护影响评估表明无法适当降低处理风险，则控制者必须在处理之前通知监管机构[2]。数据保护当局可以通过提前通知在合并中的企业需要做什么来防止损害行为。但是，对于企业究竟何时需要进行此类评估，一般数据保护法都没有做具体细致说明。故企业可以在合并得到竞争主管机构批准后，并且具体合并已在进行中时这样做。这可能会使数据保护机构几乎没有机会有效地改变这些行为。数据保护评估是促进自愿遵守数据保护义务的好工具，但它们并没有赋予数据保护当局足够的权力来控制合并造成的威胁，此时就需要竞争管理机构的介入。

其次，在数据要素市场调查方面，市场调查是竞争主管机构发现市场失灵根源的重要工具。通过对市场失灵的原因和后果进行更全面检视，市场调查在理论上可以确定和促成解决此类问题最合适的方法。然而，对于数据监管当局而言，其可能没有专业知识或工具来分析市场动态以何种方式影响其监管目标，而这些知识对于数据保护当局确定何时进行干预以及理想情况下如何以增加公司竞争激励的方式进行干预非常有价值，比如隐私条款的优劣、合规情况以及消费者对隐私保护的需求等。虽然竞争主管部门的市场调查权可以阐明市场运行不佳的原因，但在某些情况下，数据保护主管部门可能有更好的工具来纠正市场失灵。

最后，在非数据合并审查方面，特别是滥用数据市场支配地位的行为，其不仅限于价格操纵或供应限制，还包括数据滥用、信息不对称以及通过数据优势排除、限制竞争对手等。因此，监管机构需要在以下方面开展更密切的合作与审查。一是完善跨领域数据行为审查：对于利用大数据获取市场优势的企业，监管机构应重点审查其数据收集、处理、共享和存储的过程，识别企业是否存在滥用数据的行为。例如，是否通过过度收集用户数据来加强市场支配地位，或者是否利用数据建立不正当的竞争壁垒。二是强化行业自律与数据使用规范：通过推动行业标准，特别是在数

---

[1] 见 GDPR, Article 35 (1)。

[2] 见 GDPR, recital 84 & Article 36。

据治理和数据共享方面，帮助企业理解如何合法合规地使用数据。确保企业在合法获取和使用数据时不产生滥用市场支配地位的风险。例如，在制定合规指引时，可以特别强调数据的透明性、消费者知情同意以及数据处理的合理性，防止企业通过过度收集或不透明的数据使用行为来加强市场控制力。三是构建行业自律组织的监督机制：企业可以通过加入行业自律组织来加强内部合规，避免滥用数据。行业自律组织可以定期发布合规报告，检查和审查成员企业的数据使用情况，确保不违背反垄断和数据保护的原则。四是建立透明度与信息披露机制：企业应当明确披露其数据收集和使用政策，通过透明化的做法，可以减少市场上对数据滥用的怀疑，促使企业在合法框架下利用数据来提高其市场竞争力，而不是通过不正当手段控制市场。企业还可以定期披露合规报告，特别是在数据收集、处理和共享方面的透明度，帮助监管机构和消费者了解企业是否遵循了数据保护和反垄断法规，避免其滥用市场支配地位。五是细化差异化处罚机制：根据企业的违规程度，反垄断与数据保护监管机构应制定差异化的处罚机制。例如，对首次违规的企业给予较轻的处罚，并要求其进行整改；对重复或严重违规的企业则应实施更为严厉的处罚，确保其合规整改。六是推动对企业的合规教育与培训：企业应定期组织合规教育与培训，特别是对于数据的收集、处理和使用，以确保在不滥用市场支配地位的前提下进行数据利用。通过案例分析、法规解读等方式，帮助企业了解滥用数据带来的法律后果，并加强其合规意识。

总之，在互补模式下，如果数据保护执法更符合市场运作，企业将更有能力实施规则，并有更多动力去合规。这可以通过竞争管理机构的工具与数据保护执法相结合来实现。该模式符合两个制度的利益，因为这有可能促进企业（特别是"守门人"企业）自愿遵守数据保护法规并激励竞争[1]。另外，合作的监管机构应在合规和处罚之间找到适当的平衡[2]。

---

[1] 程啸. 我国个人信息法律保护的里程碑 [N]. 经济参考报, 2021-08-24. 文中，程啸教授认为，为守门人设立专门义务的同时，还必须按照国家规定建立健全个人信息保护合规制度体系。

[2] 时建中，马栋. 双重身份视角下平台自治与反垄断监管的界限 [J]. 竞争政策研究, 2020 (4): 49-50.

## 五、结语

综上,从经济学角度看,当前我国个人数据交易市场未能完全展开,可能是由于交易成本导致,也有可能是由于当事人的有限理性(如损失规避心理)所致。这虽然覆盖了大部分造成交易阻碍的原因,但并未涵盖所有,且缺乏实际数据加以佐证。是故,可能许多人会认为当前我国个人数据交易的不足是一个实证问题,可即使有实证研究成果,我们也应考虑到市场上当事人彼此间的异质性(heterogeneity)[①]。因此,拟定统一适用的法律措施仍需回归到理论层面的探讨。

尽管如此,理论研究也不能囿于静止的既有法律制度,而应该借鉴动态系统论范式,将数据类型、权属、控制以及同意等全部限制因素纳入法律适用之中。在具体个案中,依据动态系统论,数据保护监管应不要求每个因素满足到具体程度,并且不要求一定具备所有因素;而是要求考量不同因素,确定这些因素具体的满足程度,根据具体案情对各个因素进行综合考量[②]。此外,动态系统论所要求的各因素互补,与笔者提倡两法互补的内因暗合。将与数字市场更为贴近的反垄断因素补进个人信息保护,有助于更加全面地去审视市场失灵问题,同时也有助于加深理解单一的数据监管方式在应对市场失灵时的局限性。

最后要强调的是,即使是完全竞争的市场,也可能永远无法提供最佳的隐私保护水平,那么,反垄断作为解决方案的效用必然是有限的。若能认识到这一点,既可以避免错误的做法,即仅使用反垄断工具去解决个人信息保护问题,也可以避免将反垄断法从其保护消费者福利的核心目标中拉远。因此,互补的监管模式有其存在的正当性。

---

① PETIT N, TEECE D J. Innovating big tech firms and competition policy: favoring dynamic over static competition [J]. Industrial and Corporate Change, 2021 (1168): 9.
② 王利明. 民法典人格权编中动态系统论的采纳与运用 [J]. 法学家, 2020 (4): 2.

# 个人数据所有权的正当性及其边界界定*

郭晓玲**

**【摘　要】** 大数据时代,"一切皆可数据化"成为普遍共识,数据资源作为数字经济的核心要素,已然成为驱动数字经济蓬勃发展的基础和支撑。个人数据作为新兴事物,概念尚不清晰,确权及权利边界等法律问题亦在持续探讨中。确定个人数据权利归属的核心问题在于厘定个人数据所有权的正当性、明晰个人数据所有权的内容以及界定个人数据所有权的边界。明确个人数据的法律属性是回应个人数据所有权问题的起点;个人数据所有权主体适合、个人数据具备所有权客体的特性以及个人数据所有权的内容具有可实现性,是赋予个人数据主体所有权正当性的理论基础。个人数据主体享有所有权能够满足个人数据流通、释放个人数据价值、保护个数据安全等现实需求,是赋予个人数据主体所有权正当性的实践依据。个人数据所有权为数据主体依法行权提供了依据,同时亦有必要划定个人数据主体所有权的行权边界。不可否认,基于公法、私法两方面的原因对个人数据主体的权利行使做出限制,是解决个人数据关联方利益矛盾冲突的需要,更是兼顾个人数据安全与实现个人数据资源价值最大化这一复合型目标的要求,形成个人数据良性长足发展路径是确立个人数据所有权的根本目的。

**【关键词】** 个人数据;所有权;正当性;个人数据主体;边界

---

\* 本文是2024年度国家社科基金青年项目"数据要素市场化流通的合规保障机制研究[24CFX063]"的阶段性研究成果。

\*\* 郭晓玲,北京物资学院法学院硕士研究生。

## 一、引言

在大数据时代，随着物联网、人工智能、云计算等技术的更新迭代和不断发展，数字化与实体经济的深度融合、转化发展成为必然之势。数据作为互联网时代的产物，已然成为促进经济增长、技术进步和社会变革新的驱动引擎。其中，个人数据作为一种特殊的数据类型，在其赋能经济发展、促进社会进步的同时，也同样面临着被泄露和滥用的风险。以2018年脸书（Facebook）泄露用户数据信息危机事件为例，一个性格测试应用的操作导致近5 000万人的个人数据被泄露，这些数据被特朗普政府用来进行分析并进一步实现其政治目的[1]。此外，个人数据泄露之后的责任承担问题也成为亟待解决的一项个人数据发展难题。

党的十九届四中全会审议通过了《中共中央关于坚持和完善中国特色社会主义制度 推进国家治理体系和治理能力现代化若干重大问题的决定》，首次明确将数据界定为生产要素[2]，数据通过参与社会生产分配，深刻改变了经济运行机制、社会生活方式以及社会治理方式。然而，个人数据作为生产要素，在参与市场分配并发挥其效用价值的过程中，因缺乏清晰的产权归属，面临"公地悲剧"的困境，主要表现为数据需求方竞相以其所能的方式收集、利用甚至争夺"免费"的个人数据资源；同时，个人数据利益如何分配也成为必须解决的又一难题。再者，基于新质生产力发展的需要，必须突出强调优化数据生产要素配置的基础性作用，毫无疑问，这对于健全数据生产要素参与收入分配、创新产权配置提出了更高的要求。

由此可见，对个人数据进行权属确定具有必要性和紧迫性。换言之，个人数据确权问题之所以备受关注，是因为对个人数据进行确权，是明确个人数据行为规则、优化个人数据要素市场对个人数据进行市场化配置的

---

[1] 郑梦莹. 5 000万用户信息疑被政治利用 Facebook面临生存危机 [N]. 环球时报, 2018-3-21.

[2] 刘鹤. 坚持和完善社会主义基本经济制度（深入学习贯彻党的十九届四中全会精神）[N]. 人民日报, 2019-11-22 (6).

基础性先决条件，是维持个人数据流通秩序的关键步骤，也是实现个人数据高效治理、保障个人数据安全的必要环节。当前，对确定个人数据权属问题的研究尚处在探索阶段：有学者根据数据产生和利用存在的差异，将数据分为个体数据和整体数据，认为个体数据所有权基于"信息自决权"应当属于提供数据的个人，整体数据所有权则应当归属于信息控制者[1]。一些学者根据"授权"思维，认为个人数据主体作为所有权人，可以通过个人授权的单方法律行为授予个人数据处理者数据资源财产性权利，而特殊的个人数据则依据法定程序对特定单位予以授权[2]。还有学者认为，对于作为个人数据来源的个人以及数据处理者的企业，应根据各自贡献程度的差异分别对其赋予所有权和用益权[3]。另有一些学者越过私法的界域，从宪法视角分析个人数据，提出以宪法规范为依据塑造数字人权，国家作为义务主体对个人数字人权予以保障[4]。支持数字人权的学者认为，唯有作为"第四代人权"的数字人权，才能为个人数据权利提供全方位、系统性的保护[5]。

基于此背景，有必要聚焦于个人数据的确权问题，通过界定个人数据的内涵及其法律属性、分析个人数据所有权的正当性、明确个人数据所有权主体权利行使的边界，为解决个人数据权利归属问题提供一些可行性的方案，以驱散个人数据产权不清的迷雾，实现个人数据权益保护与利用之间的平衡。

## 二、个人数据的界定及其法律属性

对个人数据进行赋权的逻辑前提在于界定个人数据的内涵，理清其法律属性。具体而言，应当锚定个人数据的概念、内涵、外延，理解个人数

---

[1] 涂燕辉. 大数据的法律确权研究 [J]. 佛山科学技术学院学报（社会科学版），2016（5）：83-87.

[2] 程啸. 个人数据授权机制的民法阐释 [J]. 政法论坛，2023（6）：77-89.

[3] 申卫星，李夏旭. 个人数据所有权的赋权逻辑与制度展开 [J]. 法学评论，2023（5）：114-128.

[4] 郑智航. 数字人权的理论证成与自主性内涵 [J]. 华东政法大学学报，2023（1）：35-47.

[5] 余圣琪. 数据权利保护的模式与机制研究 [D]. 上海：华东政法大学，2021.

据的特殊性，认清个人数据与非个人数据及个人数据与个人数据产品的区分点及意义所在，认识到个人数据与个人信息的一致性。有必要通过评析个人数据法律属性的现有观点，明确个人数据作为所有权客体的法律定位，这是确定个人数据权属的逻辑起点。

（一）个人数据的界定

数据被誉为互联网科技时代的石油，从技术层面理解其实质是借助计算机语言，以二进制编码0和1的方式构成比特结构记录现实世界的物理符号，主要借助文字、数值、图像以及声音等形式呈现，是计算机处理的对象[①]。若以确定个人数据权利归属为目标，则需要进一步关注法律思维框架下对个人数据的认知。

1. 个人数据的概念

随着互联网移动终端不断普及和迭代更新，线上生活方式随之开启，个人的学习、工作、娱乐、购物等行为、活动痕迹被记录，生成了与个人具有关联性的数据，即"个人数据"。但是，不同国家和地区对个人数据概念的界定不尽相同，欧盟《一般数据保护条例》（General Data Protection Regulation，GDPR）第4条第1款所称的个人数据需借助两个标准予以界定："（a）它们仅涉及自然人，（b）它们确定了或可以用以确定它们所指向的（数据主体），但并不限于身份标识的数据。"[②] 英国《数据保护法》中规定的个人数据是指任何能够被用来识别活人之数据，包括但不限于电子邮箱、姓名、地址等[③]。日本《个人信息保护法》第2条指明，本法所称的"个人数据"，是指构成个人信息数据库等的个人信息。美国2018年《消费者隐私权法案》中将"个人数据"定义为："能够直接或间接识别、关涉、描述、可合理关联或合理地关联到特定消费者或家庭的非公开信息或

---

[①] 张敏. 数据法学 [M]. 北京：中国政法大学出版社，2023：5-11.

[②] 克里奇斯托弗克. 欧盟个人数据保护制度：《一般数据保护条例》[M]. 张韬略，译. 北京：商务印书馆，2023：4-255.

[③] 张敏. 数据法学 [M]. 北京：中国政法大学出版社，2023：80-96.

非合法获取的信息。"① 当前，我国关于个人数据的规范概念阙如，但《中华人民共和国民法典》（下称《民法典》）、《中华人民共和国个人信息保护法》（下称《个人信息保护法》）和《中华人民共和国数据安全法》（下称《数据安全法》）对个人信息和数据作了规范解释。借鉴域外概念并结合我国现有法律，本文认为，个人数据是与个人活动相关的具有人身识别性的客观数据痕迹，包括但不限于个人相关信息的载体。

2. 个人数据是一种特殊的数据

《数据安全法》第三条对数据的定义为："任何以电子或者其他方式对信息的记录。"个人数据是与个人有关联的数据，是能识别到数据主体，关涉个人的信息、轨迹的记录或数值②。个人数据因其与数据主体存在高度依附性、关联性、具备可识别性而不同于一般数据，具有特殊性。回归个人数据特殊性的本质：即一种复合性无形之物，其复合性在于个人数据具备财产价值的同时亦关联数据主体的人身性利益，特别是与个人敏感信息高度关联的个人数据。此外，个人数据因能够被加工、处理而富有可创造性，个人数据与个人数据产品的不同之处无疑也是理解其特殊性的重要方面。

（1）个人数据与数据的关联：个性与共性。作为数据圈的一分子，个人数据与数据有着千丝万缕的联系，具有无形性、可复制性、共享性、非消耗性等数据的共性特征，也具备其独树一帜的特点。个人数据的个性表征为复杂性和人身关联性。复杂性主要缘于个人数据比普通数据关涉更多的利益主体；人身关联性主要是指个人数据承载了一些个人隐私、姓名、名誉等方面的利益，对个人数据处理不当，会侵犯个人信息、个人隐私等人身相关利益。

（2）个人数据与非个人数据的区分：可识别性。与个人数据不同，非个人数据更多强调数据的财产属性。以工业数据为例，非个人数据多属于

---

① CALIFARNIA LEGISLATIVE INFORMATION：TITLE1. 81. 5. California Consumer Privacy Act of 2018 ［1798. 100-1798. 199. 100］［EB/OL］.（2024-01-01）［2024-11-25］. https：//leginfo. legislature. ca. gov/faces/codes_displayText. xhtml? division = 3. &part = 4. &lawCode = CIV&title = 1. 81. 5.

② 刘练军. 个人信息与个人数据辨析［J］. 求索，2022（5）：151-159.

企业财产①。个人数据与非个人数据最明显的区分是可识别性：首先，从不同国家和地区对个人数据概念的界定能够总结出个人数据可识别性的特点，事实上，个人数据的可识别性已经成为共识。其次，从个人数据的适用情境亦不难看出，个人数据重在强调对数据主体的可识别性。需要说明的是，不能将"可识别性"与"个人相关性"等同视之，因为并非与个人相关的数据都是个人数据，例如，用户在网上发布的心情、天气情况、日常生活状态、实时情况之类的内容，还有上传分享的音频、图片、视频等，都属于非个人数据②。对此，司法实践亦表明：通过姓名抑或其他标准查找到的信息并非都是个人数据，例如，在 Durant v. Financial Services Authority 一案中，法院以实例判决的方式对此观点予以证实③。依据应然逻辑可知，对个人数据与非个人数据进行区分的意义在于避免将非个人数据纳入个人数据的范畴，导致个人数据保护范围进入无端扩大化的危险象限，这显然有碍于数字经济的市场化进程。

（3）个人数据与个人数据产品的区分：去身份化及深度处理。数据产品作为数据资产的标的，是以数据为主要内容和服务的可辨认形态④。换言之，个人数据经过网络经营者的深度的开发、加工整合之后产生的与个人数据主体无直接关联性的派生性数据即为个人数据产品，通常由个人数据匿名化之后加工处理产生⑤。值得注意的是，针对个人数据简单的整理、分析或者仅通过去标识化而获得的数据不应视为数据产品，个人数据与个人数据产品最关键的区分在于"深度开发"及"个人数据去身份化"。具体可以从以下两个方面理解：一方面，个人数据产品虽经由个人数据处理、转化而来，但正是这一处理过程切断了与个人数据最根本性、深层次

---

① 余圣琪. 数据权利保护的模式与机制研究 [D]. 上海：华东政法大学，2021.
② 姚佳. 数据权益的构造及其动态比较 [J]. 中国应用法学，2023（3）：42-53.
③ Court of Appeal. Durant v. Financial Services Authority [2003] EWCACiv1746 [EB/OL]. (2023-12-08) [2024-11-25]. https：//www.5rb.com/case/durant-v-financial-services-authority/.
④ 数据交易第四部分：数据资产评估规范（征求意见稿）：DB 31/T XXXX—XXXX [EB/OL]. (2023-11-30) [2024-01-20]. https：//www.chinadep.com/fs/group1/dex-cms/appendix/9b0e4272-958f-11ee-a11f-bdd39d9cb28e.pdf.
⑤ 王淼. 数字经济发展的法律规制 [J]. 中国流通经济，2020（12）：114-124.

的联系，且这种切断具终局性、不可逆、不可复原的特点。数据产品无论是直接或间接，都应无法与其数据主体产生识别链接。另一方面，深度处理并不当然意味着可以否认个人数据作为数据产品的基础这一客观事实，个人数据主体的权益也会延伸至个人数据产品。个人数据控制者及处理者对个人数据进行处理产生的数据产品应当依据个人数据本身的价值并参照个人数据对个人数据产品的贡献度，向个人数据主体分配对等的利益。总之，区分个人数据与个人数据产品意义重大：一方面，正视个人数据与个人数据产品之间存在的客观差异，才能防止个人数据主体权利扩大化，减损个人数据需求方进行数据开发创新的积极性。事实上，进行区分恰是尊重个人数据主体权利和个人数据价值的表现。另一方面，对个人数据和个人数据产品划定各自的界分归属领域及权利范围，是个人数据主体及个人数据产品主体共同合作的开端，也是适应数字经济时代个人数据发展的需要。

3. 个人数据与个人信息具有一致性

个人数据与个人信息的存在共生性、概念使用混同性以及法益保护本质无二性共同构成了两者一致性的内涵。

首先，个人数据与个人信息的存在具有天然的共生性。大数据时代，数字技术链接了个人数据和个人信息，个人信息以个人数据的形式生成、传输、存储，收集个人信息与个人数据的过程具有高度的同步性，收集到个人数据意味着同步掌控了个人信息。个人信息是个人数据的内容，个人数据是个人信息的表现形式和外延。

其次，个人数据与个人信息在概念使用与表达方面表现出混同性。不少学者在个人信息与个人数据之间进行切换混同使用，而实际上个人数据抑或个人信息所指向的是同一内容[①]。如张新宝就认为个人数据是指关涉个人的已被识别及能够被识别的任何资料[②]。而在齐爱民看来，个人信息是能够识别本人的所有信息的总和[③]，个人信息与个人数据之间并无明确

---

[①] 卓力雄. 个人信息权属研究 [D]. 北京：中共中央党校，2020.
[②] 张新宝. 信息技术的发展与隐私权保护 [J]. 法制与社会发展，1996 (5)：16-25.
[③] 齐爱民. 论个人信息的法律保护 [J]. 苏州大学学报，2005 (2)：30-35.

的区分。2022年12月2日，中共中央、国务院发布《关于构建数据基础制度更好发挥数据要素作用的意见》（简称"数据二十条"）更是直接使用了"个人信息数据"这一说法。

最后，就法益保护的本质而言，个人数据与个人信息呈现出无二性。个人数据与个人信息法益保护本质的一致性具体表现为：虽然个人数据已经超出了仅仅表现个人信息的事实，不再是简单的载体与本体的关系，但从法律所保护法益最终指向的对象来看，个人数据与个人信息又是一致的：即个人数据或个人信息就其本质而言只是作为被保护对象的权益载体。

综上，不宜将个人数据和个人信息割裂开，单独抽象地讨论个人数据，有鉴于此，本文不再对个人数据和个人信息进行严格区分。

（二）个人数据的法律属性：所有权的客体

个人数据这一新兴生产要素的法律定位，关乎个人数据的利用与保护路径，对个人数据的法律属性进行界定是学界重要的热点问题之一。目前对个人数据法律属性的定位主要有：知识产权客体说、人格权客体说、综合权利客体说、财产权客体说以及新型数据产权客体说。结合不同学说的观点及现实情况，有理由认为，个人数据应属于完全物权，即所有权的客体。

1. 个人数据法律属性的既有观点评析

（1）知识产权客体说不符合知识产权"独创性"的要求。有学者将个人数据视为知识产权的客体，认为个人数据是著作权的客体[①]。然而，个人数据是数据主体事实活动行为所留下的数据痕迹，不符合也不需要"独创性"，更不具备期限性[②]。无论是直接收集到的原始数据，还是整合、加工处理之后的衍生数据，都不符合知识产权对智力成果"独创性"的要求。不可否认，个人数据的非原创性会极大地消减著作权保护的独创性，职是之故，不应将个人数据作为知识产权的客体进行保护，过度且不适当的保护会阻碍数据的利用和流通，降低数据的利用效率和价值。

---

① 林华. 大数据的法律保护 [J]. 电子知识产权，2014（8）：80-85.
② 李爱君. 数据权利属性与法律特征 [J]. 东方法学，2018（3）：64-74.

(2) 人格权客体说忽略了个人数据的价值属性。有学者认为人格属性是个人数据的本质属性[①]，个人数据中蕴含了人格利益，个人数据是人格权的客体[②]。然而，究其根本，个人数据因其并未体现主体精神及伦理价值而不宜划入人格要素的范畴[③]。简言之，个人数据人格权客体说的观点忽视了个人数据的财产属性和经济价值，片面强调个人隐私权益的保护，阻碍了个人数据的正常使用，难以发挥个人数据的经济价值与社会价值。

(3) 综合权利客体说缺乏可行性。综合权利客体说认为，个人数据在一定程度上符合人格权的特征，同时，个人数据也承载了丰富的经济价值与社会价值，具有财产属性。基于个人数据综合性的特点，应当结合个人数据不同的应用场景，兼顾各方利益需求，构建一个集人身、财产属性为一体的综合性权利[④]。有理由认为，依据综合权利客体说，个人数据需要根据不断变化的应用场景、权衡各方利益之后从人格权、财产权维度进行综合定性，这一方面在实践中缺乏可操作性，另一方面也因场景变化、数据利益关联方存在差异而导致综合权利的具体内容缺乏确定性与稳定性。

(4) 财产权客体说属于弱型确权机制。有学者将个人数据视为虚拟的物，肯定了个人数据是以财产为客体的权利，支持此观点的学者倾向于认为数据企业作为数据财产权的权利主体更符合事实[⑤]。注重个人数据商用价值固然重要，但忽略个人数据保护这个容易诱发不稳定因素的做法亦不可取。另外，相较于物权而言，财产权属于弱型权利，缺乏具体的法律规范，对个人数据的保护力度较弱，且过分强调数据企业的权益，定会对个人数据主体的权利产生不利的影响。显然，此观点与我国《个人信息保护法》、《数据安全法》及《民法典》的主旨并不相符。

---

[①] 马康凤. 个人数据财产利益的实现及分配 [J]. 安徽大学学报（哲学社会科学版），2023 (2)：77-85.

[②] 徐海涛. 大数据营销背景下消费者个人数据权利探析 [J]. 法制与经济，2018 (3)：113-114，117.

[③] 郭如愿. 个人数据的经济利益论与财产权利构建 [J]. 电子知识产权，2020 (5)：30-41.

[④] 陈磊，郑淼. 个人数据谁做主？：智能驾驶个人数据的权利归属问题 [J]. 大连理工大学学报（社会科学版），2024 (1)：78-88.

[⑤] 张忆然. 大数据时代"个人信息"的权利变迁与刑法保护的教义学限缩：以"数据财产权"与"信息自决权"的二分为视角 [J]. 政治与法律，2020 (6)：53-67.

（5）新型数据产权客体说缺乏必要性。有学者认为应当在区分个人信息和数据资产的基础上，以个人数据为客体构建新型的数据财产权利[1]。对此观点，本文难以认同，且不说区分个人信息和数据资产存在不小的难度，在目前已有权利能够涵盖个人数据权益的前提下，另辟路径构建新型个人数据财产权确无必要。

2. 个人数据当属完全物权，即所有权的客体

有学者主张虚拟财产是物权的客体[2]，赞同此观点之余，另认为，个人数据亦应属于所有权的客体。将个人数据的法律属性定位为所有权的客体关键要符合民法上"物"的特点："有体物"具有一定的体态，占据一定的空间，但不要求有形；具有使用价值的财产物；能为人类所支配和控制[3]。综合以上观点，结合所有权对"物"的要求，本文认为，个人数据作为一种无异于天然气、电力或软件等的无形资源，有使用价值，能够被控制和支配，可以作为民法的上"物"。事实上，个人数据能够被视为一种"东西"，可以像商品和动产一样被拥有[4]，个人数据主体作为所有权人，能够基于所有权享有占有、使用、收益、处分等权能。在政策方面，"数据二十条"明确提出要建立健全个人信息数据确权授权机制，这无疑为确定个人数据权利指明了方向[5]。

相比之下，对个人数据主体赋予所有权的比较优势在于：第一，物权的绝对性效力，所有权是最完备的权利，对个人数据主体赋予所有权，突出了个人数据主体对数据的控制与支配能力，对于保障个人数据安全、实现个人数据效用更具张力。第二，物权与社会经济发展联系密切，合理的物权会对个人数据价值的发挥产生重大影响。反之，若在个人数据之上设置不合理的定限物权，会阻隔个人数据的流通，降低其利用效率。第三，

---

① 龙卫球. 数据新型财产权构建及其体系研究 [J]. 政法论坛, 2017 (4): 63-77.
② 杨立新. 网络店铺转让的权属及其变动规则 [J]. 清华法学, 2024 (5): 26-39.
③ 刘凯湘. 民法总论 [M]. 2 版. 北京: 北京大学出版社, 2008: 59.
④ BOERDING A, GULIK N, DOEPKE C, et al. Data ownership: a property rights approach from a European perspective [J]. Journal of Civil Law Studies, 2018: 324-369.
⑤ 中共中央 国务院关于构建数据基础制度更好发挥数据要素作用的意见 [EB/OL]. (2022-12-20) [2023-12-28]. http://www.news.cn/mrdx/2022-12/20/c_1310685338.

个人数据所有权能够兼顾全社会范围内将数据作为财产的普遍信任感，是推动数据要素市场规范化的重要抓手①。

### 三、个人数据所有权的正当性分析

实现个人数据保护和利用之间的平衡，必须先明确个人数据所有权的归属。然而，个人数据收集、存储、利用、传输、交易流通的整个过程涉及多方利益主体，个人数据所有权之归属因各方争执激烈而呈现出复杂且难以确定的现状②。个人数据是归属数据主体，还是数据控制者，抑或归属国家？目前尚无定论。有学者认为，数据来源于数据主体，其所有权应由数据主体单独所有③。也有学者认为，单纯的一般个人数据因其商业价值较低，数据控制者通过付出劳动提升了数据价值，个人数据权和企业财产权存在权利粘连，数据控制者应当和数据主体各依其劳动共同享有数据所有权④。还有学者主张依据个人数据的不同类型在不同情境下对个人数据进行区分赋权：原始数据以及与个体密切相关的敏感信息归个人所有；匿名化处理的一般数据应归企业组织所有；具有公共利益的个人数据应归政府（国家）所有⑤。

相较之下，本文更倾向于认同数据主体个人单独所有的观点。究其原因不难发现，共同所有或者区分数据类型判定所有在实践中可操作性难度较大，个人数据所有权归属的不确定性同样映射出个人数据依然被滥用的事实，无权利则无救济，救济难的问题依旧难以解决。承认个人数据所有权归属数据主体有利于打破"数据孤岛"的局面，解除数据的封锁与垄断，加速数据的有序流通，促进信息高速自由流通与个人隐私、数据信息安全保护之间的价值平衡。事实上，法院在处理腾讯案⑥时对数据进行了

---

① 周晓冬. 论大数据时代个人数据产权化的伦理准则 [J]. 南大法学, 2022 (4): 153.
② 张敏. 数据法学 [M]. 北京: 中国政法大学出版社, 2023: 78.
③ 程啸. 论大数据时代的个人数据权利 [J]. 中国社会科学, 2018 (3): 102-122, 207-208.
④ 牛彬彬. 人数据权效力体系研究 [J]. 江西财经大学学报, 2020 (5): 134-147.
⑤ 李锦华. 个人数据所有权归属问题的法经济学分析 [J]. 重庆文理学院学报 (社会科学版), 2019 (11): 114-122.
⑥ 沙丽. 数据权益的权属判断与分类保护 [J]. 人民司法·案例, 2022 (23): 88-91.

分类,并认为单个数据的权益应由数据主体享有,平台方对于聚合性的数据池享有一定的权益①。在国家政策层面,"数据二十条"强调要重视数据来源者的权益,提出了保护个人数据来源者权利的要求,并认为个人数据主体的权利属于法定在先权利。其实,个人数据主体享有对个人数据的所有权亦不乏理论和实践的正当性,长远来说,唯有先明确个人数据主体的权利,数据控制者、处理者才能清楚各自数据活动之边界何在②。

(一) 个人数据所有权具备正当性的理论依据

数字化信息时代,个人数据所有权的正当性基础源于数据因个人数据主体的参与行为而产生③。之所以说个人数据是一种通过劳动产生的无形资产,是因为个人数据主体参与其中并发挥了作用,个人数据作为物,具备了成为所有权客体的条件,个人数据所有权的各项权能也具备现实可能性。根据洛克的观点,由生成个人数据的主体取得数据所有权具备正当性④。

1. 劳动赋权理论:个人作为数据来源者拥有数据所有权

(1) 个人数据的可创造性决定了其具有能够被赋予权利的属性。数据具有使用价值,能够满足人类的某种需求⑤。同理,个人数据能够基于某种需求被人类创制出来,"需求"是私人财产权产生的正当理由,数字经济时代,数据已然成为战略性资源,是个人、企业及国家赖以生存的重要需求要素,能够根据不同的"需求",通过劳动被创造,因而具备能够被赋予权利属性的前提条件。

(2) 个人参与数据的生成是个人拥有数据所有权的基础。根据洛克的劳动赋权理论,个人数据是凝结了数据主体劳动的产物,个人数据主体对于个人数据的产生具有原生性的贡献,个人数据的生成过程即使借助先进

---

① 余圣琪. 数据权利保护的模式与机制研究 [D]. 上海:华东政法大学, 2021.
② 王利明. 论数据来源者权利 [J]. 法制与社会发展, 2023 (6):36-57.
③ EEZER K H. Dateneigentum der Bürger [J]//王利明. 论数据来源者权利. 法制与社会发展, 2023 (6):52.
④ 洛克. 政府论:下篇 [M]. 瞿菊农, 叶启芳, 译. 北京:商务印书馆, 1964:17.
⑤ 涂燕辉. 大数据的法律确权研究 [J]. 佛山科学技术学院学报(社会科学版), 2016 (5):83-87.

的大数据技术，依然无法脱离"个人"的行为独自完成。个人数据的价值肇始于数据主体向数据需求方贡献了信息的商业化利用机会。没有数据主体的参与，数据就无法形成；个人的贡献之于个人数据正如米之于巧妇，是本源性且无可替代性的必备因子，没有数据，数据主体的权利也将不复存在。在学者孙萍看来，外卖平台算法从"人工智障"发展到"人工智能"，正是通过外卖骑手取餐、送餐、路径选择、骑行速度、送单数量等一系列实践活动获取的数据不断"喂养"的结果①。这个过程中一旦缺少骑手的参与，"喂养"算法的数据将无法生成，数据被获取利用更无从谈起。简言之，与数据集合利用和数据产品不同②，个人数据作为依托个人数据主体参与劳动而生成的数据资源，个人正是个人数据这一生产要素真正的创造者③，个人数据资源的劳动成果理应属于劳动者本人（即个人数据主体）。再者，从数据溯源角度分析，个人数据亦应属于数据的生产者，具体而言，是属于在数据生产中提供了个人信息和活动信息、进行了数字劳动的各个用户。

（3）"三权分置"的数据产权配置方案尊重并保障了个人数据主体的数据所有权。诚然，个人数据主体参与个人数据生成过程中的原生性贡献是个人数据主体能够被赋予所有权的基础条件，却不具有其必然性的一面，原因在于个人数据生成的过程是多方主体共同参与的结果。事实上，个人数据主体的参与是数据生成的基础，而数据控制者、处理者参与数据生成的目的通常是通过对数据进行清洗、分析、匿名化加工处理，进而实现对"个人数据集合"或"个人数据产品"的权益获取。最重要的是，建立"数据资源持有权、数据加工使用权、数据产品经营权等分置的产权运行机制"④ 更多是在强调、尊重数据来源者权利的基础上促进数据的使用、

---

① 孙萍. 过度劳动：平台经济下的外卖骑手 [M]. 上海：华东师范大学出版社，2024：93-106.
② 申卫星. 论数据产权制度的层级性："三三制"数据确权法 [J]. 中国法学，2023（4）：26-48.
③ 郭如愿. 数据要素交易的法律制度构造 [M]. 北京：首都经济贸易大学出版社，2024：60.
④ 中共中央 国务院关于构建数据基础制度更好发挥数据要素作用的意见 [EB/OL]. (2022-12-19) [2024-11-11]. https://www.gov.cn/zhengce/2022/12/19/content_5732695.htm.

数据产品运营等后续权益。"三权分置"的数据产权配置方案既尊重和保障了作为数据来源者的权利，又兼顾了数据控制者、处理者在加工、处理、利用阶段付出的劳动所应获取的权益。数据控制者、数据处理者作为数据需求方，应通过支付对价的方式获取其对个人数据财产性权益"同意"的合法性基础来源[1]。不难看出，这一数据产权配置方案，一方面是基于个人数据关涉个人隐私、数据信息安全等个人数据保护层面而非经济价值的考量；另一方面，享有对个人数据的所有权是个人数据主体通过自主权"同意"其个人数据在知情安全的条件下满足数据控制者、处理者等数据需求方对数据价值的需求。这两方面的考量构成了个人数据主体依据参与性劳动具备个人数据所有权的现实基础。相反，若直接将个人数据所有权跳过个人数据主体赋予个人数据控制者、处理者，个人数据安全则难以保障，个人数据也不可避免地会成为各数据需求方不择手段圈取的对象，个人数据资源被滥用将在所难免。因此，个人数据主体因其参与性劳动而享有个人数据所有权具备合理性基础。

2. 个人数据具备成为所有权客体的基础特性

个人数据是否符合所有权客体的特征决定了个人数据所有权能否成立[2]。《民法典》第一百二十七条已经承认了数据的客体地位，个人数据作为所有权的客体，存在于人体之外，就其本质而言是一种无体物[3]，关键在于其具备了所有权客体的特征。具体来说，是因为个人数据具备特定性、可支配性、稀缺性，拥有使用价值，这也决定了个人数据能够被数据主体所占有、使用、收益、处分。

(1) 个人数据具有特定性。个人数据的特定性表现在两个方面：一方面源于其可识别性，作为数字时代全新的特殊"物"，个人数据是借助大数据技术对个人行为轨迹的记录，其内容具有确定性、稳定性，可以清晰地定位到特定的"个人"。另一方面，个人数据的内容所呈现出

---

[1] 丁凤玲，彭建. 还数于民：实现个人数据自决的"新"数据中介[J]. 华中科技大学学报（社会科学版），2023（4）：74-84.
[2] 李爱君. 数据权利属性与法律特征[J]. 东方法学，2018（3）：64-74.
[3] 刘练军. 个人信息与个人数据辨析[J]. 求索，2022（5）：151-159.

来的结果具有特定性。占有即所有适用于类似货币、不记名债券等普通的种类物①，个人数据不适用占有即所有，是因为个人数据其实是由个人生成的特殊种类数据，由特定个人生成且能够链接到特定的"个人"。其特殊之处在于，个人数据主体在生成个人数据的过程中是使用不同的App、访问不同的网页、浏览不同的网站、在不同的交易平台进行交易的过程，智慧生活的多样性决定了由个人所生成的个人数据恰好符合不同的数据搜集者对数据的特定需求，个人数据满足了特定的需求指向与利益指向。

（2）个人数据具有可支配性。个人数据与所有权的其他客体一样具有可支配性。根据表现形式的不同，个人数据的类型可以分为电子数据和非电子数据，非电子数据以书面等方式呈现，其可支配性自不必多言。针对电子个人数据，可以通过网络技术手段客观地以存储介质的方式进行存储，并且能够通过修改、转移、删除、处分等途径为数据主体所支配。例如，数据可携带权的产生为个人数据主体积极支配、利用数据提供了实现可能性。个人数据"可携带权"之所以能够实现个人对数据积极的控制与利用权，是因为个人数据能够通过计算机、云盘等存储介质被承载、转移，进而使得个人对数据的控制力度达到了全新的高度。此外，区块链分布式的数据存储架构保障了数据能够存储在区块链的所有结点上，用户可以绕过平台实现对数据的直接支配与控制②。诚然，其结果在于一方面奠定了数据主体对个人数据主动性支配的基础，另一方面也有利于调整个人数据主体与个人数据控制者、处理者之间的不对等关系，为个人数据主体成为所有权主体提供了可对世性权利依托。

（3）个人数据具有使用价值。个人数据具有使用价值，即有用性，当个人数据经由数据主体的劳动而产生之时即满足了马克思具体劳动创造使用价值说的"有用性"。个人数据使用价值的核心表现为其能够通过分析、加工处理、应用等方式为使用者或所有者带来价值。个人数据可以单独作为生产要素抑或与传统的生产要素融合、创新、演化，直接或间接产生社

---

① 尹田. 物权法 [M]. 北京：北京出版社，2022：285-378.
② 陈志刚. 论非同质化通证的数据财产属性 [J]. 政法论丛，2023（5）：149-160.

会价值与经济价值①。事实表明，个人数据在数据分析、数据挖掘等操作的加持之下价值骤增，被广泛进行商业化利用，产生了巨大的价值②。例如，网络运营商将收集到的数据通过分析处理，进行定位并判断出数据主体的性格、兴趣爱好、购物习惯、行动轨迹、消费心理等信息，挖掘市场需求，预测市场趋势，并进行有针对性的精准化营销推送，个人数据成为争夺用户、吸引浏览的资本。此外，个人数据作为数字经济中最重要的"燃料"，被广泛应用于医疗、教育、金融、物流、通信等领域，成为重塑国家、企业竞争力的新的机遇和新的战略抓手。

（4）个人数据具有稀缺性。与空气、阳光、风等绝对的非稀缺物不同，个人数据具有稀缺性。个人数据因其低价值密度性、获取存在一定难度、强时效性而稀缺。其一，个人数据因其密度大、低价值密度性的特点，决定了大量无用数据的存在会将有用的个人数据淹没在浩如烟海的数据之中。其二，数据内容被信息化之后，因个人数据主体过度担心其信息安全，基于个人隐私保护的需要而不轻易透漏。同时，个人数据获取的知情同意与合规要求更加剧了个人数据资源的稀缺性。其三，个人数据与数据共有的一个特点是强时效性，个人数据是个人信息与其他信息、场景相结合而产生的数据资源，具有场景性与特定性，这意味着对个人数据资源的需求具有及时性，一旦超过有效时间区间，个人数据的价值则会严重减损。因此，能够承载及时性的个人数据资源是稀缺的。当然，承认个人数据稀缺性也应当兼顾个人数据相对稀缺性的现实面向，个人数据相对稀缺性的原因有两方面：其一，个人数据的价值在于其可复制分享性；其二，就个人数据产生的方式、速度和数量而言，个人数据并不具备绝对的稀缺性。但是，承认个人数据非绝对稀缺性，并不等于全面否认其稀缺性。事实证明，作为相对稀缺的个人数据资源，依然会成为不同企业之间竞相争夺的对象。

---

① 韩乾，王升. 探索具有中国特色的数据要素价值化之路 [N]. 上海证券报，2024-09-19 (4).
② 马康凤. 个人数据财产利益的实现及分配 [J]. 安徽大学学报（哲学社会科学版），2023 (2)：77-85.

3. 个人数据所有权的内容具有可实现性

所有权是指权利人对自己的不动产或动产依法享有的占有、使用、收益和处分的权利，是一种自由支配、排除侵害的权利。个人数据主体占有、使用、收益、处分权能的实现具备相应的条件和可行性基础，决定了赋予个人数据主体所有权的正当性。

(1) 个人数据可携带权是实现占有权能的前提。可支配性、可控制性是个人数据自决权的逻辑起点，占有权能是个人数据所有权的开端。当下，数据平台或数据企业以协议规制的方式基本将个人数据主体排除在数据交易之外，作为个人数据主体的消费者或用户与平台之间地位不平等的现象已经人所共知。"数据携带权"的出现打破了个人数据主体被动的局面。2016年，欧盟通过《通用数据保护条例》，首次以法律条文的形式确立了"数据携带权"（right to data portability）[1]。我国《个人信息保护法》第四十五条提出了与"数据携带权"同等权能的规定，该规定充分保障了个人信息处理者能够"自主"决定个人信息的处理目的和处理方式。个人数据"可携带权"以法律的形式实现了个人数据主体对数据这类无形物的独占权，排除数据控制者、处理者未经个人数据主体同意或授权而私自控制、修改、使用、删除等不恰当的数据行为，改变个人数据主体与数据平台在个人数据博弈中的被动地位。实践中，数据银行对数据的所有权、知情权、收益权及数据安全进行了全方位的安排，旨在增强个人对其数据的控制能力，起到了保障数据主体自主占有、排除侵害兼保护数据安全的作用[2]，在相当程度上能够实现"我的数据我做主"。

---

[1] 《通用数据保护条例》第20条规定：(1) 当存在如下情形时，数据主体有权获得其提供给控制者的相关个人数据，且其获得个人数据应是经过整理的、普遍使用的和机器可读的，数据主体有权无障碍地将此类数据从其提供的控制者那里传输到另一个控制者：(a) 处理是建立在第6条 (1) (a) 点或第9条 (2) (a) 点所规定的同意，或者第6条 (1) 所规定的合同的基础上的；(b) 处理是通过自动化方式的。(2) 在行使第1段所规定的携带权时，如果技术可行，数据主体应当有权将个人数据直接从一个控制者传输到另一个控制者。(3) 行使第1段所规定的权利时，不能违反第17条的规定。对于控制者为了公共利益，或为了行使其被授权的官方权威而进行的必要处理，这种权利不适用。(4) 第1段所规定的权利不能对他人的权利或自由产生负面影响。

[2] 数据银行成电信运营商 入局数据产业新方向 [EB/OL]. (2024-11-14) [2024-11-21]. http://xxzx.fujian.gov.cn/jjxx/xxhdt/202411/t20241114_6566255.htm.

（2）个人数据的有用性是使用权能的基础。与隐私不同，个人数据具备了社会属性，能够被收集、分析、利用，并发挥不可估量的"有用性"价值。无论财富以何种社会形式表达，使用价值才是构成财富的物质内容①。例如，单个的个人数据被企业收集之后用来分析判断客户的消费习惯、消费偏好，企业据此有针对性地制定推广营销策略，不仅能够降低企业成本，提升企业营销成功的概率，而且有助于为用户提供更好的产品及服务。再者，以新冠疫情为例，疫情期间，个人的核酸数据、行动轨迹对于政府做出有效的防疫应对策略，及时高效控制疫情蔓延，发挥了至关重要的作用。概言之，个人数据的有用性价值表现为经济价值、人文价值、社会价值等多方面。个人数据的价值性有赖于其有用性，是一种会对个人隐私、财产等权益产生重要影响的无形资产，对企业和国家而言，掌握的个人数据越丰富，就拥有更大的话语权与竞争力。不可否认，个人数据的有用性是个人数据实现其使用权能的基础。

（3）个人数据的经济价值是实现收益权能的关键。收益权能是指个人数据主体有权基于个人数据获得经济收益的权利。当前，数据的经济价值有目共睹，数据驱动经济成为一种新的商业发展模式，个人数据的经济价值随着大数据的应用与普及推广得到全方位的释放并不断提升。在法律层面，《民法典》第一百二十七条将数据和网络虚拟财产相提并论，足见法律对于包括个人数据在内的数据经济价值的认可。事实上，个人数据作为发挥主导作用的新型要素，一旦作用于经济活动，将提升经济效率，撬动产出增加、经济增长及社会进步②，推动其他要素转型升级，驱动数字产业化和产业数字化发展。具体而言，个人健康数据为医疗行业的发展提供了有力支撑；个人社交数据为直播电商经济的繁荣注入了源源不断的内驱动力；个人出行数据为网约车行业的进阶发展提供了条件；个人财务消费数据不仅为各大营销主体"精准营销"提供了可观的数据源，也带动了金融保险行业的迭代升级；个人资讯娱乐数据开启了抖音、快手、爱奇艺、

---

① 马克思，恩格斯. 马克思恩格斯全集：第23卷 [M]. 北京：人民出版社，1975：48.
② 第四届联合国世界数据论坛 [EB/OL]. （2023-04-24）[2024-01-15]. https：//www. stats. gov. cn/xw/tjxw/tjdt/202304/t20230424_1939013. html.

各式 App 等行业的快速发展之路。个人数据在引领、驱动经济发展，发挥经济价值方面的具象不一而足。在数字经济发展层面，《中国城市数字经济发展报告（2023）》显示，我国数字经济规模已超过 50 万亿元，总量稳居全球第二，占 GDP 比重 41.5%，数字经济与实体经济紧密融合发展，数字经济成为拉动经济增长的主要引擎之一①。随着整体数据量的不断扩容，其中个人数据的经济价值也会随之攀升。此外，由数据交易环节的发展现状可知，我国上海大数据交易中心及贵阳大数据交易所正在蓬勃发展之中，尽管两者的交易模式不尽相同，但一定程度上都可以反映出包括个人数据在内的数据在实践中的经济价值。个人数据所有权正是数据主体期待通过个人数据经济价值获取合理收益的正当性依据。

（4）个人数据流通是实现处分权能的可行性路径。个人数据权利处分转让的主要方式是数据交易。在 21 世纪，个人数据作为新型的生产要素，是数字化、智能化、网络化的基础之一，已经全面融入生产、消费、流通、分配及社会治理等环节。此外，区块链技术作为解决数据交易问题的方案，构建去中心化、加密算法、分布式数据存储以及各节点地位平等的多功能式数据交易平台。该平台的每个参与者都能够清晰地观测各自的数据情况，清除了信息不对称的场景，可以更全面地考量个人数据的价值，减少不公平定价等情况②。一个不争的事实是，区块链作为一种能够维护数据库稳定运行的技术方案，已经成为认可数字资产、实现公平交易的可靠性背书③。聚焦个人数据流通环节成为扩宽个人数据处分路径、提升个人数据市场活力、实现释放个人数据能量价值目标的关键点。

（二）个人数据所有权具有正当性

唯有明晰的法律关系，方能引导个人数据市场的健康发展，促进个人数据的利用和保护。为个人数据主体赋予清晰、明确的所有权权属，是保障个人数据有序流通、实现个人数据的实际价值和经济效用最大化、

---

① 我国数字经济规模超过 50 万亿元，总量世界第二 [N]. 湖南日报，2024-1-6.
② 阳雪雅. 数据要素市场下个人数据交易的证成与实现 [J]. 上海政法学院学报（法治论丛），2023（5）：91-105.
③ 陈志刚. 论非同质化通证的数据财产属性 [J]. 政法论丛，2023（5）：149-160.

维护个人数据安全的第一步，也是最关键的一步。有些学者认为，可以跳过个人数据权属确定①，直接讨论个人数据流通使用和安全保护，此想法不免有"空谈"之嫌，似无本之木，看似讨论的内容枝繁叶茂，实则意义未必深远。"数据二十条"提出了与数据有关的四个方面的制度，依次是：数据产权制度；数据要素流通、交易制度；数据要素收益分配制度；数据要素治理制度。可见，数据产权制度作为制度构建的起始环节，必须放在被率先构筑的位置。此外，社会谋求经济发展、安定有序的实践需求极有力地说明，为个人数据主体赋予个人数据所有权具有正当性。

1. 个人数据所有权是保障个人数据有序流通的先决条件

个人数据有序流通取决于两个因素，一是构建个人数据流通市场的有序性前提；二是依托个人数据利益分配机制，形成个人数据有序流通的持续性背书。换言之，需要通过构建合理的收益分配机制确保数据价值创造者能够获取与其贡献相称的收益，保障各主体积极、有序地参与数据要素的稳定流通环节。

（1）个人数据所有权的确立有助于规范数据行为规则，解决市场失灵问题。目前，个人数据要素市场面临的市场失灵，究其原因，可以归结为以下三点：第一，数据控制者利用其数据垄断地位，未经数据主体同意，操纵数据利用、流转获取不当收益，个人数据主体无法知悉其数据如何被利用、如何被流转等情况，身处"局外人"之境地，被动地面临其数据被使用、交易而无所知且无所得的困境。第二，数据市场的外部性影响了数据市场的效率，在数据交易过程中，数据控制者利用数据主体的不知情获取外部收益，而外部成本终将由个人数据主体承担。第三，交易双方信息不对称引发个人数据流通秩序的紊乱和失灵②。纠正市场失灵的有效路径之一在于引入适当的所有权机制，个人数据确权是数据市场化配置的核心③，个人数据主体以数据所有者的地位统摄个人数据使用、交易的控制

---

① 程啸. 个人数据授权机制的民法阐释 [J]. 政法论坛, 2023 (6)：77-89.
② 考特, 尤伦理. 法和经济学 [M]. 史晋川, 董雪兵, 等, 译. 上海：上海人民出版社, 2012：12-39.
③ 张宝山. 数据确权的中国方案：要素市场语境下分类分级产权制度研究 [J]. 北方法学, 2023 (5)：146-160.

权和支配权，能够纠正数据控制者因滥用数据资源而不当获利的现状，也能够以其个人数据参与市场分配获取应得收益，还能破局以往遭受不法侵害时举证不能的窘困状况，实现以所有权为权利基础维护其合法权益的目标。

（2）个人数据所有权的确立有助于形成有效的数据利益分配机制。有效的个人数据收益分配机制是对个人数据主体收益权的保障，构建有效的收益分配机制先要明确个人数据的利益来源。个人数据作为重要的生产要素，其承载的数据利益源自"数据来源权"与"数据利用权"[①]。其中，"数据来源权"是非数据主体的数据处理者获取"数据利用权"的先决条件，"数据来源权"决定了数据处理者数据来源的正当性基础，"数据来源权"关涉的数据利益通常基于因数据权属转让、数据授权使用而获得的对价。而"数据利用权"则表现为两个方面：一方面是数据主体自主将其数据作为数据处理者开发利用的原始投入而获得的收益；另一方面是因弥补"数据来源权"对价缺失，尔后通过数据利用开发阶段获取的补偿性收益。个人数据主体本应凭借个人数据要素的所有权，依据要素份额及在社会新创造的价值中的贡献度获取数据收益，结合价格调控和税收制度构建公平的分配机制。然而，个人数据权属不明问题已经成为构建有效数据要素利益分配机制的最大障碍之一，有人群的交易就有交易成本。科斯认为，在交易存在成本的情境下，如果初始权利界定欠妥，则会对资源的配置产生不可估量的影响，并造成社会损失[②]。据此，针对个人数据这一新型的交易要素，要形成有效的数据要素分配机制，必须兼顾个人数据保护和数据市场发展的双重需要。随着技术的进步，个人数据的价值与日俱增，如果始终忽视个人数据主体对于数据经济价值的贡献，无异于阻断了个人数据的发展之路。相反，赋予个人数据主体所有权，正是赋予了其参与数据要素市场交易的自主权，个人数据主体能够依据其在数据要素市场的贡献分配数据利益，满足数据主体对个人数据价值的利益诉求，提升其参与数字

---

① 郭如愿. 数据要素交易的法律制度构造［M］. 北京：首都经济贸易大学出版社，2024：84-87.

② COASE R. The problem of social cost［J］. Journal of law and economics, 1960：1-44.

经济的积极性。

如前所述，个人数据携带权是个人数据所有权得以权实现的基础条件，是个人数据主体行使占有、使用、收益、处分等个人数据所有权权能的前提，也是个人数据资源参与市场化配置获取对等收益的客观要求[①]。事实上，个人数据主体依据所有权通过个人数据携带权的方式参与个人数据利益分配具备可行性。在域外，以英国 Midata 项目和韩国 MyData 项目为代表的数据账户业务模式在实践中得以发展。以英国为例，数据信托模式被应用于智慧城市的公民个人数据管理，第三方机构 Sidewalk Labs 作为受托人，对城市公民的个人数据进行管理，并建立了数据共享标准向个人分配数据收益[②]。反观国内，2023 年 2 月，贵阳大数据交易所上线全国首个数据产品交易价格计算器，并于 4 月 6 日发布全国首个以"百万激励星星之火，数据交易可以燎原"为主题的"交易激励计划"[③]。"数据二十条"指出，要激发创新机制，形成"依法规范，共同参与、共享红利"的机制，这无疑成为构建不同数据利益主体之间"互惠共赢"合作模式的机制保障。

"数据二十条"强调"数据共享共用"，但正如薛兆丰所言："数据共享不意味着免费"，为了维系数据生态圈的可持续发展，对于个人数据应当采取审慎的态度，对个人数据这一生产要素进行权属确定，构建个人数据利益分配机制是释放个人数据价值红利的正确应对。简言之，个人数据主体享有个人数据所有权，是个人数据主体依托数据资源收益权能通过个人数据携带权这一可实现性路径形成有效数据利益分配机制的基石。

2. 个人数据所有权是充分释放个人数据价值的合法路径

个人数据要素市场化配置的最终目标在于充分释放数据的价值，然而，这一目标的实现需要依托于个人数据合法高效地参与市场要素配置，

---

[①] 尹飞，李冬. 论数据携带权在我国的适应性建构 [J]. 贵州师范大学学报（社会科学版），2023（5）：103-113.

[②] AUSTIN L, LIE D. Data trusts and the governance of smart Environments: lessons from the failure of sidewalk Labs' urban data trust [J]. Smart surveillance, 2021: 255-261.

[③] 贵阳大数据交易所正式发布全国首个交易激励计划 [EB/OL]. (2023-04-08) [2024-01-12]. http://dsj.guizhou.gov.cn/xwzx/snyw/202304/t20230408_78956195.html.

其先决条件在于确定个人数据权利的归属，唯此方能摆脱"公地悲剧"的掣肘，实现"数尽其用"。

（1）个人数据所有权的确定能够解决"公地悲剧"问题。个人数据资源稀缺、无主的状态毫无疑问将会引发各数据需求方之间相互争夺数据资源，以致陷入"公地悲剧"的泥沼难以自拔。当前，因爬取网络上公开数据资源引发的数据纠纷并不在少数[1]。例如，今日头条与新浪微博在有关"数据爬取"的讼辩中，双方各执一词，法院认为，对数据的开放共享利用有赖于数据在纵深层次上的共享利用，而非借助数据爬取以破坏市场秩序、违反诚信的方式对数据进行替代性或者同质化的利用[2]。确定个人数据所有权对于加快我国数据要素有序化、市场化建设具有核心的推动作用。具体而言，为个人数据主体赋予个人数据所有者权的目的在于矫正数据"公开无主"的状态，明晰数据归属，以合法化方式平息冲突，构建稳定、有序的社会有机体。

（2）个人数据所有权的确定有利于实现"数尽其用"。经济学原理认为，若交易存在成本，则法律制度方面对产权的配置将有助于实现资源利用效率的提升，数据价值化集中表现为数据资源化、数据资产化、数据资本化[3]。马克思认为，所有权是交易的前提，自愿、自由、平等的交换最终的起点都指向了所有权问题。个人数据主体拥有所有权时，个人数据才能进行合法交易。申言之，交易只有承认、尊重个人数据所有者的主体地位，才能获得法律的保障，一旦由个人数据主体掌握数据所有权，数据交易量将接近社会最优化水平。反之，个人数据主体如果缺少所有权保障下的自由支配能力，则缺乏正当交易的依据和基础，数据使用、流通以及实现数据效用价值等问题便无从谈起。在数字经济时代，企业的生存

---

[1] 许可. 数据爬取的正当性及其边界［J］. 中国法学, 2021（2）：166-188.
[2] 北京微梦创科网络技术有限公司与北京字节跳动科技有限公司不正当竞争纠纷案：（2021）京民终281号［EB/OL］. （2021-10-16）［2024-01-15］. https://wenshu.court.gov.cn/website/wenshu/181107ANFZ0BXSK4/index.html? docId = MPLip 4EWDjjuVF UY0RM3zY0IRzm5n 3kGsCxJ2x8jeiTycEnf8i51r/UKq3u + IEo4aGjISssY/Q0JEYmqVFNJyJ 8rnKh1snFk6 ZvKjB9whVvctyQ + ik2apui/OZcBwkus.
[3] 李万祥，江蓝，吴秉泽. 为全球大数据发展贡献"中国智慧"［N］. 经济日报，2021-05-30.

发展脱离于数据尤其是个人数据的关联将举步维艰，无论是通过个人数据寻找目标客户的精准营销，抑或提升竞争力的数据挖掘、数据分析，都需要海量数据作为支撑，企业保有数据的数量与质量不仅决定了企业的起点，很大程度上也决定了企业能走多远。然而，非法的"数据爬取"属于扰乱市场交易秩序的不正当竞争行为①，未经个人数据主体授权同意获取的数据也会触犯《个人信息保护法》的底线。一言以蔽之，非法获取数据的方式终难成为企业数据来源的可靠、安全路径。因此，有必要对个人数据主体赋予个人数据所有权，为包括企业在内的数据需求方指明获取个人数据合法来源的方向，企业对其所控制、利用数据拥有合法性基础，才能为企业及其他数据需求方提供稳定且合法的用益权利，以此激发其对数据收集、创新、开发的动力，聚焦于数据有序流通，实现社会资源的分配正义和交换正义的目标，形成个人数据主体与数据需求方之间的良性互利机制，这一切最终的落脚点是实现"数尽其用"这一长远预期。

当然，针对有学者提出的数据交易过程中的一物一权以及物权公示困难②，事实上，种类物在其交易之前并不需要具有独立的一物一权及公示的效力，个人数据是由人数据主体生成的"种类数据"，个人数据主体在处分其数据之前，比照实践中对普通动产"种类物"的处理方式，只需对个人数据进行分类整理，交易时再依据不同的交易场景下客户的具体需求分别标价交易、交付即可完成公示效力。

3. 个人数据所有权的确定是维护个人数据安全的必要环节

个人数据所有权作为最完整的对世物权，是维护个人数据主体数据自主权的根本保障。大数据时代，个人数据自主权对个人数据保护起到了积极的助推作用。依据国际数据公司 IDC 2017 年发布的白皮书《数据时代

---

① 淘某（中国）软件有限公司、浙江淘某网络有限公司等不正当竞争纠纷案：(2023) 浙民终 1113 号 [EB/OL]. (2024-09-05) [2024-11-15]. https://wenshu.court.gov.cn/website/wenshu/181107ANFZ0BXSK4/index.html?docId=o338YswRw5ymM 82Aau0ZOGTLN/ZFZVjKZnBKYea C9CZgNajoQ/qwJfUKq3u+IEo4aGjISssY/Q0JEYmqVFNJyJ8rnKh7snF k6ZvKjB9whVv A5bODLrT3NFQZd+suDSQZ.

② 余圣琪. 数据权利保护的模式与机制研究 [D]. 上海：华东政法大学, 2021.

2025》（*Data Age* 2025）公布的数据，2025 年全球数据总量即将达到 163ZB，全世界人均产生约 25TB 的数据①。届时，个人数据安全问题将更加凸显。具体而言，个人数据安全涉及个人数据收集、存储、传输、使用、共享、开放等方面，重点在于防止个人数据特别是个人隐私数据被非法获取、滥用。个人数据安全问题是新经济市场全面数字化进程中保护个人隐私、实现个人数据价值所面临的重大威胁。个人数据所有权的确立，无疑为这一问题的解决提供了新的答案，有法可依的法律规制及有迹可循的救济思路晨光初现，因为先有权利，尔后有证明权利，行使权利，利用权力进行救济②。再加上国家数据局对数据安全的集中管控保护力度，实现法律理论赋权与实践管控技术的结合，凝聚了优质资源的个人数据安全机制将进入一个崭新的可期待性重塑阶段。

（1）个人数据所有权是个人数据保护有法可依的基础。我们在享受个人数据给生活、社会发展进步带来巨大红利的同时，也面临着个人数据被滥用、个人关键信息被泄露、个人数据主体合法权益遭受侵害的风险，总之，个人数据安全成为亟待解决的难题。要解决个人数据安全问题，法律规制必然成为首选思路，然而，司法实践中因个人数据权属的缺失，导致个人数据权益难以得到有效保护的情形不在少数。2018 年"淘宝诉安徽美景"一案作为首例涉及大数据产品权益保护的新类型权益纠纷案件，也是数据资源开发应用与权属判断的第一案。因相关主体的权利义务处于难以明确的状态，本案判决最终依据反不正当竞争法原则性条款对擅自利用他人大数据产品内容的行为予以规制③。首先，作为数据主体的个人很难真正地控制数据。其次，个人、企业及国家行使数据权利难以划清边界。最后，权利客体模糊不清。以上原因共同导致在司法实践中法官无法统一界定数据的确权，本案反映出的核心问题在于确定数据权利归属的重要性和紧迫性，确定个人数据所有权的意义更显重大。至此，《民法典》《个人信

---

① REINSEL D, GANTZ J, RYDNING J. Data age 2025: the evolution of data to life: critical don't focus on big data; focus on the data that's big: an IDC white paper [R]. SEAGATE, 2017.
② 刘文杰. 数据产权的法律表达 [J]. 法学研究, 2023 (3): 36-53.
③ 姜启波. 中国数据要案 [M]. 北京: 法律出版社, 2023: 73-85.

息保护法》《数据安全法》从权益归属、信息私密安全防护、数据安全使用、流通等角度对个人数据形成全面的防护合力，构成了个人数据保护的基本法律框架。

（2）个人数据所有权为权利主体进行权利救济提供了依据。个人数据主体权益在遭受侵害寻求救济时，最关键的点就是寻找请求救济的依据和基础。目前的司法实践中，个人数据司法救济过程中面临的主要问题有：诉讼动力有限、举证难度较大、诉讼救济缺乏准确的依据、缺乏相应的救济机制[1]。《数据安全法》作为我国数据领域的基础法，其作用在于奠定数据保护的基础，但是面对涉及一定程度个人隐私的个人数据安全问题时，多少显得有点力不从心。当个人数据面临救济困境之际，依据个人数据所有权进行救济，不仅具备了有效救济的适配依据，而且能够做到有理、有力、有节，这也正是个人数据确定权属的基本要义。

理论与实践两个方面的证据表明：对个人数据赋予所有权具有正当性、可行性及必要性。再者，物权法定仅限制当事人任意创设非标准形态的所有权，却并不因此而影响立法者根据社会经济发展的需要来创造个人数据所有权以保障个人数据的数据安全、有序交易及合理使用[2]。

**四、个人数据所有权的边界：对个数据所有权作出合理限制**

无限制的自由是一种灾难，权利的行使是有边界的。《德国民法》第226条规定："权利之行使，不得专以损害他人为目的。"《瑞士民法典》第2条也规定，被滥用的权利不受法律保护。除此之外，其他国家也有关于权利行使边界的规定。我国《民法典》第一百三十二条规定："民事主体不得滥用民事权利损害国家利益、社会利益或者他人合法权益。"个人数据所有权也不例外，数字经济时代，个人数据保护与个人数据利用之间的矛盾日渐突出，为了解决这一核心矛盾，平衡两者之间的关系，出于公法及私法两方面的原因，有必要从个人数据主体权利行使与解决不同利益

---

[1] 苗泽一. 数据交易市场构建背景下的个人信息保护研究［J］. 政法论坛，2022（6）：55-65.

[2] 刘家安. 民法物权［M］. 北京：中国政法大学出版社，2023：43-184.

主体权利冲突两个方面对个人数据权利主体进行合理的限制。

（一）对权利主体的所有权进行限制的原因

对个人数据主体权利的保护，并非一味地排斥、限制数据处理和利用，个人数据权利保护规则的设计要契合数字经济发展的内在逻辑：以满足社会发展需求为目的，个人数据权利保护需在价值平衡之下进行[①]。基于社会公共利益的需要，出于防范个人数据主体权利滥用风险、保障个人数据稳定的流通秩序这一目的，有必要划定个人数据主体权利边界，对权利主体进行限制。

1. 公法方面的限制：保护社会共利益，需要克减个人数据主体所有权的权利

（1）仅强调个人数据权利的行使，有碍于社会公共利益的维护。耶林认为，权利除了维护个人利益，更多是为了社会整体的利益。1942年《意大利民法典》第834条和第839条率先规定了因公共利益之需而对所有权进行的限制，《法国民法典》第二编第545条也提出，出于"社会公共利益"的需要对所有权进行限制及权利克减[②]。《欧盟一般数据保护条例》第6条（e）款规定，数据处理基于公共利益领域或行使被赋予的公务职权所必需时即为合法处理[③]。我国《民法典》第二百四十五条规定："因抢险救灾、疫情防控等紧急需要，依据法律规定的权限和程序可以征用组织、个人的不动产或者动产。"这一规定与国外对于所有权的限制皆源于共同的价值理念。此外，公共性理论认为，数据不仅具有私人利益属性，也具有公共面向，其公共性价值也应该受到充分的重视[④]。

（2）基于权责一致性原则的要求，有必要克减一定的个人数据权利。哈特认为，与权利的内涵相对应的是义务与责任的结合[⑤]。正所谓"没有

---

① 赵鹏. 个人数据保护的合作治理模式研究［J］. 人民论坛·学术前沿, 2023（6）: 28-37.

② 曾哲. 论大陆法系之财产所有权观的宪政影响［J］. 太平洋学报, 2008（5）: 25-32.

③ 欧盟一般数据保护条例［M］. 瑞柏律师事务所, 译. 北京: 法律出版社, 2023: 41-103.

④ 余圣琪. 数据权利保护的模式与机制研究［D］. 上海: 华东政法大学, 2021.

⑤ KRAMER M H. Rights without trimmings［M］// KRAMER M H, SIMMONDS N E, STEINER H. A debate overrights: philosophical Enquiries. Oxford: Clarendon Press, 1988.

无义务的权利",划定权利归属的同时也意味着给予了相应的责任和义务,因此,个人数据主体行使权利的同时也意味着责任义务的承担。以开篇提到的 Facebook 数据泄露危机事件为例,Facebook 因数据泄露承受了巨大的经济损失、名誉受损、公司面临紧迫的公关危机等一系列不良后果。但是,就 Facebook 所承受的不良影响来看,这远不足以从根本上解决数据泄露引发的一系列问题。一方面 5 000 万用户的个人权益难以得到救济与保护;另一方面特朗普政府利用数据分析实现其政治目的,影响了政治选举过程与结果的公平性,致使特朗普获胜这一结果的合法性与正当性受到质疑。质言之,因信息泄露所引发的一系列关联后果,很难仅凭 Facebook 一个企业承担全部责任。反观国内,要应对来势凶猛的新冠病毒,及时防治、阻断新冠病毒在全国范围内大面积蔓延非单个人能力所能及,此时对个人数据主体权利予以克减正是考虑到个人的责任承担能力难以匹配责任失衡的后果。我国抗击疫情的结果表明,基于权责一致性原则,确有必要对个人数据主体的权利予以限制。

2. 私法方面的限制:防止权利滥用,保障数据流通

(1) 个人数据权利滥用的风险及后果。通过法律制度创设个人数据所有权的方式对个人数据予以保护,其保护力度自是空前的。然而,无论私法抑或公法,都规定了"禁止权利滥用"原则,所有权的行使不能超越法律许可的边界,亦不能罔顾伦理道德的底线,从而陷入滥用的泥潭难以自拔。个人数据被过度保护的负面效应在于:个人数据主体滥用其所有者权利支配地位,排斥或限制数据共享,将会引发数据市场发展不良的风险。个人数据权利保护的最终目的显然不是从克服"公地悲剧"转而走向"反公地悲剧"的极端。"反公地悲剧"因过度重视个人数据产权,或将导致数据资源无法被有效利用与权属过度碎片化的反向性负面问题。这是因为每个数据主体都可能在持有数据所有权的同时又害怕权利因多次交易而碎片化,最终导致数据无法高效交易、流通。如此一来,难免成为对数据赋权问题受到质疑的起点:一旦个人数据主体行权的成本过高,则有违赋权初衷,实不可取。概言之,个人数据所有权制度的逻辑主线应是:坚持保护个人数据主体权利观念的同时也应当保有经济效率的思维,立足数据生

成、利用效率的考量，保障数据的流通性。

（2）个人数据保护和数据流通之间的关系应是：二者不可偏废，相辅相成。大数据时代，一切皆因数据而变得有迹可循。《数据安全法》强调数字经济安全与发展兼容并举的原则，对数据处理与防护同步推进成为保障数据安全和数据流通的必然要求。社会经济整体蓬勃发展、万物互联的大环境之下，数据的开放、共享、交易、融通成为维系社会运转、前行的必然需求和源驱动力。个人数据领域亦无例外，虽然个人数据因与数据主体有着高度的关联性，较之普通数据更倾向于对个人数据的保护，但说到底，数据流通和数据保护犹如鸟之双翼、车之两轮，二者在个人数据开发、利用、保护的道路上共同发挥着不可替代且相互促进的作用。再者，构建个人数据保护法律制度体系的过程也必然是逐步实现个人数据保护与利用之间平衡的过程。遥观数据产业健康发展之需求，应强调对个人数据的保护，也应妥善平衡个人数据流通与保护之间的关系。

（二）对个人数据主体的所有权予以限制

个人数据主体在行使其个人数据权利的过程中会遇到两个问题：一是如何行权，边界在何在？二是如何解决与其他权利主体的冲突和矛盾？为了回答以上两个问题，应对个人数据的权利主体进行限制。首先，要明确个人数据所有权的具体内容，厘清权力行使的范围和边界，做到合理规范行权；其次，个人数据主体在权利行使过程中需要尊重并兼顾其他关联方的权益。

1. 源自个人数据所有权内容的限制：权利主体应当在明确的权利范围内合理行权

明确个人数据权利主体的权利构成，是依法合理行权的前提和基础，是防止个人数主体权利滥用的重要条件，也是对个人数据权利主体进行保护的需要。通过具体列举的方式划定个人数据主体的权利范围不失为一个可行的思路。以具体列举作为逻辑起点，依据《民法典》第一百二十七条，结合《个人信息保护法》《数据安全法》《消费者权益保护法》等的相关规定，个人数据主体的权能主要有以下四个方面。

（1）个人数据主体的占有权能：访问、获取、携带数据的权利。个人数据的占有权能主要体现为数据主体对数据的主动控制权。现阶段，借助区块链技术分布式账本的数据框架，个人数据主体可以经由节点把握个人数据的使用状况，取得对自己的数据信息及在线身份的控制能力[1]。个人数据的访问权、获取权是个人数据主体能够从数据控制者一方获取其个人数据是否被处理以及访问、查询、取得相关信息的权利[2]。我国《个人信息保护法》第四十五条及《信息安全技术个人信息安全规范》（GB/T 35273—2020）第八条明确规定了个人信息主体有查询及获取个人信息的权利[3]。个人数据的携带权是实现个人对其数据进行控制的关键，我国《个人信息保护法》规定了个人具有携带数据的权利，同时也规定了数据控制者、处理者负有实现信息转移的义务。个人数据携带权最重要的目标是实现个人数据传输转移达到个人"控制"数据的结果，这是个人数据主体占有权能重要的实现路径。鉴于个人数据的可复制性，个人数据"占有"权能的行使可以比照知识产权的独占性，即法律通过所有权的形式赋予数据主体行使个人数据的权利，可以自己行使，也可以授权他人行使，但是未经其许可，其他人或主体不得擅自行使[4]。

（2）个人数据主体的更正、使用权能：使用并要求更正数据的权利。数字经济时代，保有数据的目的在于有效使用而不止于占有。我国《个人信息保护法》第四十六条对更正权进行了规定，设置更正权的主要原因在于保障个人数据的质量，避免因错误信息影响个人数据的使用以及由此对个人数据主体的相关利益造成损害后果。顾名思义，更正权的意义不在于"更正"本身，其目标在于达致个人数据的准确、有效使用。众所周知，个人数字能力建设与个人数据主体能否有效使用数据息息相关，如何提升个人数据主体（通常为各类用户）有效使用数据的能力至关重要。此外，

---

[1] SHAVERDIAN P. Start with trust：utilizing blockchain to resolve the Third-Party Data Breach Problem [J]. UCLA Law Review, 2020：1243-1288.

[2] 郑曦. 超越阅卷：司法信息化背景下的刑事被告人数据访问权研究 [J]. 河南大学学报（社会科学版），2020（2）：59-65.

[3] 信息安全技术个人信息安全规范：GB/T 35273—2020 [S]. (2020-03-06) [2024-09-30]. https：//openstd.samr.gov.cn/bzgk/gb/newGbInfo?hcno=4568F276E0F8346EB0FBA097AA0CE05E.

[4] 李爱君. 数据权利属性与法律特征 [J]. 东方法学，2018（3）：64-74.

个人数据的使用既可以是个人数据主体自己使用，也可以通过合同的方式授权相关方使用，使用个人数据的优越性正是基于数据本身可复制和可重复利用，即"非排他性"的特点，在双方同意的前提下，可以实现个人数据的"使用+处分"并行不悖。当然，出于个人数据效用最大化的考虑，亦不乏合理性基础。

（3）个人数据主体的处分权能：同意、授权处理、被遗忘权及限制权。个人数据处分权能涉及同意授权、限制权、被遗忘权的行使等环节。

个人数据主体同意授权重在"同意"，实践中的"同意"多表现为冗长模糊的格式条款，而用户一旦拒绝，将被迫退出或停止使用 App 或平台方的服务，数据主体的"同意"明显已被架空①。有鉴于此，应认为此处的同意是透明的、实质自愿、充分、明确的同意。个人数据主体的同意是获取数据来源的合法性基础，我国《个人信息保护法》第四十四条对个人信息处理享有的知情同意决定权进行了明确的规定，即个人对个人信息的同意处理，必须是在个人充分知情的前提下做出的明确同意，且对法律规定的情形需要个人单独同意抑或书面同意。《消费者权益保护法》第二十九条对经营者收集、使用个人信息做出了相关规定：收集、使用个人信息必须征得消费者的同意，且需要阐明收集、使用个人信息的目的及范围。需要注意的是，不能简单地将隐私条款中的同意与同意授权使用处理数据的同意画等号。更有甚者，一些平台存在"默认勾选"② 之类强制同意的情形，这显然与此处强调的同意之初衷相悖离。

另外，限制行为能力或无民事行为能力的个人数据主体的同意需要其法定代理人代为行使，且应以更加谨慎的态度对待。譬如，欧盟《通用数据保护条例》有关于儿童同意的规定③，不仅是对同意的要求，也提出了最小比例原则的要求，更何况对于个人数据，再怎么强调最小比例原则都

---

① 周晓冬. 论大数据时代个人数据产权化的伦理准则［J］. 南大法学，2022（4）：156.
② 前两天火爆朋友圈的支付宝被网信办约谈 你必须懂个中缘由！［EB/OL］.（2018-01-11）［2024-11-09］. http://cppcc.china.com.cn/2018-01/11/content_50213979.htm.
③ 《通用数据保护条例》第6条第1款（f）项规定：处理是控制者或者第三方为了追求合法利益之必要，但此利益与被要求保护个人数据的主体的利益或基本权利自由相冲突的除外，尤其是数据主体为儿童的情况下。

不为过，个人数据控制者、处理者在使用数据过程中务必要坚持最小比例原则。

此外，个人数据主体的所有权是私权利，需要注意的是，此处的同意应当等同于合同成立的"承诺"，承诺一经作出，授权合同即发生相应的效力，依据合同的信赖利益保护原则，非必须、无正当理由则不能任意撤回同意。当然，鉴于被授权方使用过程对于个人数据主体而言具有隐蔽性，为了防止被授权者滥用权利的事后性，双方应在合同中约定数据被授权使用者就使用情况及其影响定期对个人数据主体的告知义务，若违反此义务，个人数据主体即可依据合同追究其违约责任。

个人数据限制处理权，即个人数据主体授权个人数据处理者使用其数据的过程中，发现其存在非法处理的情形时，数据主体享有限制或者反对其对数据进行处理的权利，数据主体有权要求数据处理者对数据采取隔离、进行特殊标记等措施，暂时或者永久性地停止其对数据的利用、处理等行为[1]。

个人数据被遗忘权，即个人数据主体有权要求数据控制者删除其个人数据，特别是针对那些不恰当、过时或者可能导致个人数据主体社会评价降低的数据。个人数据被遗忘权的本质是遗忘权与删除权的融合[2]，删除是手段性保障，遗忘是根本目的。个人数据一旦被授权使用或者转移，就意味着可以"永远在控制者手中"。因此，若缺少个人数据被遗忘权的背书，个人数据主体则会因缺乏信任而更加谨慎或基于对数据安全的担忧而最终拒绝同意授权其个人数据的使用。个人数据被遗忘权与其说是数据主体的权利，毋宁说是被授权方的义务，对于经过个人数据主体授权而使用个人数据的被授权方，其在使用期限结束时，应按照双方约定，对其使用的数据进行彻底的删除处理。

(4) 个人数据主体的收益权能：因授权使用、处分数据而获取收益的权利。个人数据的收益权主要来源于个人数据的使用收益和处分收益，由

---

[1] 崔聪聪. 论我国数据限制处理权的创设及其制度设计 [J]. 南京社会科学, 2019 (9): 91-96.

[2] 邰立军. "被遗忘权可被删除权替代说"之质疑 [J]. 政法论坛, 2024 (5): 78-90.

于个人数据的特殊性，个人数据的使用和处分与普通物的使用收益不尽相同。根据科斯定理，数据主体可以在知情同意的情境下通过交易的方式处分自己的个人数据，并以此换取其他的一些收益。关于收益，需要明确的是，首先，此处的收益不同于目前实践中"以服务换信息"的收益，即包括但不限于"服务"。究其原因，在于个人数据的价值存在被故意低估的情形。其次，个人数据的收益具有广泛性和多层次性，这也正是个人数据优越性在收益方面的体现。个人数据的使用、处分收益所得，一方面来自个人数据本身的经济价值；另一方面来自以个人数据为基础，参与个人数据产品的过程而产生的收益分红。概言之，个人数据主体收益权的实现，有利于提高个人数据主体参与个人数据产生、使用、加工处理等环节的积极性；对于个人数据有需求的企业而言，也易于获取真实且合法有效的数据；对整个数据市场而言，可以有效减少"数据噪声"，降低无效数据、错误数据的干扰，合理化个人数据的筛选成本，提升利用效率。

2. 基于解决不同权利之间冲突需要的限制：兼顾个人数据其他相关方之利益

利益是权力的核心，法律是权利的外壳①，赋予个人数据主体所有权不是目的，"三权分置"的数据产权结构同样适用于个人数据。基于此，必须兼顾个人数据所承载的多方权利主体之间的利益平衡。因个人数据具有互利分享、面向他人利益的特点，附着于个人数据之上的利益主体主要包括数据主体、数据处理者及数据控制者。在利益面前，不同的主体之间存在着冲突和争夺的风险，为了妥善平衡各方利益，强调个人数据主体所有者权利的同时，应当尊重并兼顾其他相关方的利益，因为对个人数据赋权的逻辑初衷并非只是保护个人数据主体的权利却反向增加了数据需求方的数据利用成本，这与国家提倡的"数尽其用"的价值观背道而驰。

（1）个人数据具有互利分享的特征。伴随着数字经济时代平台经济的兴起同步产生的是共享思维，数据因能够被分享而具备赋能创新经济发展的可能性。数据的合理使用突出表现为数据共享与数据交易。不同于传统

---

① 吴从周. 民事法学与法学方法：概念法学、利益法学与价值法学：探索一部民法方法论的演变史 [M]. 北京：中国法制出版社，2011：25.

的"物",数据被分享使用之后并不会减损数据的价值,相反,数据的价值会随着被分享、交易的过程而有所提升。更重要的是,数据被分享之后,彼此不同的使用者可以经由分享而拥有互不影响的独立使用权①。

共享互用是提升个人数据价值最直接有效的方式。首先,赋予个人数据所有权的目的不局限于静态的占有、使用,更深远的意义在于因处分这一动态分享而获取收益,同时实现个人数据帕累托最优的经济流通价值。其次,利用区块链中加密算法、共识机制、去中心化存储等要素与ChatGPT技术有机结合,能够为实现兼顾个人数据安全与数据共享提供全新的可能性方案②。事实表明,分享个人数据呼应了社会发展的需要。以医疗领域为例,打破个人医疗数据"孤岛"的局面,是突破不同医院之间个人数据资源束缚,提升医疗技术攻关、个人数据结构化水平及数据质量,扩大医疗数据应用的必由之路。

(2)个人数据具有同时面向他人利益的特性。数字社会的显著特征在于认可利他精神,这也是共建人类命运共同体在数据领域的体现。互联网经济模式的特点在于关联性,信息技术的发展意味着个人数据对于互联网经济大潮带来的红利具有均等的受益机会③。通过关注个人数据的生成过程,不难发现个人数据也承载了包括数据控制者、数据处理者等在内的其他相关方的需求及利益。再者,从满足个人数据要素市场和市场经济发展的需求以及个人数据发展的最终阶段和目的来看,个人数据产品应是个人数据终局性且更有意义的价值归宿。个人数据会不可避免地涉及至少四方利益:个人数据主体的利益、个人数据使用者的利益、数据产品主体的利益、国家利益及社会整体利益。因此,从个人数据长远发展来看,不应将个人数据与其他相关方进行割裂,单独对个人数据进行保护和使用。

(3)个人数据控制者及处理者对个人数据享有一定的财产性权益。"数据二十条"第三条提出,根据数据来源和数据生成的特征分别界定数

---

① 余圣琪. 数据权利保护的模式与机制研究[D]. 上海: 华东政法大学, 2021.
② 王禄生, 王爽. 困境溯源与模式创新: 基于区块链的个人信息合作治理研究[J]. 中国行政管理, 2020 (12) 12: 56-61.
③ 郑智航. 数字人权的理论证成与自主性内涵[J]. 华东政法大学学报, 2023 (1): 35-47.

据生产、流通及使用这一过程中各参与主体所享有的合法权利。个人数据的控制者、处理者对个人数据享有财产权益，如果其财产权益无法得到保障，则会失去对数据收集、创新开发、处理的动力，数据发展将止步不前，这显然与数字经济要求充分发掘数据效用的价值观不符。值得注意的是，法律及数据市场均不能因个人数据的控制者、处理者并非个人数据所有权的主体而否认并排除其在个人数据之上应当享有的财产性权益。个人数据控制者、处理者收集、处理数据的根本目的在于追求个人数据的经济利益而非法律所赋予的权属利益，这与个人数据主体的所有者权利并不冲突。

此外，从个人数据发展循环视阈分析，社会上的每个人在生产着数据的同时也不可避免地消费着数据产品[①]。因此，从提升个人数据的效用，满足个人数据控制者、处理者创造数据产品的需要以及增进社会整体福利的视角看，利用"他人"（包含法人）之数据或数据产品是社会经济生活的常态。

为了保障个人数据控制者、处理者在个人数据上的财产性权益，应当允许其通过合理的方式使用"他人"的个人数据。"数据二十条"第六条提出，推动处理者按照个人授权的范围合法收集、使用数据。合法利用他人的个人数据可以通过两种方式：债权式的利用和物权式利用。物权法定主义之下，对于个人数据控制者及处理者而言，通过用债权方式获取数据使用并取得收益的方式较之用益物权的方式更为合理。用益物权重在满足"稳定"的利益需求[②]，从效率层面分析，用益物权显然不能更好地满足个人数据快速生成、流转的需要。鉴于二者在数据产生、开发利用过程中发挥了重要的作用，可以通过与数据主体自主建立合同的方式取得对他人个人数据的使用、收益权利。合同中对于个人数据控制者及处理者的权利义务进行明确规定，使数据主体清楚数据收集、处理的目的、方式、时间、权限。此外，《民法典》第一百一十一条规定，任何组织或个人在获取、使用、加工他人个人信息时都要确保依法并保障信息安全。故而，在对个

---

① 程啸. 论大数据时代的个人数据权利 [J]. 中国社会科学, 2018 (3): 110-117.
② 刘家安. 物权法论 [M]. 北京: 中国政法大学出版社, 2015: 133-157.

人数据进行处理、使用的过程中，依然需要强调最小比例原则，对数据进行匿名化、脱敏等处理；坚持数据安全原则，在存储、处理个人数据的过程中做到保证数据及其权属的有效性、安全性，力求数据能够在确保个人数据安全的前提下以合法、合规的形态进入数据流通市场，发挥个人数据的商用价值。事实上，2022年6月，我国人民数保的上线，能够在实现数据资产确权的同时保障隐私数据被合规分享流通，保护价值转移①。

## 五、结语

数字经济时代，对包括个人数据在内的虚拟财产的权利保护和分配，是民法面对互联网时代基于社会需求作出的适时回应。在经济学中，产权制度是生产资料所有制的具体体现，是一定社会历史条件下的财产制度安排。明确个人数据所有权归属于数据主体具备理论和实践层面的正当性且具有明显的制度优势：既可以避免"公地悲剧"走出"丛林法则"，实现定分止争，矫正市场失灵，构建个人数据行为规则，建立个人数据流通利用的有效市场机制，又可以实现所有权的权利属性之下对个人数据进行有效的权利保护与救济。关于个人数据要素产权配置的研究是后续进行个人数据要素交易流通的前提和关键节点。针对个人数据这一特殊的生产要素，法律赋权是手段，合理行权是过程，实现平衡与兼顾个人数据应有的价值取向与保护个人数据主体权益是根本目的。立足中国的发展实践和新质生产力发展新阶段，将个人数据所有权赋予个人数据主体，并划定其权利行使的边界是符合我国国情、提升个人数据价值、促进数字经济健康发展的重要举措。

---

① "人民数保"正式上线［EB/OL］. （2022-6-20）［2024-01-07］. https：//baijiahao. baidu. com/s? id=1736159391066682407&wfr=spider&for=pc.

# 谁是学术创新的推动者？

——来自法学顶级期刊的证据

阳 李 符 皓 涂孝洪[*]

**【摘 要】** 学术期刊是学术创新的主要传播载体。作为学术期刊群的领头羊，顶级期刊代表了学术领域的最新进展和最高水平，并在一定程度上引领着学科的发展和前进方向，梳理顶级期刊中学术创新的变迁轨迹，不仅能够总结有益经验，也可能发现其中存在的典型特征和不足之处。本文以《中国法学》和《法学研究》1998 年至 2023 年期间刊发的论文为分析对象，研究发现，在抽样时间区间范围内，论文的外部引证率呈现出显著递减趋势，表明顶级期刊对于外部学科知识的运用还有所不足。从推动学术创新的主要学者群来看，老年学者阅读、吸收和引证外文文献的能力虽然有所下滑，但丰富的学术经验、独到的学术见解以及更为纯粹的学术态度推进了他们对于外部学科知识的吸收以及交叉融合。老年学者对于外部学科文献的借鉴和引证较多，开展的跨学科交叉研究也较丰富，并取得了良好的学术影响力。以稳定教职和职称晋升为目标的生存和发展需求是青年学者开展学术研究时的首要考量，但受到个体知识结构以及学术资源的掌控与调动能力的限制，青年学者的学术研究呈现出亦步亦趋的跟随样态，学术创新显得乏善可陈。

**【关键词】** 学术创新；顶级期刊；外部学科知识；外部引证率

## 一、导言

学术创新是知识积累和发展的源动力。通过新的研究、新的理论、新的方法等切入路径，学者能够不断完善人类对世界的认知，拓展现有知识

---

[*] 阳李，成都中医药大学马克思主义学院讲师；符皓，四川大学法学院硕士研究生；涂孝洪（通讯作者），成都中医药大学马克思主义学院硕士研究生。

的边界,为人类文明积累更多的智慧。学术期刊是学术创新的核心传播载体。从历史上看,学术期刊是向不特定的研究人员和社会公众传播学术创新的主要载体。在信息时代,学术会议、互联网和社交媒体等已成为传播学术创新的重要媒介,此类媒介将各类学术创新传播给广大受众时具有较强的时效性和便利性。但在绝大多数学术领域,学术期刊仍然是学术创新的主要传播载体。通过严格的专家审稿和编辑等程序,学术期刊可以有效提升刊载论文的准确性和可靠性,并具备其他媒介通常不具备的专业性和权威性。

顶级期刊在学术期刊群中占据着极为独特的位置。顶级期刊拥有极高的学术地位,其刊发的论文获得广大学术同行的认可,通常代表着该学术领域的最新进展和最高水平,并在一定程度上引领着该学科的发展和前进方向。在学术评价体系中,顶级期刊同样占据着不可或缺的重要地位。对学者而言,在顶级期刊发表论文,有助于其求职、晋升和职业的长远发展,亦能够充分代表学者的学术水平。对学术单位而言,在顶级期刊发表论文数量的多寡,充分代表着该单位的科研实力和学术影响力。正如业内学者所言,如果不在被引用最多的法学顶刊中占有重要地位,就很难成为一个对学术思想交流有重大影响的主要法学院[1]。

顶级期刊亦可能产生某些弊端或不足。作为某种排名规则体系的产物,排名意味着学术研究的优劣可以进行某种程度的比较。为了提升学术影响力,大学或者科研单位往往通过制定晋升标准或奖惩制度,引导学者的行为朝着顶级期刊关注的方向发展,这意味着对在顶级期刊发表论文的追求能够在一定程度上控制或引导学者的研究方向。学术方向的集中会显著推进某个特定领域的研究深度和广度,但未涉及的其他领域的研究将受到抑制,学术研究的多样性可能会受到不利影响[2]。此外,顶级期刊可能

---

[1] LINDGREN J, SELTZER D. The most prolific law professors and faculties [J]. Chicago-Kent Law Review, 1996 (71): 781-807.

[2] SVANTESSON, DAN JERKER B, PAUL WHITE. Entering an era of research ranking: will innovation and diversity survive? [J]. The Bond Law Review, 2009 (21): 173-191.

倾向于发表与主流正统观点一致的文章,对于跨学科研究的包容度不足[1]。在法学学术领域,早在19世纪,联邦最高法院大法官霍姆斯就曾预言,当前的法学研究或许属于关注"白纸黑字"的研究者,但未来的法学研究将属于来自统计学和经济学领域的研究者[2]。经济学原理和方法亦确实对法学学术研究产生过巨大影响,一个颇具说服力的事实表明,经济学家科斯的论文[3]曾经是法学杂志中引证最多的论文[4]。不过,这并不能表明顶级期刊会偏好运用跨学科研究方法的论文。在法律史领域,被引用最多的法学学术论文中有很大一部分是传统意义上的理论性文章[5]。被寄予厚望的实证研究方法虽然在法学学术界获得广泛的认可,产生了一定的影响力,但在法学顶级期刊中的发展和应用却乏善可陈[6]。

如何看待顶级期刊中的学术创新?或者说,顶级期刊中的学术创新是否可以进行某种程度的测度?考虑到顶级期刊的学术地位和独特魅力,是否可以对顶级期刊中的学术创新机制进行探索。更进一步,我们关心的是,在顶级期刊这个核心传播载体上,谁是学术创新的推动者?本文试图对上述问题作出回答。以中国法学学术领域的顶级期刊为研究对象,笔者对其中的学术创新机制展开分析,大致思路如下:首先,在科学抽取样本论文的基础上,梳理学界对于单篇学术论文创新类型的研究,提出本文采纳的度量学术创新的方式;其次,提炼顶级期刊中的学者群特征,对学者的差异化学术行动展开初步分析;最后,以上述内容为基础,探析学者的学术选择机制,借此剖析顶级期刊的学术创新机制。

---

[1] RUSSELL SMYTH. Who publishes in Australia's top law journals [J]. University of New South Wales Law Journal, 2012 (35): 201-245.
[2] Oliver Wendell Holmes Jr. The path of the law [J]. Harvard Law Review. 1897, 10 (8): 457-478.
[3] COASE R H. The problem of social cost [J]. Journal of Law & Economics. 1960, V (3): 1-44.
[4] SHAPIRO, FRED R. The most-cited law review articles revisited [J]. Chicago-Kent Law Review, 1996 (71): 751-779.
[5] TUSHNET, MARK V. Interdisciplinary legal scholarship: the case of history-in-law [J]. Chicago-Kent Law Review, 1996 (71): 909-935.
[6] EISENBERG, THEODORE. The origins, nature, and promise of empirical legal studies and a response to concerns [D/OL]. Cornell legal studies research paper, SSRN: https://ssrn.com/abstract=1727538 or http://dx.doi.org/10.2139/ssrn.1727538.

## 二、数据来源与学术创新的度量

### (一) 数据来源

法学学术领域的顶级期刊共有两本,即《中国法学》和《法学研究》,系本文的研究对象。作为法学学术领域的顶级期刊,两期刊的用稿方向、评审取舍等风向标对法学学术研究具有举足轻重的引领作用。本文对两期刊的具体研究时间区间聚焦于 1998—2023 年。之所以未将 20 世纪 80 年代及 90 年代初期纳入分析范畴,首要原因在于彼时中国法学界尚处于显著的依附状态与广泛的非标准化时期。改革开放的浪潮虽已推动法学学科自主性的确立,然而,其独立学科地位的合法性及正当性基础仍不稳固。从学术论证的引证习惯窥探,该阶段及之前的法学研究成果普遍倾向于援引马列经典理论或官方文件作为论据,这些引用往往被视为不容置疑的权威或真理,更有甚者,存在大量未进行任何外部文献引证的"零引证"论文,反映了学术实践中的非严谨性。依据现今的学术规范评判,该时期的学术研究呈现出显著的随意性、片面性特征,学术价值相对有限[①]。另一关键考量则在于研究的可操作性与资料获取的便捷性。本研究的核心数据来源为 CSSCI 数据库,该数据库 1998 年始运营,对于 80 年代及 90 年代初的法学论文收录尚不全面,数据完备性存在局限。为确保研究的系统完整性及科学严谨性,本研究将时间界限设定于 1998 年,以此作为数据收集的起始点,旨在通过更为丰富且规范的数据集,深入剖析后续法学发展的轨迹与特征。

两期刊在限定时间区间发表的论文共计 4 667 篇,其中《中国法学》2 579 篇,《法学研究》2 088 篇,大体属于抽样体系中的中等规模,合理确定样本量显得尤为关键。样本量较小时,样本无法代表总体。随着样本量的逐渐增大,抽样误差刚开始会显著减小,但经过一定阶段后,抽样误差便会趋于稳定。也就是说,经过特定阶段后,用增大样本量的方式降低抽样误差一般不合算。美国著名社会学学者劳伦斯·纽曼测算的抽样比例

---

[①] 苏力. 从法学著述引证看中国法学:中国法学研究现状考察之二 [J]. 中国法学, 2003 (2): 159-170.

为，在99%的置信水平下，总体规模为5 000份时样本的适宜规模约为960份（样本占总体比例为19.2%）[①]。袁建文教授在充分考虑抽样精度和费用后，得出的结论与劳伦斯·纽曼基本类似，他提出最优样本量的经验比例大致为：总体规模介于1 000至5 000份之间的抽样比为10%~30%，总体规模介于5 000至10 000份之间的抽样比为3%~15%[②]。结合抽样的基本原则和具体规则，本文对于样本论文的抽样比应介于10%至30%之间。

为了尽可能确保抽样论文中包含多个不同特质的抽样子单位，使得抽样论文的结构与样本总体的结构比较接近，本文选择分层抽样法（stratified sampling）对论文进行抽样。也就是说，将《中国法学》和《法学研究》作为"不重不漏"的两个子总体，这样的子总体为层（stratum），在每一层中进行抽样，总的样本由各层样本组成，总体参数则根据各层样本参数的汇总作出估计[③]。具体的抽样方法为：对1998—2023年《中国法学》和《法学研究》每年第2期和第5期发表的论文进行定距抽样。考虑到本文的研究对象为学术论文，在抽样过程中我们排除了卷首语、时事新闻、简讯、会议纪要、宣言、笔谈等非论文性质的文献。最终，《中国法学》抽样论文的数量为813篇，《法学研究》抽样论文的数量为620篇，合计抽样1 433篇（占比30.7%）。论文抽样比例详见表1。

**表1　论文抽样比例（1998—2023）**

| 期刊 | 主办单位 | 期刊类型 | 论文总量（篇） | 论文抽样数量（篇） | 论文抽样占比（%） |
| --- | --- | --- | --- | --- | --- |
| 中国法学 | 中国法学会 | 双月刊 | 2 579 | 813 | 31.52 |
| 法学研究 | 中国社科院法学所 | 双月刊 | 2 088 | 620 | 29.69 |
| 合计 | — | — | 4 667 | 1 433 | 30.70 |

（二）学术创新的度量

创新并非现代社会出现的全新概念。早在距今上千年前，我国不同的

---

[①] 劳伦斯·纽曼. 社会研究方法：定性和定量的取向[M]. 7版. 北京：中国人民大学出版社，2021：236.

[②] 袁建文，李科研. 关于样本量计算方法的比较研究[J]. 统计与决策，2013（1）：22-25.

[③] 金勇进，杜子芳，蒋妍. 抽样技术[M]. 5版. 北京：中国人民大学出版社，2021：59.

文学作品中就曾多次提及创新。南北朝时期，《魏书·列传第五十》有"革弊创新者，先皇之志也"，"创新"在这里主要指涉制度改革、体制革新等。隋唐时期的《周书》亦有"创新改旧"的记载，此处的"创新"主要表示文化礼乐的改进或军事设施的更新等[1]。不过，学界对创新理论与概念的系统性研究却只有百余年的时间。1912 年，美籍奥地利经济学家约瑟夫·熊彼特在其经典著作《经济发展理论——对于利润、资本、信贷、利息和经济周期的考察》中提出并阐述了创新的基本概念和思想，他将"创新"理解为"一种新的生产函数的建立"，即一种从来没有过的引入生产体系的关于生产要素和生产条件的"新组合"[2]。

学术创新之意蕴同样在于"新"，是指学术研究要吸纳新事物，包括新思想、新见解或新的研究范式、研究方法，或发掘出以往研究中没有发现或使用过的新材料、新证据，等等。当今时代的科学已经高度分化，形成了相当精细的专门学科，专业化的区分在促进科学进步的同时，亦强化了不同学科之间的壁垒。不过，科学是内在的整体，被分解为单独的学科不是取决于事物的本质，而在于人类认识能力的局限性。社会现象复杂多样，往往是多因素复合作用的结果，如果仅从单一的视觉或者学科展开研究，可能会产生较大的局限性，无法充分揭示其本质，也不能深刻地认识其全部规律[3]。面对复杂多变的社会现象，不同学科之间的交叉和融合越来越成为学术研究的重要领地和解决问题的新模式。在某些情况下，其他学科的概念和方法等养分可以为分析现有法律制度和新的法律补救措施提供新的见解。反垄断法中关于市场的界定本质上是经济学问题，在经济学领域有着非常丰富的讨论和分析。宪法中关于中央政府和地方政府的权力分配规定，往往是政治权力之分配在法律上的最终确定。在很多情况下，法律疑难问题的分析和解决需要集合法学、经济学、社会学等多个学科的

---

[1] 郭朝辉，葛风涛. "创新"的"故"事：我国历史上的"创新"概念表达 [J]. 武汉理工大学学报（社会科学版），2016, 29（2）：283-287.

[2] 熊彼特. 经济发展理论：对于利润、资本、信贷、利息和经济周期的考察 [M]. 何畏，等译. 北京：商务印书馆，1990：iii-iv.

[3] Lu Y X. The significance of interdisciplinarity and interdisciplinary science (in Chinese) [J]. Bull Chin Acad Sci, 2005（1）：58-60.

智慧。

在促进对某个问题的深入理解或者探索某个问题的解决之道时，法学学术研究借鉴或整合法学学科之外的其他学科的养分，即其他学科所特有的技术、工具、观点、概念、理论、信息或数据等，构成了法学和其他学科的跨学科研究，实现了某种程度的学术创新。作为一门实务导向的学科，现实世界中的运行规则一直是法学研究关注的焦点，而法学对于法学学科之外材料的运用也并不少见，有学者通过研究美国司法裁判文书的构成发现，自20世纪50年代起，在论证裁判理由时，美国司法裁判文书引证非法律材料的总量和比例都在增加[①]。结合学术论文的创新类型[②]，从定量分析的角度来看，学术论文引用的法学学科之外的文献可以作为衡量学术创新的指标[③]。不过，仅考虑学术论文引用的法学学科之外的文献的绝对数量并不一定准确，原因在于，本文的抽样时间区间聚焦于1998—2023年，论文长度和引用的参考文献数量并未处于稳定的状态，而是基本处于增加的趋势。因此，通过学术论文引用的法学学科之外的文献的相对数量来衡量创新程度更为严谨[④]。具体而言，本文通过"外部引证率"来测度顶级期刊中的学术创新。

外部引证率=（论文引用外部学科参考文献的总量/论文引用的参考文献总量）×100%

## 三、学者的差异化学术行动

### （一）外部引证率的变迁

顶级期刊的严谨性和规范性已经取得长足进步。从参考文献的数量来看，两期刊引证参考文献的数量的递增趋势较为明显。在抽样时间区间的起始年1998年，两期刊引证的参考文献的平均数量为11.65篇，甚至不乏

---

[①] SCHAUER F, WISE W J. Nonlegal information and the delegalization of law, the journal of Legal Studies, 2000, 29 (1): 495-515.

[②] 梁琪奇，郭凤娇，王婧菲，等. 单篇学术论文创新类型研究 [J]. 情报理论与实践，2024 (01): 1-11.

[③] VANDENBERGH M P, RUHL J B, DUNAWAY S. Total scholarly impact: law professor citations in non-law journals [J]. Journal of Legal Education, 2020 (69): 782-815.

[④] 阳李. 外部学科知识、学科交叉与学术影响力：基于中国法学学术论文引证的实证考察 [J]. 人大法律评论，2022 (1): 185-220.

"零引证"的学术论文；在抽样时间区间的结束年（即 2023 年），两期刊引证的参考文献的平均数量为已经达到 66.73 篇，较 1998 年提升了近 6 倍。不过，形成鲜明对比的是，两期刊引证法学学科之外的参考文献的数量却并未达到同等程度的变迁。数据表明，两期刊 2023 年引证外部参考文献数量的平均值（3.85 篇）仅略高于 1998 年（1.02 篇）。倘若进一步观察数据的变动轨迹，可以发现，在长达 26 年的抽样时间区间内，两期刊引证外部参考文献的绝对数量并不存在显著的递增趋势。两期刊引证（外部）文献数量走势详见图 1。

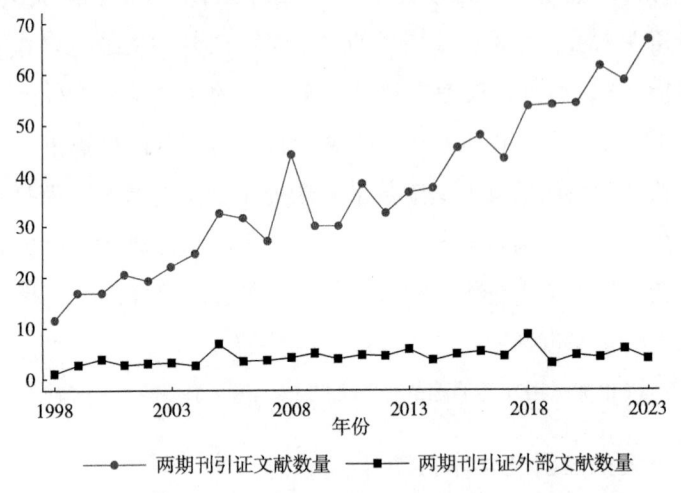

**图 1 两期刊引证（外部）文献数量走势图（单位：篇）**

就本文关注的外部引证率而言，根据外部引证率的定义，由于两期刊引证参考文献的数量长期呈递增趋势，表明分母在变大；然而，两期刊引证外部参考文献的数量却不存在如此显著的递增趋势，也就意味着分子大致维持不变。最终的结果表明，外部引证率呈现显著的递减趋势（见图 2）。另外，从抽样时间区间的整体情况来看，两期刊的外部引证率为 11.32%，这一数据不仅低于学者早期所作的实证调查（16.67%）[1]，亦低于本文作者

---

[1] 成凡. 从竞争看引证：对当代中国法学论文引证外部学科知识的调查分析 [J]. 中国社会科学, 2005（2）：123-131, 206-207.

在三年前所得出的结论（12.26%）[①]。由此看来，顶级期刊对于外部学科知识的运用不太理想。

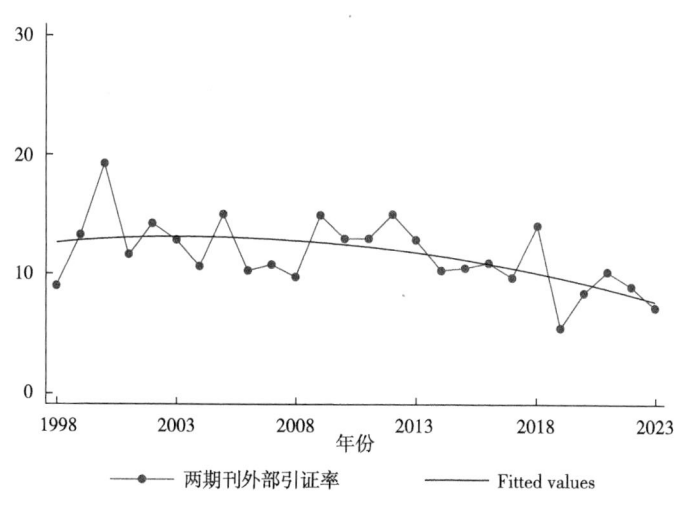

**图 2　两期刊外部引证率走势图（%）**

#### （二）学者的非均衡学术表现

在外部引证率逐步下滑的趋势下，哪些（类）学者更倾向于在法学学术研究中引入外部学科知识开展交叉研究呢？是否可以合理设想，青年学者可能更容易实现以学科交叉融合为特点的创新性研究？可能的原因在于，青年学者通常具有更强的学习能力、更多元的知识背景和更活跃的思维，这使得他们能够更好地审视和体会快速变化的当下时代，并能够以独特的视角做出相应的学术回应。与中老年学者相比，青年学者可能没有那么丰富的知识积累和学术经验，但他们拥有新颖的视角和独特的思考方式，尽管其学术研究还稍显稚嫩，但青年学者更有可能探索新的研究方向和研究方法，进而推动学术研究的创新。

为了进一步探索不同年龄段学者的学术表现，本文将两期刊中的论文作者分为三种类型，即青年学者（年龄小于 40 岁）、中年学者（年龄介于

---

① 阳李. 外部学科知识、学科交叉与学术影响力：基于中国法学学术论文引证的实证考察[J]. 人大法律评论，2022（1）：185-220.

40岁到59岁之间,包括40岁和59岁),以及老年学者(年龄大于或等于60岁)。我们首先观察不同类型学者在引证文献上的不同表现。从样本论文引证参考文献的平均数量来看,随着年龄的增长,不同类型的学者引证文献的数量在降低,青年学者、中年学者、老年学者平均每篇论文引证的文献数量分别为38.64篇、35.59篇、30.75篇。进一步,我们将引证文献的类型细分为中文文献和外文文献,不同年龄段学者引证的中文文献数量大致相当,青年学者、中年学者、老年学者引证中文文献的数量分别为29.24篇(占比75.67%)、29.01篇(占比81.52%)、28.76篇(占比93.52%),并不存在显著区别。不过,在外文文献引证数量上,不同类型学者的差别较为明显,青年学者平均引证外文文献的数量为9.4篇(占比24.33%),几乎达到每引证三个中文文献就伴随着一个外文文献的频率。除了较常见的英文文献外,还包括德语文献、日语文献、韩语文献、意大利语文献等,青年学者对于域外学术资源的掌握能力由此可见一斑。与之相较,老年学者平均引证外文文献的数量大幅下滑为1.99篇(占比6.48%),中年学者的表现则介于二者之间,平均每篇论文引证外文文献的数量为6.58篇(占比18.48%)。显然,从阅读、吸收和引证外文文献的能力来看,不同类型学者的学术表现呈现出显著差别,从青年学者、中年学者再到老年学者,大致呈现出递减的趋势。

不同类型学者在外部学科知识的运用上亦存在显著差别。从引证外部学科参考文献的数量来看,青年学者、中年学者、老年学者平均每篇论文引证外部学科参考文献的数量为3.23篇、4.25篇、6.55篇。上文已提及,随着年龄的增长,不同类型学者引证参考文献的总量在降低,这意味着,学者年龄与外部学科参考文献的引证比例成反比。数据表明,青年学者、中年学者、老年学者的外部引证率分别为8.37%、11.94%、21.3%,三者之间对待外部学科知识的态度并不完全相同。学者的年龄越大,对外部学科知识的借鉴和引证也越多,开展的跨学科交叉研究也越丰富,这确实是一个颇令人意外的统计调查结果。

老年学者对于外部学科知识的青睐为何远高于中青年学者?换言之,就本文关注的视点而言,为什么老年学者在学术创新的层面上似乎优于中青年学者？一般而言，在学习能力、知识结构和思维活跃度等方面，老年学者不如中青年学者，在以学科交叉融合为特征的创新性研究上似乎并不占优势。然而，老年学者也具有中青年学者不具备的独特优势。老年学者在所处研究领域已经耕耘多年，积累了非常丰富的学术经验，对所处研究领域有深入的理解和独到的见解，这使得老年学者能够更加准确而全面地审视学术问题。在学术创新过程中，老年学者可能更加注重针对性和实用性，他们的创新成果也就更加成熟和可靠。

例如，实证研究方法具备较强的科学性和严谨性，并可能发现规范分析所不能触及的方面，已经在法学学术研究领域获得广泛认可。但基于知识背景和学科谱系的差异，法学学者大多并不掌握实证分析所要求的社会学、统计学、经济学等相关知识，法学学术领域的实证分析实际上并未获得广泛开展①。作为法学界较早采用实证研究方法的学者，北京大学法学院白建军教授推动了法学与统计学、计算机科学之间的跨学科交叉研究，为法学研究开辟了一个全新的视角与领域②。从成长经历和学科背景来看，白建军教授有过一段长达七年的上山下乡经历，在那个特定的时代，白建军教授因长期参加水电站项目建设而超龄，失去了参加高考的资格，没有获得本科文凭。白建军教授的硕士研究生和博士研究生均为法学学位，并未专门接受过实证研究的系统性学习和训练，可以想象，白建军教授在自学各种实证分析方法并开展实证研究之时显然存在诸多现实困难。然而，在学术研究中，白建军教授意识到实然状态与应然状态的差别，认为不能够轻信任何所谓的定论、通说，继而引入实证分析方法重塑并完善所开展的研究，并取得了丰硕的学术成果③。

2019 年 12 月 14 日，在湖南大学法学院召开的基于裁判文书数据的法学实证研究暨第六届数理-计量法学论坛上，本文作者曾现场聆听白建军教授的学术报告，并就实证研究方法在法学学术研究中的某些疑问向其请

---

① 阳李，涂孝洪. 中国法学学术生态变迁研究（1998—2022）：基于顶级期刊的实证考察[J]. 中共南京市委党校学报，2023（6）：68-83.
② https://news.pku.edu.cn/bdrw/19df3107beb446c4901e5312965fab53.htm.
③ 陈柏峰，尤陈俊，侯猛. 法学的 11 种可能[M]. 北京：中国民主法制出版社，2020.

教,交流中,白建军教授坦言,探索未知的好奇心、学术研究的趣味性是自己克服重重困难开展实证研究的主要驱动力。在抽样样本中我们还发现,2017年,已经62岁、即将退休的白建军教授还在《中国法学》杂志上发表了犯罪圈与刑法修正的实证研究论文①,提出未来刑法修正应体现"结构还原""比例控制""罪刑有序"三个原则。

### 四、青年学者的学术选择机制

在官方网站上,两期刊旗帜鲜明地表达了对于创新的努力追求和对青年学者的大力支持。《法学研究》在官网"本刊简介"中表明其用稿导向:"提倡研究方法的创新,鼓励实证研究,扶持弱势学科、新兴学科和交叉学科,培养和扶持年轻作者。"②《中国法学》在"简介"中亦有类似措辞:"坚持理论联系实际,关注重大理论与现实问题,不断推出新人新作……追求学术创新,为引领和繁荣法学研究服务。"③ 在总结近年来中国法学研究中所体现出的时代特点时,学界的主流声音亦认为,法学之外的学科知识对法学的影响越来越多地体现在法学研究成果之中,法学研究中的跨学科研究已经蔚然成风,在具体的研究方法上也已体现出日益多元化的特点。青年学者广泛出现于各个级别的法学期刊、各种法学论坛和法学讲座,并对新兴领域和跨学科研究表现出浓厚的兴趣和明显的优势,青年学者的兴起似有势不可挡之势④。

然而,样本数据表明,青年学者的学术创新表现低于预期。更为深层的问题是,为何青年学者没有参照两期刊在官网上的倡导进行学术创作?以行为主义心理学所持的刺激-反应理论模型(stimulate-response)观之,人类的各类复杂行为可以被分解为两部分:刺激(S)和反应(R),人的行为是受到刺激之后的反应,也就是说,人类的各类复杂行为都是在刺激

---

① 白建军. 犯罪圈与刑法修正的结构控制 [J]. 中国法学, 2017 (5): 69-90.
② https://faxueyanjiu.ajcass.com/CommonBlock/GetSiteDescribeDetail/12774? channelID = 12774.
③ https://clsjp.chinalaw.org.cn/portal/article/index/id/333.html.
④ 谢海定. 正值法治东风劲 万千学帆扬起时 [N]. 中国社会科学报, 2015-12-30 (877).

与反应之间形成的联结①。不妨将两期刊在官网上提倡的学术导向视为学术创作的某种刺激，不难看出，青年学者做出的反应与之并不完全匹配。其中的原因可能在于，刺激下的反应发生以后，紧接着还需要一个强化刺激，才可能使下一次反应发生的倾向得到显著维系或者增强。单纯的刺激反应理论并未全面考虑有机体在刺激（S）和反应（R）之间运转的内部状态，认为这一部分是"黑箱"，因而还不足以充分解释青年学者的学术表现。

以刺激-反应理论模型为蓝本，Mehrabian 和 Russell 在刺激（S）和反应（R）之间引入变量 O（有机体），弥补了刺激与反应之间动态转化过程的缺失，形成了更为成熟和全面的刺激-有机体-反应理论（stimuli-organism-response）模型。该理论模型认为，有机体面对外部环境的刺激时，并不是简单而机械地直接做出反应，作为具有主观意识的有机体，会结合自身掌握的信息、知识和认知对外界刺激进行梳理、加工与处理，表现为认知、情绪、体验和感受等多方面的变化，继而做出心理或行为上的反应②。刺激通过唤醒有机体的内部状态，进而影响有机体的最终外在行为；有机体的感知决定了刺激与反应之间的联系，反映出有机体从受到刺激后直至做出响应前的过程。刺激-有机体-反应理论模型对于人类行为的意向预测具有较强的解释力，已经被广泛应用于社会学、心理学、经济学和管理学等领域，刺激-有机体-反应理论模型框架详见图 3。

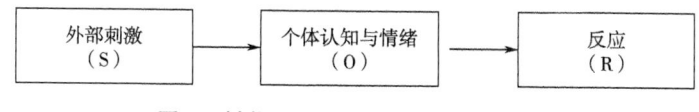

**图 3　刺激-有机体-反应理论模型框架**

青年学者对顶级期刊的真实学术生态有直观而真切的认知体会。从实

---

① 科特勒：营销管理［M］．卢泰宏，高辉，译．上海：上海人民出版社，2016：141-170.
② MEHRABIAN A, RUSSELL J A. An approach to environmental psychology［M］. Cambridge, MA: The MIT Press, 1974: 176-200.

际情况来看，两期刊倡导的用稿导向和样本呈现出的真实风貌似乎并未达到高度契合的水准。以实证研究方法的应用为例，虽然两期刊均表达了对于实证研究方法的鼓励和提倡，但样本中真正应用了实证研究方法的论文只有 50 篇（占比 3.49%），不仅数量极少，而且学术影响力（平均被引次数 10.44 次）明显低于使用定性研究等规范分析的论文（平均被引次数 13.94 次）[①]。同理，两期刊同样表达了对于青年学者的倾向性扶持和培养，但样本中年龄小于 40 岁的青年学者不到三分之一（占比 32.1%）。进一步细分，样本中硕士研究生、博士研究生和中级职称作者（讲师、助理研究员）合计仅有 157 人（占比 10.96%）。这一比例甚至低于 2018 年的数据[②]。由此看来，两期刊对于青年学者的扶持和培养效果并不太明显。与之相较，《行政法学研究》2018—2022 年共刊发 30 期（共 386 篇文章），其中，中级职称作者（讲师和博士后）的文章占比为 18.65%，博士研究生作者的文章占比为 19.69%，二者合计占比达到 38.34%[③]。《行政法学研究》在打造青年作者友好型期刊方面似乎更为亲和。

两期刊的宏观用稿导向是否可以形塑为学者在微观层面的创作指南？或者，在从事学术研究或者更为具象化的论文写作时，是否存在明晰、具体或可判断的学术标准？实际上，围绕法学论文的写作，已有不少学者在专著、论文或学术讲座中尝试将好文章的标准进行归纳和表达，涉及论文的选题、文献检索、结构安排、逻辑论证、调查方法等多个方面[④]。但好文章的具体标准似乎仍然不易说清。以论文选题为例，"好的选题是论文成功的一半"充分表明了选题的重要性，但某个特定的选题究竟好不好，

---

① 结合学术惯例，本文根据论文被 CSSCI 来源期刊引证的次数来衡量学术影响力。参见 PERRY, RONEN, The relative value of american law reviews: refinement and implementation (2007) [J]. Connecticut Law Review, 2007 (39): 1-42.

② 阳李，丁素娥. "身份"、"门户"和绩效：中国法学研究影响因素的实证考察 [J]. 制度经济学研究，2021 (2): 265-297.

③ 中国法学会法学期刊研究会第四次会员大会暨法学期刊青年编辑论坛在北京举行 [EB/OL]. http://www.fxcxw.org.cn/dyna/content.php?id=25754.

④ 梁慧星. 法学学位论文写作方法 [M]. 北京：法律出版社，2006. 何海波. 法学论文写作 [M]. 北京：北京大学出版社，2014. 焦洪昌. 法学论文写作：方法与技巧十讲 [M]. 北京：中国法制出版社，2020. 刘继峰. 法学论文写作：规范与方法 [M]. 2 版. 北京：中国政法大学出版社，2023.

需要从研究方向、研究价值、创新程度等多个方面做出判断，不同的人对于同一个选题的优劣，可能得出"千人千面"、大相径庭的结论。在学术期刊的用稿程序中，类似的标准往往是通过具体的编辑人员，以现实的人格化来实现具象化的，这使得学术期刊的用稿标准可能呈现出类似"黑箱"的状态——既不能打开，又不能从外部直接观察到内部的具体结构，与学界对期刊客观、公平、公正用稿的期待并不完全符合[①]。就目前的学术市场而言，期刊（尤其是顶级期刊）是极为稀缺的学术资源，期刊选稿用稿标准很难做到清晰、明确、具体，即使作者和读者期待的学术标准，也不可避免地伴随着个人特色极强的主观性[②]。

由于个体知识结构与学术资源的掌控与调动能力的差别，可将青年学者分化为谋求生存的权宜者、先生存后发展的变通者、生存发展兼顾的协调者与能力超群的悬浮者等四种类型[③]。绝大多数青年学者都可归纳为前三种，以稳定教职和职称晋升为目标的生存和发展需求是首要的重要利益。学科作为"话语生产的一个控制体系"，已经形成了自身独有的学术领地和学术权威。每一个学科显得犹如一个"部落"，有着自己的传统和文化，变得自给自足，具有相对独特的学术、社会和文化身份。青年学者们为了被学术部落所接受，就必须融入其中[④]。以自身利益为中心，在学术市场真实运转规则的约束下，青年学者不得不做出理性的学术行动选择。顶级期刊的真实学术生态和颇具个人主观性的判断标准将影响青年学者的主观认知，进而形塑其学术行动。两期刊较低的外部引证率可能在一定程度上抑制青年学者的学术创新冲动，平稳和传统的知识结构将成为更为稳妥和贴近现实的学术路径选择。从样本论文的数量来看，外部引证率高于平均值的论文仅有393篇（占比27.42%），数量远低于外部引证率低

---

[①] 中国社会科学院科研局编."为人梯者"说：中国社科院学术期刊编辑心声之二[M].北京：社会科学文献出版社，2023：170-176.
[②] 崔建民.作嫁衣者说：中国社科院学术期刊编辑心声[M].北京：社会科学文献出版社，2022：139-146.
[③] 任可欣，余秀兰.生存抑或发展：高校评聘制度改革背景下青年教师的学术行动选择[J].中国青年研究，2021（8）：58-66，102.
[④] 高利.交叉学科人才培养的现实困境与当前进路[J].学位与研究生教育，2024（1）：56-62.

于平均值的论文（共 1 040 篇，占比 72.58%），绝大多数样本论文并无大量引证外部学科文献的知识结构；就外部学科知识所可能附带的学术影响力而言，二者亦不存在统计上的显著差别（外部引证率高于平均值的论文的平均被引次数为 14.29 次，后者则为 13.64 次）。

## 五、结语

创新是学术研究的重要评价标准，法学学术研究亦不例外。加强法学学术研究中的跨学科交流，既有助于法学研究水平的有效提升，更能为法治实践提供有效的问题解决方案[①]。或许可以从一个由热转冷的案例加深我们对于创新的认知。大约 30 年前，以"行政法的基本价值目标"为主题，中国行政法学界展开了热烈的讨论，多种学说诸如"控权论"、"管理论"、"平衡论"、"控权-平衡论"、"法律导控论"、"控权-服务论"、"职责本位论"、"协调论"和"公共利益本位论"等在这场论战中竞相出场。然而，在长达十余年的热论后，该论题的讨论热度逐渐下滑。在提到论题遇冷的原因时，很多学者私下都认为相关的讨论"没意思"，理由在于："此类学说更多地还处于构造基本观念的初级阶段，缺乏系统化的论证"，"大部分参与论战的学说，看似是'诸神'，其实却同属一个学术谱系"，学术之争不过是"家族内战"而已[②]。倘若以学术创新的角度来观察该讨论，似乎可以认为，该论战之所以成为"家族内战"，除了自身发展尚不够成熟之外，一个可能的重要原因即在于，论战的多重学说虽有不同的称谓，但本质上大多属于同一学科内的学说，学科外或跨学科的交叉学说似有不足，论战的深度和广度有待提升，论战的创新增长点也就未能得到维系。

从顶级期刊学术论文的知识结构来看，法学学术研究在日益规范化和严谨化的同时，其外部引证率却较低且呈递减趋势，法学研究对于外部学科知识的运用有所不足。老年学者阅读、吸收和引证外文文献的能力虽然

---

[①] 陈甦. 当代中国法学研究的研究 [J]. 中国社会科学评价, 2015 (3): 27-38, 125.
[②] 王学辉, 张治宇. 国家治理价值体系现代化与行政法学理论基础的重构: 以"诸神之争"为背景的分析 [J]. 行政法学研究, 2014 (4): 54-62.

有所下滑，但丰富的学术经验、独到的见解以及更为纯粹的态度推进了他们对于外部学科知识的追求，老年学者对于外部学科文献的借鉴和引证较多，开展的跨学科交叉研究也较丰富。以稳定教职和职称晋升为目标的生存和发展需求是青年学者的首要利益，但受到个体知识结构与学术资源的掌控与调动能力的限制，青年学者的学术创新表现显得乏善可陈。从论文的学术影响力来看，在抽样时间区间内，顶级期刊被引证的总次数达到19 798次。不过，其中被法学学科之外的期刊引证的次数仅为483次（占比2.44%），也就是说，论文的学术影响力高度集中在法学学科领域。从知识供给和需求的学术状态可知，鉴于论文的供给对象主要是法学学术共同体，随着学科交叉的进一步深化，如果显著超出主流需求者和研究者的知识和资源范围（即法学学术共同体的知识和资源范围），则意味着相关参与者将减少，论文的影响力将因此而受到一定的抑制，这或许是法学顶级期刊外部引证率持续走低的另一重要原因。就顶级期刊对外部学科知识的交叉和融合而言，我国法学学术领域的学术创新任重而道远。

# 调解结案率高是如何形成的？
## ——基于民间借贷诉讼决策模型的分析

黄宇杰[*]

**【摘　要】** 调解是化解纠纷的有效程序。本文从法经济学的视角探讨民间借贷纠纷当事人解纷机制选择的条件，以乐观模型为基础，结合民间借贷纠纷的特点与我国的实践和法律规定对模型进行调整，建构民间借贷纠纷诉讼决策模型。S市民间借贷纠纷中诉前调解率低而调解结案率高的原因在于：调解对原告有利可图，而被告对实际执行率有更低的估计，且其调解成本不低于判决成本，导致被告缺乏参与调解的动因，诉前调解率处于低位。立案后，法官在绩效考核下有动力促成双方调解。一方面，法官作为调解人，帮助当事人明晰成本收益、降低调解成本、传递和解信息，促成双方自愿调解。另一方面，法官作为审判者，以判压调、以拖促调，扭曲了双方当事人的激励，损害了调解的自愿原则。由此，出现了较高的调解结案率。

**【关键词】** 民间借贷；调解；判决；成本-收益分析

## 一、问题的提出

2019年，习近平总书记在中央政法工作会议上明确提出"把非诉讼纠纷解决机制挺在前面"的新思想、新理念。《中共中央关于全面推进依法治国若干重大问题的决定》要求"完善调解、仲裁、行政裁决、行政复议、诉讼等有机衔接、相互协调的多元化纠纷解决机制"，调解被置于各

---

[*] 黄宇杰，中国人民大学法学院本科生。

纠纷化解机制之首。在我国，以调解的方式解决纠纷历来在纠纷解决机制中占有重要的地位。据统计，2022年，人民法院一审受理民事行政案件1 610.6万件，诉前调解未进入立案程序的纠纷895万件①；司法调解在纠纷解决中同样具有举足轻重的作用，2023年以调解结案的民事案件约占结案总数的24%②。以上数据表明，大量矛盾纠纷可以通过调解方式得到有效化解，为党和政府对调解的高度重视提供了支撑。

民间借贷纠纷是实践中常见多发的纠纷类型，且既有实证研究表明，此类案件通过调解处理的数量较多③，在民事纠纷中具有代表性。笔者实习期间，于F省S市④法院（以下简称"S市法院"）了解到该院近三年民间借贷案件立案1 781件，其中判决992件，调解429件；立案前调解数量统计较为困难，但根据经验，仅有15%左右的案件通过诉前调解解决。尽管这一数据仅是S市法院的个别情况，但是与前文提到的受理案件数量与未进入立案程序的纠纷数量之比存在较大差异。由此，笔者提出疑问：为什么民间借贷纠纷中当事人不愿意选择诉前调解，而最终又愿意接受调解结案呢？换言之，如何解释民间借贷纠纷中诉前调解率与调解结案率之间存在的巨大反差？

纠纷解决机制的存在价值和发展前景取决于当事人的感受和选择，未得到当事人认同与选择的机制缺乏生命力。在解纷实践中，纠纷当事人也不是被动的、静止的"自在体"，而是有主观意图和自主行为选择的"自在自为"者⑤，当事人的目的意图、行为考量应当得到更高程度的重视。毋

---

① 最高人民法院 司法部有关负责人就《关于充分发挥人民调解基础性作用 推进诉源治理的意见》答记者问[EB/OL].（2023-10-12）[2024-12-04]. https：//www.court.gov.cn/zixun/xiangqing/414172.html.

② 2023年全国法院司法统计公报[EB/OL].[2024-12-04]. http：//gongbao.court.gov.cn/Details/a3e86176b272dc94a05d9cb012c2d5.html.

③ 龙飞."把非诉讼纠纷解决机制挺在前面"的实证研究：以重庆法院实践为样本[J].法律适用，2019（23）：76-88.

④ S市为F省N市下辖的县级市，案件数量居于N市各县市中游，无特殊矛盾，也无针对调解的特殊政策，具有典型性和代表性。

⑤ 魏程琳，齐海滨.中国调解研究新范式：以政治治理论为基础[J].法律科学（西北政法大学学报），2015，33（6）：3-12.

庸置疑，法院在当事人的解纷机制选择上扮演着重要角色①，然而自愿是调解的本质特征，纠纷解决机制的选择仍是由当事人作出最终决定，故法院能够施加影响，但难以作为博弈的独立主体。由此，本文将目光聚焦于纠纷当事人，通过成本-收益分析法，建立当事人程序选择的决策预期模型。

纠纷解决机制通常被分为诉讼机制和非诉讼机制。为了简化分析②，本文采用棚濑孝雄对纠纷解决机制"合意-决定"的分类方法③，以是否具有自愿性作为分类标准，在当事人的诉讼决策中选择"调解"与"判决"进行研究，其中的"调解"包括人民调解、司法调解乃至诉讼中和解等双方当事人在自愿基础上以平等协商方式解决纠纷的机制，"判决"则限缩于当事人拒绝协商、由法院作出生效裁判的对抗性纠纷解决机制④。

本文首先对诉讼决策的现有模型进行综述。其次，基于民间借贷纠纷的特点选择基础模型，并结合中国的司法实践和法律规定对模型进行必要修正。最后尝试运用这一模型，分析 S 市民间借贷纠纷中诉前调解率低而调解结案率高的原因。

---

① 最高人民法院不断推进"多元纠纷解决机制"建设，大力提倡诉前调解，相关文件如《最高人民法院关于人民法院进一步深化多元化纠纷解决机制改革的意见》（法发〔2016〕14号）。"调解率"也始终是对于地方各级法院和法官的考核指标，因此法官在审判中通常会尽一切可能促成当事人调解，甚至导致"强制调解"问题的发生。参见李浩. 调解归调解，审判归审判：民事审判中的调审分离 [J]. 中国法学，2013（3）：5-18.

② 前一分类通常将司法调解列入诉讼机制。在本文的分析对象中，诉前调解既包括由人民调解员进行的人民调解，也包括由立案庭法官进行的司法调解；诉中调解则明确属于司法调解。事实上，对当事人而言，人民调解与司法调解并无本质区别，本文亦无意对两种调解分别建立模型，故不采此种分类。参见范愉. 当代中国非诉讼纠纷解决机制的完善与发展 [J]. 学海，2003（1）：77-85.

③ 参见棚濑孝雄. 纠纷的解决与审判制度 [M]. 王亚新，译. 北京：中国政法大学出版社，2004：7-8.

④ 这一区分也见于域外同类研究。针对我国台湾地区的一项研究将和解、撤诉和调解都作为广义的和解（settlement），并指出英美法上的审判（trial）是诉讼（litigation）的一个独立阶段，大陆法上诉讼等价于审判，由此对"审判"给出了限缩的定义，即"实质判决"（merits judgement）。我国大陆与台湾地区同属大陆法系，该做法可资参照。参见 Yun-chien Chang, eds. Selection and decision in judicial process around the World: empirical inquires [M]. Cambridge: Cambridge University Press, 2019：79-82.

## 二、诉讼决策模型概述

对当事人的诉讼决策研究，运用经济学理论和方法构建出当事人诉讼决策的模型，称为诉讼的经济学模型或和解模型①。尽管和解与本文所研究的调解存在一定区别，但其本质都是当事人权衡成本收益的解纷行为选择，相关模型也可适用于当事人解纷机制的选择②。

### （一）乐观模型简介

最基础和重要的诉讼决策模型是诉讼的乐观模型（optimism model of litigation），该模型认为当事人之所以会选择判决或和解，原因在于双方对于判决的最终结果（或者胜诉概率）的预期是有差异的③，由于 Landes、Posner、Gould 三位法经济学名宿对此作出主要理论贡献，该模型也被称为 Landes-Posner-Gould 模型（简称"LPG 模型"）④。在这一模型下，判决发生要求原告的最低要价高于被告的最高支付价格。假设 $E_p$ 为原告在调解中愿意接受的最低价格，$E_d$ 为被告在调解中愿意支付的最高价格，被告认为原告的胜诉率为 $P_d$⑤，原告认为的胜诉率为 $P_p$，$C_p$、$C_d$ 分别表示原被告的判决成本，$S_p$、$S_d$ 分别表示原被告的调解成本，$J$ 表示判决标的额，则

---

① Landes、Posner、Gould 提出诉讼的乐观模型，学者对其假设条件进行放松或变换，得到其他模型，如 Priest 和 Klein 提出诉讼筛选模型、Bruce 等学者提出外部性作用模型等。笔者将在下文详加论述。

② 事实上，诉讼决策模型并未区分立案前调解与立案后和解。理论上，两者都是避免司法裁决的自愿协议，因此在解释上具有适用性。参见 YUN-CHIEN CHANG, HUBBARD W H J. New empirical tests for classic litigation selection models: evidence from a low settlement environment [J]. American Law and Economics Review, 2021, 23（2）: 348-394.

③ 宁静波. 诉讼还是和解：诉讼经济学研究述评 [J]. 法律和社会科学, 2012, 9（00）: 241-257.

④ 叶斌，熊秉元. 网购纠纷解决方式选择的法经济学分析 [J]. 财经问题研究, 2022（5）: 17-26.

⑤ POSNER R A. An economic approach to legal procedure and judicial administration [J]. The Journal of Legal Studies, 1973, 2（2）: 399-458. 在该作中，波斯纳设 $P_d$ 为被告胜诉的主观概率，而在其著《法律的经济分析》中，波斯纳将 $P_d$ 设为"被告估计的原告胜诉概率"，后一设置使得公式更为简洁，故从之。参见波斯纳. 法律的经济分析 [M]. 蒋兆康, 译.7 版. 北京：法律出版社, 2012: 823-824.

判决发生的必要条件是[1]：

$$E_p = JP_p - C_p + S_p \qquad (1-1)$$

$$E_d = JP_d + C_d - S_d \qquad (1-2)$$

$$E_p > E_d \qquad (1-3)$$

也即：

$$JP_p - C_p + S_p > JP_d + C_d - S_d \qquad (1-4)$$

可以将之改写为：

$$J(P_p - P_d) > (C_p + C_d) - (S_p + S_d) \qquad (1-5)$$

显然，$J$ 为正数，$P_p$ 与 $P_d$ 的取值区间为 [0, 1]。对该式简单分析，可以得出结论：当事人解纷机制选择受到判决标的额、对胜诉概率的预期、诉讼和调解成本的影响。$P_p - P_d$ 越大，原告越可能选择判决而非调解。乐观模型确立了判决或调解决策过程的基础框架，后续学者总结出该模型隐含以下假设：第一，双方当事人是风险中立的理性人；第二，双方当事人拥有相同的信息，但每一方都高估自己获胜的可能性；第三，双方当事人仅考虑本次博弈的成本-收益，而不考虑本次博弈结果可能带来的外部性（externalities）[2]。

（二）乐观模型的后续发展

以乐观模型为基础，对前述假设条件进行放松或变换，得到后续的其他模型。Priest 和 Klein 在乐观模型的基础上对调解与判决的案例进行区分，提出诉讼筛选模型（model of case selection，亦称"P-K 模型"）——即最终进入审判阶段的案件实际上是经过"筛选"的，庭外和解的案件原告胜诉的概率可能系统性地高于或低于 50%，并预测调解率较高的类别原告胜诉率更接近 50%[3]。这一模型因没有考虑到双方当事人可能进行策略性的

---

[1] POSNER R A. An economic approach to legal procedure and judicial administration [J]. The Journal of Legal Studies, 1973, 2 (2): 399-458.

[2] WICKELGREN A L. Law and economics of settlement [M]//ARLEN J H. Research handbook on the economics of torts. Northampton: Edward Elgar Publishing Limited, 2013: 330-359.

[3] PRIEST G L, KLEIN B. The selection of disputes for litigation [J]. The Journal of Legal Studies, 1984, 13 (1): 1-55.

讨价还价、缺乏适当的博弈论严谨性而受到批评①。Shavell 进一步认为，通过更换模型的假设，任何原告在审判中的胜率都是可能的②。但更一般地，诉讼筛选模型反映判决率与原告的胜率有系统的关系，沿着这条思路进行的实证研究成果更为丰硕③。

而在添加了诉讼具有外部性作用的假定后，Bruce 发展出外部性作用模型④。所谓外部性作用，即当前事件的裁判结果将对该案件当事人此后的预期产生的影响。随着信息经济学的发展，Bebchuk、Reinganum 和 Wilde 等学者由此提出了当事人诉讼决策的信息不对称模型，分析当事人拥有的私人信息对诉讼决策的影响⑤。在"有限理性"的假设下，学者们引入行为经济学的研究成果，关注当事人的理解认知和动机过程，如 Loewenstein 等提出当事人具有利己偏向，指明作为一个群体的当事人，其决策有过度乐观的可能性⑥，Rachlinski 探究风险偏好对决策的影响，建构诉讼决策的行为经济学模型⑦。然而，在多年关注信息不对称等延伸模型后，英美学界出现重新回归 LPG 模型与 P-K 模型的趋势⑧，基础模型仍存在可以继续挖掘的空间。

中国学界在该领域的研究正逐步深入：使用成本-收益方法分析解纷

---

① BEBCHUCK L A. Litigation and settlement under imperfect information [J]. The RAND Journal of Economics, 1984: 404-415.
② SHAVELL S. Any frequency of plaintiff victory at trial is possible [J]. The Journal of Legal Studies, 1996, 25 (2): 493-501.
③ SPIER K E. Litigation [M]//POLINSKY A M, SHAVELL S. Handbook of Law and Economics Volume 1. Amsterdam: Elsevier, 2007: 327.
④ HAY B L, SPIER K E. Settlement of litigation [M]//NEWMAN P. The New Palgrave Dictionary of Law and Economics. New York: Macmillan Reference, 1998: 442-451.
⑤ BEBCHUK L A. Litigation and settlement under imperfect information [J]. The RAND Journal of Economics, 1984: 404-415; REINGANUM J E, WILDE L L. Settlement, litigation, and the allocation of litigation costs [J]. The RAND Journal of Economics, 1986: 557-566.
⑥ LOEWENSTEIN G, et al. Self-serving assessments of fairness and pretrial bargaining [J]. The Journal of Legal Studies, 1993, 22 (1): 135-159.
⑦ RACHLINSKI J J. Gains, losses, and the psychology of litigation [J]. Southern California Law Review, 1996, 70: 113.
⑧ 如 GELBACH J B. The reduced form of litigation models and the plaintiff's win rate [J]. The Journal of Law and Economics, 2018, 61 (1): 125-157; KLERMAN D, Lee Y H A, LIU L. Litigation and selection with correlated two-sided incomplete information [J]. American Law and Economics Review, 2018, 20 (2): 382-459.

机制选择的早期文献只简单、个别地比较成本与收益，未建立相关模型①。宁静波较早地对域外诉讼经济学研究进行全面述评②，陈慰星、杨志利、徐冰等学者开始运用乐观模型、信息模型与行为经济学模型，对一般性的民事解纷机制选择进行分析③。近年来，相关模型已被用于细分领域的分析，如任启明对执行和解建立分析模型④，叶斌、熊秉元使用 LPG 模型对网购纠纷解决方式选择展开理论分析和实证研究⑤等。

### 三、基于中国实践的乐观模型构建

#### （一）针对民间借贷的模型选择

上述模型是基于一般性的民事纠纷提出的，而民间借贷纠纷有其特殊性，有必要根据其特点选择基础模型并进行调整。首先，绝大多数来到法院的民间借贷纠纷并无事实争议与法律争议：实践中，原告、被告对于借贷关系是否存在、借款金额究系几何心知肚明，"欠债还钱，天经地义"，原告的胜诉也几乎没有悬念⑥，双方当事人之间信息相对对称，由此，诉讼筛选模型、信息模型均无适用余地⑦，极高的原告胜诉比例也使得理性的被告对诉讼结果有更准确的预期，行为经济学模型的利己假设在决策中

---

① 李剑，魏晓欣. 法律经济学视角下的纠纷解决：以凉山彝族为例 [J]. 甘肃政法学院学报，2014（4）：72-81；刘铮. 法院调解兴衰的经济学分析 [J]. 经济论坛，2010（8）：221-224；潘乾. 非诉纠纷解决的法经济学分析 [J]. 经济视角（下），2009（2）：54-57；杜丹. 诉讼调解的经济分析：以法院为中心 [J]. 政法学刊，2006（5）：46-50.

② 宁静波. 诉讼还是和解：诉讼经济学研究述评 [J]. 法律和社会科学，2012，9（00）：241-257.

③ 徐冰，吴洁. 成本收益驱动下的当事人程序选择研究：完善多元化纠纷解决机制的微观视角 [J]. 人民司法，2019（16）：94-101；陈慰星. 选择中的正义：民事诉讼当事人行为选择的法经济分析 [M]. 北京：社会科学文献出版社，2015；杨志利. 调解与判决的选择：基于当事人经济计算角度 [J]. 广东商学院学报，2013，28（5）：82-90.

④ 任启明. 民事执行和解的法经济学分析 [J]. 北京仲裁，2017（1）：1-30.

⑤ 叶斌，熊秉元. 网购纠纷解决方式选择的法经济学分析 [J]. 财经问题研究，2022（5）：17-26.

⑥ 在"威科先行"平台进行初步检索：以"民间借贷纠纷"为案由，在全国法院作出的一审判决书中进行检索，通过"可视化"功能可发现，法院支持原告诉讼请求的比率超过 96%。

⑦ 相同观点见 CHANG Y C, HUBBARD W H J. New empirical tests for classic litigation selection models: evidence from a low settlement environment [J]. American Law and Economics Review, 2021, 23（2）：348-394.

影响较小。其次，诉讼的外部性作用有限。"欠钱不还"的判决或可降低被告的社会声誉与信用评价，但在裁判文书上网比率极大降低的今天，判决为相关公众知晓的可能性大大下降，与原被告关系密切的第三人要想知晓被告"欠钱不还"的事实，一般也无须通过判决的方式；基于生效判决，通过执行程序将被告列为"失信被执行人"，的确能够给被告施加负外部性，但经司法确认的调解书同样能够以执行名义产生这一效果，即判决相对调解而言没有增加新的负外部性作用。由此，外部性作用模型的适用也存在疑问。

综上所述，对乐观模型的假设条件进行放松或变换所衍生出的各类模型都无法适用于民间借贷纠纷，故本文将回归最基础的乐观模型展开后续分析。

（二）基于中国实践的模型修正

1. 基于"执行难"的考量

对纠纷解决方式的选择，人们往往会先考虑实效性问题——能否通过救济切实维护权益，实现救济的目标。通过判决确认实体权利的存在并非原告的目的，通过执行实现权利才是最终目标。然而，困难之处也恰恰在于执行。"执行难"可谓中国民事司法中的"老大难"问题，相关研究堪称车载斗量[1]，无怪乎有"执行难，难于上青天"之叹。党的十八届四中全会明确提出"切实解决执行难"，"依法保障胜诉当事人及时实现权益"。为坚决贯彻落实党中央重大决策部署，2016年3月，最高人民法院在十二届全国人大四次会议上提出"用两到三年时间基本解决执行难问题"。两年后的2018年10月，在《最高人民法院关于人民法院解决"执行难"工作情况的报告》中，"近三年执行案件整体执结率超过80%"成为人民法院执行工作的亮眼成绩之一[2]。

---

[1] 以"执行难"为关键词在知网中检索，共得到7 717份文献。进行可视化后发现，近年来该领域热度虽有所下降，但仍能保持每年200篇以上的发文数量，该问题的严重性可见一斑。

[2] 时任最高人民法院院长周强指出，2016年至2018年9月，全国法院共受理执行案件1 884万件，执结1 693.8万件，按照这一数据估算，执结率约为90%，甚至高于上述目标。参见最高人民法院关于人民法院解决"执行难"工作情况的报告 [EB/OL].（2018-10-24）[2024-12-04］. https://www.court.gov.cn/zixun/xiangqing/414172.html.

然而，执行难问题果真得到解决了吗？事实可能并非如此。所谓"执结率"，并非指判决得到切实执行的比率，而只是指执行结案的比率，这一概念具有强烈的迷惑性。研究显示，执行结案大致可以分为执行终结、执行中止和实际执行。在受访法院中，三个部分各占三分之一，即只有1/3的判决能够执行到位。学者依据经验对实际执行率作出40%~50%的估计①。笔者所调研的N地级市，实际执结率甚至低于该估计②。而在民间借贷纠纷中，这一问题可能更为严峻。"人民群众评价执行工作时不是看执结率，而是看合法权益兑现了多少"，纠纷当事人在选择纠纷解决机制时，考虑的也不是"纸面上的权利"，而是权益是否能够得到兑现。

由此，本文主张将实际执行率引入模型，对民间借贷纠纷中过高的胜诉率加以弥补。可能的质疑是，经过司法确认的调解书可以申请执行，同样将面临无法实际执行的风险。但同判决相比，调解协议的达成是建立在双方当事人自愿的基础之上，因而一般都能够得到自动履行。这被认为是调解所具有的比较优势之一③。部分实证研究与法院数据也证实了该结论的有效性④。假设被告认为的实际执行率为 $R_d$，原告认为的实际执行率为 $R_p$，$R_p$ 与 $R_d$ 的取值区间为 $[0, 1]$，模型调整见式（2-1）：

$$JP_pR_p - C_p + S_p > JP_dR_d + C_d - S_d \qquad (2-1)$$

可以将之改写为式（2-2）：

$$J(P_pR_p - P_dR_d) > (C_p + C_d) - (S_p + S_d) \qquad (2-2)$$

---

① 徐昕. 论私力救济 [M]. 桂林：广西师范大学出版社，2015：144-145.
② 显然，法院对结案率的迷惑性心知肚明，如F省法院内部系统中包括"执行结案率"与"实际执结率"两项指标。2023年，N地级市法院系统执行案件的结案率约为92.74%，但实际执结率仅为36.82%，下辖各法院的实际执结率大致在30%至45%之间，其中S市法院的实际执结率为29.43%。
③ 李浩. 调解的比较优势与法院调解制度的改革 [J]. 南京师大学报（社会科学版），2002（4）：19-27.
④ 例如，左卫民教授所调研的X市，2019—2021年当事人自动履行调解协议的案件占比均高于80%；重庆市巴南区经司法确认的调解协议自动履行率达89.5%；而安徽省桐城市更是号称"调解案件自动履行率达90%以上"。参见左卫民. 效率VS权利？民事程序繁简分流改革争论的实证审视 [J]. 现代法学，2022，44（5）：67-81；全国"枫桥式工作法"入选单位典型事迹摘登 [EB/OL]. （2023-11-08）[2024-12-04]. https://www.chinacourt.org/article/detail/2023/11/id/7627531.shtml. 相反观点见李浩. 当下法院调解中一个值得警惕的现象：调解案件大量进入强制执行研究 [J]. 法学，2012（1）：139-148.

保持其他参数不变,以引入的"实际执行率"为核心进行分析,可以得出以下结论:第一,若双方对实际执行率能够形成共识(即 $R_p \approx R_d$),且原告对自己胜诉概率的估计高于被告[1](即 $P_p - P_d > 0$),则实际执行率越高,当事人越倾向于选择判决而非调解。第二,若双方对实际执行率不能形成共识,当原告对执行前景更加乐观时更容易选择判决,反之则更愿意接受调解条件。

2. 诉讼费用与诉讼成本

关于"诉讼费用"的支付存在两种不同的规则:美国的规则是当事人无论案件结果如何,自行支付各自的诉讼费用;而英国的规则则是败诉的一方不仅要负担自身的诉讼费用,而且要承担对方的诉讼费用,两种规则因其适用的地区而得名[2]。Shavell 较早地分析了诉讼费用的分配对当事人决策的影响,指出英国规则提高了原告的期望所得,更容易导致诉讼[3]。显然,前述乐观模型建立在美国规则的基础上,因为其设定由当事人自行支付各自的诉讼费用。通过对式(1-5)的观察也能够发现,诉讼费用的负担直接影响 $C_p$、$C_d$,因而在当事人解纷机制选择中具有重要作用。

在对中国的诉讼费用分担规则进行研究之前,需要先界定英国规则与美国规则中"诉讼费用"的范围。英文文献中前述"诉讼费用"被表述为"legal costs"或"legal fees",范围包括法庭费用、律师费以及在法律程序中产生的合理费用,但不包括时间成本或情绪成本等[4],明显大于我国

---

[1] Loewenstein 等人提出当事人具有利己偏向,即原告对自己胜诉概率的估计会更有利于原告,而被告对自己胜诉概率的估计会更有利于被告。尽管由于民间借贷纠纷中原告胜率极高,本文未采用行为经济学模型,但该模型的结论在具体问题的判断上依然有参考价值。See LOEWENSTEIN G, et al. Self-serving assessments of fairness and pretrial bargaining [J]. The Journal of Legal Studies, 1993, 22 (1): 135-159.

[2] 宁静波. 诉讼还是和解:诉讼经济学研究述评 [J]. 法律和社会科学, 2012, 9 (00): 241-257.

[3] SHAVELL S. Suit, settlement, and trial: a theoretical analysis under alternative methods for the allocation of legal costs [J]. The Journal of Legal Studies, 1982, 11 (1): 55-81.

[4] COOTER R, ULEN T. Law and economics (6th edition) [M]. Boston: Berkeley Law Books, 2016: 388-391. POSNER R A. Economic analysis of law (8th edition) [M]. New York: Aspen Publishing, 2011: 787-792. SHAVELL S. Foundations of economic analysis of law [M]. Cambridge, MA: Harvard University Press, 2004: 428-432.

《诉讼费用交纳办法》（以下简称《办法》）第六条所界定的范围①。因此，将该词译为"法律费用"，列于诉讼成本之下，或许更为合适。不能因为《办法》第二十九条"诉讼费用由败诉方负担"，就断定我国采纳了英国规则。事实上，我国法律费用的分担是两种规则的混合：根据《办法》第六条，案件受理费、申请费等诉讼费用由败诉方承担，此点与英国规则相近。但对于律师费与诉讼过程中发生的其他费用，法律未作明文规定。司法实践认为，当事人未作特别约定时，不能主张由对方承担②，此点与美国规则相似。中国学界既往研究或是没有考虑中国法上的诉讼费用规则，照搬美国规则下的乐观模型③，或是混淆了诉讼费用和诉讼成本，认为由败诉方承担所有诉讼成本④。本文认为，针对前述规则的差别，有必要对基于美国规则所建立的乐观模型进行调整。设诉讼费用为 $T$，当事人约定由败诉方承担的其他费用为 $X$，结合式（2-1），将式（1-1）和式（1-2）调整如下：

$$E_p = JP_pR_p - C_p + S_p - (1 - P_p)(T + X) \qquad (3\text{-}1)$$

$$E_d = JP_dR_d + C_d - S_d + P_d(T + X) \qquad (3\text{-}2)$$

代入式（1-3）整理可得：

$$J(P_pR_p - P_dR_d) > (C_p + C_d) - (S_p + S_d) + [1 - (P_p - P_d)](T + X) \qquad (3\text{-}3)$$

从式（3-3）来看，当双方当事人对原告胜率形成共识（即 $P_p \approx P_d$）时，该费用分配规则对当事人解纷机制的选择并不产生影响。而当原告更有信心胜诉时（即 $P_p > P_d$），相关规则为当事人选择判决提供了激励；而当原告信心不足时，在该规则下更有动机选择调解——这正是英国规则较

---

① 《诉讼费用交纳办法》第六条："当事人应当向人民法院交纳的诉讼费用包括：（一）案件受理费；（二）申请费；（三）证人、鉴定人、翻译人员、理算人员在人民法院指定日期出庭发生的交通费、住宿费、生活费和误工补贴。"
② 如北京市高级人民法院（2021）京民终210号民事判决书、甘肃省高级人民法院（2021）甘民终459号民事判决书等。
③ 叶斌，熊秉元. 网购纠纷解决方式选择的法经济学分析 [J]. 财经问题研究，2022（5）：17-26. 徐冰，吴洁. 成本收益驱动下的当事人程序选择研究：完善多元化纠纷解决机制的微观视角 [J]. 人民司法，2019（16）：94-101.
④ 杨志利. 调解与判决的选择：基于当事人经济计算角度 [J]. 广东商学院学报，2013，28（5）：82-90.

之美国规则所产生的影响,即对高胜诉率的一方当事人提供选择判决的激励,而遏制相反的情形。中国规则对英国规则所进行的修正体现于模型的参数 $X$,当事人约定的范围越大,前述效应越强烈,若当事人未作约定,则仅有诉讼费用 $T$ 能够转嫁于败诉方,此时对当事人的激励显著弱于英国规则。

(三) 小结

针对民间借贷纠纷高胜诉率、双方信息相对对称、外部性作用有限的特点,本文选择乐观模型作为基础模型,并基于实践中的"执行难"问题与中国法上独特的费用承担规则,引进实际执行率 $R_p$、$R_d$、诉讼费用 $T$,当事人约定由败诉方承担的其他费用 $X$ 等参数,对模型进行修正。由式(3-3)能够得到以下结论:

第一,标的额 $J$ 越大,不等式左侧值越大,即当事人越可能选择判决而非调解;反之,标的额小的案件调解成功的可能性更大。但预期判决成本与预期调解成本均会随着标的额的增加而上升,而预期诉讼成本的增长速度快于预期调解成本的上升[1],标的额越大,反而可能使调解更容易实现。故不能仅凭标的额对能否调解作出判断。

第二,在对实际执行率认知相同的前提下,当事人双方对原告诉讼胜率的预期差距越小,越有利于调解的达成。当原告对诉讼前景比被告更悲观(即 $P_p<P_d$)时,更倾向于选择调解。

第三,若当事人双方对实际执行率形成共识,且原告对自己胜诉概率的估计高于被告(即 $P_p-P_d>0$),则实际执行率越高,当事人越倾向于选择判决而非调解。若双方对实际执行率不能形成共识,当原告对执行前景更加乐观时,更容易选择判决,反之则更愿意接受调解条件。

第四,判决成本与调解成本的差值越大,调解越可能实现,而且二者的差值是决定调解空间最重要的因素。即使相对于法院调解,减半收取案

---

[1] 波斯纳认为,判决和调解成本事实上包含着固定成本和可变成本两种。诉讼既是一种投资,也是一种费用,标的额越高,当事人的诉讼花费可能更多,大案的判决成本高于小案;但是,大案调解的成本并不比小案的调解成本高多少。参见波斯纳. 法律的经济分析 [M]. 蒋兆康,译 .7 版. 北京:法律出版社,2012:825.

件受理费的诉讼成本通常仍大于人民调解成本，人民调解仍具有发挥作用的空间①。当原告更有信心胜诉时（即 $P_p>P_d$）时，中国规则为当事人选择判决提供了激励。当事人对费用分担约定的范围越大，此种激励作用越强。

比较现有模型，结合中国实践的乐观模型的优势在于：第一，针对民间借贷纠纷这一细分领域展开分析，当前学界尚欠缺将诉讼决策模型运用于该领域的研究，且针对特定领域的特点选择对应模型具有更强的解释力；第二，区别于既往研究多简单套用域外模型，本文结合实践特点与中国规则，大胆引入相关参数，对模型进行必要调整，使之更能有效回应和解释中国问题。

## 四、诉前调解率低与诉中调解率高的分析

本文以修正后的乐观模型为基础，以 S 市为例，尝试对民间借贷纠纷中当事人解纷机制选择的现实状况（即：为何当事人倾向于选择判决而非调解？）加以解释。

**（一）低下的诉前调解："剃头挑子一头热"**

笔者通过 S 市法院立案庭的法官了解到，该院所管辖的民间借贷纠纷中，仅有15%左右的案件能够通过诉前调解解决。这一数据与前述最高院所称数据形成鲜明反差，其原因为何？

从原告的角度进行分析。首先，由于原告对民间借贷关系是否存在心知肚明，通常会诉至法院的原告对胜诉都有较强的信心，即 $P_p$ 较大。诚如前述，胜诉确权并非原告起诉的目的，实现权利、取得价款才最为重要。2023 年，S 市法院的实际执结率约为 29.43%，原告可能并不了解这一精确数据，不过从日常生活经验中也可知执行并非易事，且在双方当事人较为熟悉的场合，原告对被告有无能力履行具有一定的了解，因此 $R_d$ 通常处于较低水平。其次，就判决成本 $C_p$ 而言，主要包括两部分：第一，显性成本，由于诉讼费用被剥离，因此剩余的成本以代理成本，即律师费为

---

① 徐冰，吴洁. 成本收益驱动下的当事人程序选择研究：完善多元化纠纷解决机制的微观视角 [J]. 人民司法, 2019 (16): 94-101.

主，为了降低该成本，不聘请律师成为多数当事人的选择①。第二，隐性成本，其中以时间成本和人力成本为重。时间成本不仅包括当事人因诉讼而投入的时间，也包括资金持续被对方占用的损失。多数案件的审理期限在 31 日至 180 日之间②，还未计算立案的艰辛与立案前的漫长等待。人力成本是指当事人因诉讼耗费的精力，包括心理成本、因参与诉讼导致的精神压力等。相比之下，调解成本 $S_p$ 显著为低。时间成本方面，调解工作在 30 日内完成，对双方当事人同意延长调解期限的，可延长 15 日，明显低于判决的审理期限。而在人力成本方面，较之对抗性的争讼程序，力争形成合意的调解程序气氛更加融洽，耗费的精力相对较少。最后，对于诉讼费用 $T$ 和其他约定费用 $X$，自然人之间的民间借贷通常不会对律师费等实现权利所需的其他费用作出约定，$X$ 处于较低水平，故原告不欲在权利实现过程中有过多的支出。同时，尽管根据法律规定和当事人约定，相关费用最终将由败诉方承担，且原告对于胜诉有充足信心，但费用仍然需要由原告预缴。根据行为经济学的"禀赋效应"，人们对损失的评价高于对收益的评价③。在实现权利、获得收益之前，当事人被迫预付一笔不菲的费用，相当令人不快。检索发现，在 S 市法院该案由的撤诉案件中，约有 10% 是由于"当事人未预交案件受理费"，足见该因素的影响。与之相比，诉前调解不收取任何费用④，进一步提高了调解的吸引力。简言之，在上述诸因素的影响下，原告在调解中愿意接受的最低价格 $E_p$ 已经大大降低，原告有动因选择调解而非诉讼。

然而，调解的前提是"双方当事人同意调解"，对被告而言，其所愿支付的最高价格 $E_d$ 甚至更低于 $E_p$，导致案件最终还是进入诉讼程序。首

---

① 在"威科先行"平台对 S 市法院相关案件进行检索，检索时间为 2024 年 7 月 10 日，检索条件为：（1）案由：民间借贷纠纷；（2）审理法院：F 省 S 市人民法院；（3）文书类型：判决书。共检索到 2 585 份判决书，点选"可视化"功能，在"聘请律师情况"中，"未聘请律师"占比为 59.42%，"单方聘请律师"占比为 35.05%。

② 在与前注相同的检索条件下，审理期限为"31 日~90 日"的案件占比为 45.17%，"91 日~180 日"占比为 27.31%，而审理期限在 30 日以下的案件占比仅为 22.87%。

③ KAHNEMAN D, KNETSCH J L, THALER R H. The endowment effect, loss aversion, and status quo bias: anomalies [J]. Journal of Economic Perspectives, 1991, 5 (1): 193-206.

④ 《中华人民共和国人民调解法》第四条。

先，尽管被告同样对借贷关系是否存在同样心知肚明，但在利己偏向的作用下，其对原告胜诉概率的估计 $P_d$ 必然较之 $P_p$ 为低。而在其中发挥更为关键作用的是被告认为的实际执行率 $R_d$——被告对实际执行率往往有着更低的估计，既基于被告的利己偏向，也源于"我没钱，你爱怎么样怎么样"的想法，或是对自身转移财产的能力颇有自信。至于诉讼费用与其他约定费用的承担，在该观念的影响下，被告对此同样不以为意，至少在进入诉讼前存在这样的认知①，导致调解节省诉讼费用的激励功能无法得到发挥。其次，在判决成本 $C_d$ 上，由于被告败诉概率较大，其通常没有雇请律师、作出答辩或出庭的动机——因为这些努力纯是成本，预期收益极低。如果被告根本不参与诉讼，其判决成本几乎可以忽略不计，甚至低于调解成本 $S_d$。在"威科先行"平台进行检索，发现缺席判决在 S 市法院的相关判决中占比约 77%②，也可为前述分析提供佐证：多数被告甚至不愿意参与相关程序，遑论配合调解？

通过当事人的成本-收益分析，本文认为：调解对原告有利，但对被告而言，调解和判决并无实质区别，被告缺乏参与调解的动因，从而表现出"剃头挑子一头热"的现象——原告积极推进，而被告爱答不理，甚至恶语相向③。既然如此，为何在诉讼过程中，调解率又有显著提高呢？

(二) 异常的诉中调解：考核下的激励扭曲

如前所述，S 市法院近三年民间借贷案件立案 1 781 件，其中判决 992

---

① 实践中不乏这样的现象：被告在诉前拒绝调解，但在法院作出判决后，又嫌判决费用过高产生新的纠纷，乃至引发信访。S 市法院减少这一问题的做法是：要求双方当事人签署"立案前调解告知书"，具体内容包括调解的相关优势，如减轻诉累、时间较短、可制作调解书并作为执行根据、调解不收取任何费用等。

② 以"执行难"为关键词在知网中共检索到的 2 717 份"文献"，再以"缺席判决"为关键词在结果中检索，共得到 2 003 份文书。必须承认的是，该数据受到上网文书数量、类型的影响，准确度存在疑问，但毋庸置疑的是，缺席判决在民间借贷纠纷中相当常见。一项同类研究显示，在美国和我国台湾地区，债务追偿案件中缺席判决同样非常普遍，发生率约为 75% 和 70%，与前述数据接近，这也可提供一个旁证。参见 Chang Y C, eds. Selection and decision in judicial process around the World: empirical inquires [M]. Cambridge: Cambridge University Press, 2019: 96.

③ 据该院立案庭法官所言，在民间借贷纠纷中，原告来到法院起诉通常较为积极、配合，也倾向于尽快解决纠纷，但当通知被告时，被告多数持逃避态度，不配合工作，行为包括但不限于不接电话、接电话但无意参与纠纷解决过程（如表示"我没钱，你爱怎么样怎么样"或不到庭应诉）、辱骂法院工作人员等。

件，调解429件，调解率约为24%，与民事案件中调解结案的平均占比基本持平，与前一部分的分析存在龃龉——被告如果不愿参与程序，为何会接受司法调解？

被告不参加诉讼，无法达成调解，只能作出缺席判决，自不待言。不过并非所有被告都拒绝参与诉讼，在被告应诉的前提下，仍可能达成调解。双方投入成本进行诉讼攻防期间，将更缺乏合作的动机，因为率先选择合作的当事人在博弈中更有可能处于劣势。只有在"战斗"了一段时期，双方"精疲力竭"且信息逐渐完全后，当事人才有可能转向和解。且在整个解纷过程中，被告合作的动力往往都小于原告①。在此前提下，双方当事人能够达成调解，更大的原因在于法官作为中立的第三方，通过改变双方当事人对成本-收益的考量，帮助双方达成调解协议。

1. 法官为什么要促成调解？

《关于进一步贯彻"调解优先、调判结合"工作原则的若干意见》要求："各级法院特别是基层法院要把调解作为处理民事案件的首选结案方式和基本工作方法。对依法和依案件性质可以调解的所有民事案件都要首先尝试通过运用调解方式解决，将调解贯穿民事审判工作的全过程和所有环节。"在进一步深化多元化纠纷解决机制改革、坚持和发展新时代"枫桥经验"的当下，尽可能地通过调解化解纠纷仍然是法院的重要目标。而论及法官个人为何有动因促成调解，笔者在询问S市法院多位法官后，大致归纳出如下原因：第一，影响法官绩效。调解率是法院的考核指标之一，法院将调解率分解至法官，法官需要努力提高这一比率；同时，调解案件不能上诉，有利于降低同为考核指标的上诉率、二审改判率，上述比率均会影响法官的绩效。第二，调解可以不用写判决书，只需出具调解书，调解书比判决书简单且花费的时间少。第三，如果法官对有的案件该如何判决存有疑问，也会努力调解，以避免判决错误被上诉、改判。

简言之，法官之所以不厌其烦地促成调解，最大的原因在于调解所影响的指标与法院绩效考核的强制捆绑，此时法官调解的核心目的是保证自

---

① 徐昕. 论私力救济 [M]. 桂林：广西师范大学出版社，2015：213-214.

身利益,而当事人是否愿意接受调解、调解是否有利于纠纷的公正解决、调解是否有利于保护当事人合法权益不被作为法官推进调解的主要依据。通过此种方式达成的调解是否符合调解制度的最终目的尚存疑问①。同时,法官的介入为何能够促成双方当事人握手言和?法官的行为如何促进调解的达成?由此,需要对法官促成调解的主要手段展开分析。

2. 法官如何促成调解?

在对法官的主要调解手段进行类型化后,可通过前述模型对其影响做出解释:

一方面,法官作为中立的调解方,能够通过调解技巧,营造理性交流气氛,明确成本-收益,促进信息传递,同时降低调解成本,促成调解实现。首先,法官抚平对立情绪,明晰成本-收益。如前所述,"理性人"假设与现实情况存在出入,当事人的解纷机制选择可能并不是在审慎思考之下作出的,因情感上的愤怒一时冲动提起诉讼并不罕见,对调解与判决之间优劣的了解可能也有所欠缺。法官以情动之,作为当事人之间的润滑剂,安抚双方情绪,使得双方当事人回归理性,创造和解条件;释法析理,为双方当事人释明成本、收益,并强调调解之优势②,在符合前述和解条件时,理性的当事人自然会选择调解。其次,法官落实司法便民,降低调解成本。S市法院以"如我在诉"的办案理念,尽力为双方当事人提供便利:如开启"夜间调解直通车",努力解决群众工作时间"没空办"、休息时间"没处办"的难题;充分运用线上送达、线上调解等智慧法院功能,让群众"少跑腿"……总结下来,S市法院通过各项司法便民措施,降低当事人的调解成本。最高法院相关司法政策也为诉中调解提供了激励:对原告而言,以调解方式结案,不能进行上诉,调解书可以作为执行

---

① 如李浩教授认为,调解行为的异化导致调解案件大量进入强制执行,颠覆了调解的比较优势,增加了原告的诉累,并加重了执行难,损害司法权威。潘剑锋教授认为,片面追求高调解率导致实践领域已经开始出现将矛盾和问题后置的"旋转门"现象,削弱了调解的实质机能。参见李浩. 当下法院调解中一个值得警惕的现象:调解案件大量进入强制执行研究[J]. 法学,2012(1):139-148;潘剑锋. 论民事司法与调解关系的定位[J]. 中外法学,2013,25(1):185-196.

② 该院法官表示,尽管诉前要求双方当事人签署"立案前调解告知书",但较少有当事人认真查看,在调解中再次告知有其必要。

根据，从而避免诉讼进一步延宕，节省时间成本；对被告而言，在败诉已成定局的前提下，调解结案减半收取案件受理费，至少能够减少其损失。也即，此时哪怕司法调解在实体上的结论与判决完全相同，选择调解对当事人双方也并非无利可图。最后，法官打破博弈困境，促进双方交流。实践中，法官采用"面对面"与"背对背"相结合的调解模式。在与当事人的分别交谈中，法官可以填平或制造当事人之间的信息差异，创造一定的调解空间。如前所述，在博弈中，双方可能都不愿意首先提出和解，以免示弱，而法官作为中立的第三者，可探析当事人的"底价"，并以"建议"形式向另一方当事人传达，成为当事人之间沟通的渠道。通过上述方式使得两造皆服，自愿调解，从而定分止争，实现"案结事了"，既实现了当事人的最大利益，也符合司法调解制度的目的。

另一方面，法官同时作为审判者，通过审判权对双方当事人施加影响，扭曲调解的自愿性。首先，法官也可能通过一定程度上的"欺骗"，向双方当事人传递不同信息，人为扩大调解空间，甚至以审判权强迫进行调解，如为了调解成功，对法律作出不同的解释、对心证作出差别性的公开、对诉讼风险与执行风险作相反的提示，扩大 $P_pR_p$ 与 $P_dR_d$ 之间的差值。法官在调解中具有调解者和诉讼指挥者双重身份，其观点具有事实上的强制力，当事人往往担心受到不利裁判而违心地同意调解。其次，既往实证研究表明，行使审判权进行调解的主要抓手是诉讼时间[1]。在调解不成的情况下，法官不是及时判决，而是继续一次次地做调解工作，延长诉讼时间，迫使当事人就范，即当事人反映的"调解烦"问题[2]。此时的调解很大程度上不是在双方当事人自由意志支配之下作出的，不符合两造的最大利益。

综上，多数情况下，在审判权作用下达成的和解仍然是当事人理性计算下符合其最大效益的结果。但少数情况下，法官纯粹从个人利益出发迫

---

[1] 陈慰星. 选择中的正义：民事诉讼当事人行为选择的法经济分析 [M]. 北京：社会科学文献出版社，2015：161-167.
[2] 姚红，朱江，王亚新，等.《民事诉讼法》修改大家谈 [J]. 国家检察官学院学报，2011，19（5）：63-71.

使双方当事人进行调解，导致达成的调解结果乃至进行调解本身都是背离当事人利益的。由于本文从当事人的视角进行研究，无意对此进行探讨，但显而易见的是，以判压调、以拖促调扭曲了双方当事人的调解意愿，导致其被迫选择较之判决成本更高或收益更低的调解程序，无法实现效益最大化，对于双方当事人而言是不经济的。就本文所探讨的问题而言，法官的上述举措有效提高了调解结案率，从而形成诉前调解率与调解结案率之间的差距。

## 五、结语

解决纠纷需要尊重客观规律。本文从法经济学的视角探讨行为人在调解与判决间作出选择的条件，结合民间借贷纠纷原告高胜诉率、双方信息相对对称、外部性作用有限等特点，选择乐观模型作为基础模型，并基于"执行难"问题与中国法的费用承担规则，引进实际执行率 $R_p$、$R_d$、诉讼费用 $T$，当事人约定由败诉方承担的其他费用 $X$ 等参数，建构民间借贷纠纷当事人解纷机制选择的分析模型。运用该模型分析 S 市民间借贷纠纷中诉前调解率低而调解结案率高的原因：调解对原告有利可图，而对被告而言，在利己偏向的影响下，其对原告胜诉概率的估计 $P_d$ 与实际执行率 $R_d$ 均较低，且其调解成本不低于判决成本，导致调解对被告得不偿失，缺乏参与调解的动因，因此诉前调解率处于低位。在立案之后，法官作为中立第三方介入调解，在法院绩效考核的指向下，法官有动力促成双方调解。一方面，法官作为调解人，通过安抚情绪、释法说理，帮助双方当事人充分考量成本和收益；落实各项司法便民举措，降低调解成本；在调解中作为双方当事人沟通的桥梁，传递和解信息，促成双方自愿调解。另一方面，法官作为审判者，以判压调、以拖促调，扭曲了双方当事人的激励，损害调解的自愿原则。由此，法官通过"双管齐下"，"产出"了较高的调解结案率。

# 雪上加霜？极端案件中社会舆论与司法审判的互动研究

## ——基于邯郸少年被害案的实证分析[*]

江骁宇[**]

【摘　要】司法与舆论的互动已经成为我国现代化法治建设的重要命题。而在极端案件中，司法与舆论的互动偏差愈发明显。本文选取《刑法修正案（十一）》颁布后轰动一时的邯郸少年被害案作为案例，将核准追诉前后的微博舆论样本进行对比，运用 goseeker 分词与情感分析工具进行语义分析，呈现公众期待诉求并对比不同回应策略的舆论效果。在"期待–回应–感知"路径中，由于公众对于刑法功能的期待存在偏差，司法单独回应可能加剧公众对刑法功能的误解。因此，应减少司法单独回应，联合媒体叙说、法律科普等舆论回应手段，弥合公众的前置知识偏差，引导"期待–回应–感知"互动回归正轨。

【关键词】刑法功能；舆论互动；刑罚民粹主义；司法回应策略；刑法修正案（十一）

## 一、问题提出与研究设计

### （一）引言

邯郸少年遇害案轰动全国，一度被认为可能成为最高检核准追诉低龄未成年人的第一案。虽然最终在时间上没有成为"第一案"，但其核准追

---

[*] 本文系教育部哲学社会科学研究重大课题攻关项目"百年中国政法体制演进的经验与模式研究"（项目编号：22JZD014）的阶段性成果。

[**] 江骁宇，中国人民大学法学院本科生。

诉前后引发的社会影响远超同类事件。如何平衡公众感知与司法正义，是长久以来不变的话题，而在互联网愈发发达的今天，突发极端恶性事件比以往更能牵动舆论，给予司法工作者不小的舆论压力。

在司法－舆论互动领域，普遍引起学界担忧的问题是：当极端恶性的个案发生时，舆论是否会对于刑法功能产生更大的依赖和期待，或对于未成年人的司法保护产生进一步的攻击？司法和立法在面对这一风险时应采取何种回应路径？这些问题均需要通过实证研究给出参考。截至本文写作时，本次事件仍属于正在进行中的法律事件，有一定的社会影响，能够弥补对于《中华人民共和国刑法修正案(十一)》（以下简称《刑法修正案(十一)》）刑龄降低后实证研究的缺口，同时也具有很强的可操作性。

通过中国知网、威科先行数据库，使用检索式"（主题：刑法修正案（十一）第十七条）OR（主题：刑事责任年龄）OR（主题：最低刑龄）""（主题：舆论司法互动）OR（主题：回应性司法）"等进行检索可知，目前针对《刑法修正案（十一）》第十七条，即最低刑事责任年龄人核准追诉制度的研究，有核心期刊论文近七十篇；而对于舆论中刑罚民粹主义倾向观念的研究存在三十余篇核心期刊论文。此外，还有英美、日本、欧洲等区域的研究专著；司法与舆论的互动关系这一经典命题，在这一特定主题下也存在四十余篇核心研究。可见，因修正案颁布较为新近，目前研究较少，相关研究仍存在较大空间。

本文将以"期待－回应－感知"的司法舆论互动路径作为理论主线，在第二部分着重梳理事件发生之后的传播路径与转发话语，总结出"期待"部分"恶童叙事"的模式及成因；第三部分则关注"回应－感知"，通过司法核准追诉这一单独动作前后的舆论对比，探究不同类型回应对于舆论的引导效果。最终，本文将通过上述分析总结"期待－回应－感知"这一路径产生偏差的原因，以探求纠正这一偏差的可行路径。

（二）文献综述

1. 规范层面：低龄刑事案件核准追诉

对于2021年颁布的《刑法修正案(十一)》，有许多研究积极评价了此次年龄下调对于社会问题的回应。随着青少年生长发育的提前和犯罪低龄化趋势,降低刑事责任年龄起点被认为是必要的。有学者认为,《刑法修正案(十一)》对刑事责任年龄的弹性降低具有合理性,并能更有效地防治青少年犯罪,同时坚持"教育为主、惩罚为辅"的刑事政策[1]。也有学者认为,新修正案的实施有助于在实践中适度从严从紧控制罪行种类标准与不同年龄责任能力等法律标尺,同时支持对非必须适用刑罚的未成年人在尺度上适当放宽[2]。

然而,也存在大量反思视角的研究。有学者认为,最低刑龄下调至12周岁具有合理性,同时也指出单凭降低最低刑龄并不能根本解决低龄儿童的犯罪问题,强调需要进一步研发更多措施,采取司法模式和福利模式分别应对不同年龄段的低龄儿童犯罪[3]。更严厉的反思认为这一调整并未经过严谨论证,也缺乏正当性根据,应对刑事未成年人进行刑法上的例外非难与谴责,但须在立法与司法中予以严格限制,并以优先启动少年司法后例外剥夺"未成年人"身份为前提[4]。从司法角度看,检察机关在办理低龄未成年人案件时应遵循最有利于未成年人原则,并促进特别程序实质化落实。核准追诉仅是办理低龄未成年人案件的一个环节,检察机关应从整体上把握案件办理工作,最大化实现立法价值[5]。也有学者探讨了低龄未成年人罪错行为的法律规制,提出了完善双轨制少年司法体系的具体对策,强调对低龄未成年人罪错行为的有效法律外干预机制的重要性,并提出通过联动强制亲职教育提升家庭监管能力,以及专门矫治教育制度的司法化程序[6]。

综上所述,部分学者倾向于支持刑事责任年龄的下调,并强调这一调

---

[1] 陈玮璐. 青少年犯罪防治与最低刑事责任年龄规定之修改 [J]. 中国青年研究, 2021 (2): 52-57, 42.

[2] 简小文. 低龄未成年人案件核准追诉若干问题研究 [J]. 兰州大学学报(社会科学版), 2023, 51 (2): 100-109.

[3] 姜敏.《刑法修正案(十一)》新增最低刑龄条款的正当根据与司法适用 [J]. 中国刑事法杂志, 2021 (3): 21-36.

[4] 姚建龙. 不教而刑:下调刑事责任年龄的立法反思 [J]. 中外法学, 2023, 35 (5): 1203-1223.

[5] 简小文. 低龄未成年人案件核准追诉若干问题研究 [J]. 兰州大学学报(社会科学版), 2023, 51 (2): 100-109.

[6] 许身健. 低龄未成年人罪错行为的法律规制 [J]. 法学杂志, 2023, 44 (6): 49-59, 2.

整与现有刑事政策的一致性及其在司法实践中的应用；同样也有学者对这一立法调整持反思态度，强调刑法的谦抑性和独立性；还有部分学者在认同下调刑事责任年龄的同时，提出对现有法律实施中应考虑的因素和需要进一步解决的问题。可见，对于《刑法修正案（十一）》，有一部分学者聚焦于批判其扩大化倾向，以及关注年龄下调对于社会的回应以及此举对于刑法范围的扩大。

2. 社会舆论层面：民众的刑罚民粹主义倾向

刑罚民粹主义最初于20世纪90年代以来在西方国家刑事立法领域中出现。刑罚民粹主义通过媒体对司法个案的渲染和对犯罪受害人的关注，激发公众对犯罪的集体恐惧，并要求更严厉的刑罚措施。此外，研究发现，刑罚民粹主义的兴起与社会公众的心理基础有关，也是司法对此进行回应的结果[①]。

而在基于我国的相关研究中，也讨论了社会治理对刑法的过度依赖问题。学者通过实证研究，发现拐卖儿童犯罪的法律演进反映了社会治理中严重的刑法依赖倾向[②]。更多学者关注社会治理过度依赖刑法的问题，并对这一现象的隐忧进行了深入分析。例如，过度刑法化背离了刑法的性质，导致刑法的扩张和其他部门法的萎缩，这种"角色定位"的混乱可能会削弱刑法的威严。此外，过度刑法化还可能导致社会管理手段的弱化，因为它忽视了刑法的机能，即在强化社会保护的同时，也应重视人权保障。诸如此类的刑法实用主义倾向被认为会导致刑法庸俗化，使得刑法失去了其应有的严肃性和威严[③]。同时，中国刑法功能多元化的现象也遭到批判，被认为导致了社会治理的过度刑法化，增加了社会治理成本，并可能导致情绪化的刑事立法和司法。学者提出，应当通过成本效益评估、刑事一体化理念、刑法谦抑性观念以及整体法律观，使刑法回归其应有的理

---

① 李怀胜. 西方刑罚民粹主义的缘起、立场与策略 [J]. 政法论坛, 2015, 33 (4): 104-114.

② 赵军. 法治建构与社会治理的"刑法依赖症"：以拐卖儿童犯罪的法律演进为中心 [J]. 法学评论, 2016, 34 (6): 75-86.

③ 王强军. 社会治理过度刑法化的隐忧 [J]. 当代法学, 2019, 33 (2): 3-12.

性和功能①。

在讨论《刑法修正案(十一)》时,学者们也提到了民众对刑法功能的期待问题,指出立法者需要理性对待民众的重罚呼吁,不应简单迁就民众的重罚愿望,而应坚守刑法的基本原则和价值取向。其中还特别提到"被害人一方"的重罚呼吁,有学者指出,随着犯罪行为日常生活化,犯罪日益成为政治问题,可能导致"刑罚民粹主义"的出现。对此,立法者需要特别警惕,不能为了满足被害人一方的处罚要求而忽视了责任主义原则。此外,媒体对民众感知犯罪威胁的影响也被提及。在当今社会,媒体尤其是自媒体的发达可能会放大社会不安定因素,使民众对于重大极端个案产生代入情绪,影响民众对刑法功能的期待②。

可见,社会中刑罚民粹主义的倾向的确存在。刑罚民粹主义可能会忽视刑法的专业性和社会治理的复杂性,导致刑法的庸俗化和过度扩张。在当今社会,社会民众对刑法功能的期待可能受到媒体和舆论环境的影响,立法者在回应这些期待时需要保持理性,避免过度刑法化。对于舆论环境和规范的研究都指出了对于"压力-回应"模式的隐忧,也将研究视线转向了司法与舆论的互动关系。

3. 互动层面:"期待-回应-感知"的互动路径

首先是民众产生功能性期待。自媒体时代,舆论与司法审判之间形成了期待差值,网络舆论的监督促进了冤假错案的翻案,同时也可能因为媒体的偏向性而导致"未审先判"的情况。法律与道德之间的冲突以及法律的强专业性使得司法审判与大众心理之间存在差异。为了建设法治社会,需要逐步完善司法审判结果与民众舆论之间的期待符合程度③。

其次是刑法产生立法或司法上的回应。《刑法修正案(十一)》的立法动因在于对社会现象、法律秩序统一的要求以及国家政策调整的回应。该修正案在回应性修法理念的指导下表现出重刑化和轻罪罪名大量入法的犯

---

① 王强军. 刑法功能多元化的批判及其限制路径 [J]. 政法论坛, 2019, 37 (1): 145-157.
② 周光权. 法典化时代的刑法典修订 [J]. 中国法学, 2021 (5): 39-66.
③ 孙铭涛. 舆论与司法审判的期待差值形成 [J]. 法制与社会, 2021 (10): 74-75.

罪化趋势。修法对现实的回应是刑法社会属性的应然要求，但过度回应的修法理念也导致了一些问题，如刑法部分条文的设置缺乏协调性、前科消灭制度的缺失以及刑法功能的错误定位等。因此，对过度回应的修法理念应当进行反思，并在未来刑法修法过程中保持回应性与前瞻性之间的平衡，更多关注除罪化的制度建设，抑制犯罪化、重刑化的倾向[①]。

最后涉及公众对于案件的正义感知。此类研究聚焦于民众在重大影响的司法案件中感知的正义。通过对江歌案的公共话语样本进行编码和话语分析，学者归纳出了以"话语汲取"为中心的感知司法正义的二阶塑造机制。这一机制的基础是主体间以"利用话语"为行动模式的互动关系。通过"有效宣称"构建"交往理性"可能是打通感知司法正义最后一公里的可能路径[②]。

然而，这一互动路径也会发生失灵。学者探讨了舆论与刑法之间的偏差式互动，特别是在刑事责任年龄下调的中国叙事中。通过引入长短期记忆网络（LSTM）对新浪微博相关评论文本进行情感分类，用数据化呈现社会舆论的具体诉求与刑法回应的实际效果，并由此得出刑法在回应社会舆论时采用了分散式功能叙说、话语体系置换以及年龄整体下调与多重限制并行的策略，但这种回应策略可能导致舆论对刑法功能的期许不降反升，保护与惩戒的理念认可度更加失衡[③]。

综上所述，虽然司法与舆论之间存在"期待-回应-感知"的良性互动机制，但由于公众社会心理以及认知水平局限等复杂原因，并不能够很好地实现公众的法治思想互动，甚至有可能加剧公众对于极端个案的重刑主义倾向，并进一步产生刑法在人权保障上的风险。

4. 代表性观点评述

在低龄未成年人罪错的刑事责任年龄下调问题中，现有研究大致分为

---

[①] 陈庆安.《刑法修正案（十一）》的回应性特征与系统性反思[J]. 政治与法律，2022（8）：108-122.
[②] 徐清，董昊哲. 利用话语："感受公平正义"的二阶塑造机制：基于江歌案的多平台话语分析[J]. 时代法学，2024，22（1）：40-52.
[③] 朱笑延. 舆论与刑法的偏差式互动：刑事责任年龄个别下调的中国叙事[J]. 法学家，2022（1）：68-83，193.

四种路径：一是出于积极观念对于《刑法修正案(十一)》阐述了合理性与优势；二是批判了《刑法修正案(十一)》中的重刑观念和"刑法圈"扩大的潜在影响，警惕刑罚民粹主义产生影响；三是提出了刑罚以外的替代解决路径，通过其他路径使得刑法实现谦抑和谨慎；四是法社科的研究进行了更深一层的理论探究，通过社会学的角度对互动过程进行调研。

总之，上述研究除了立法和司法角度的理论研究，就是在《刑法修正案(十一)》之前开展的社会学实证研究，并未在《刑法修正案(十一)》后对于实时热议的舆论场开展进行中的实证研究。而且，以往研究中对于社会舆论的研究仅仅局限于概念和特性层面，具有模糊化的特点，而非具体到网络生活的实证层面，现代网络数据分析工具和方法也使这一研究变得可能。

此外，为了应对刑事司法与舆论互动失灵的风险，学界提出了司法上"核准追诉"这一机制的限制作用。然而，朱笑延也进一步指出："面对刑罚民粹主义的潜在压力，由'最高人民检察院核准追诉'这一过滤、限制机制，也可能无法有效承担情法衡平的功能预设，甚至存在积极追诉被迫追诉的异化风险。"①

如今该案件正在进行中，这一隐忧被网络讨论中呈现出的极端民意进一步印证。此时民意也被更好地暴露，使得对于低龄核准追诉的舆论实证研究的开展具有充分的必要性和可行性。面对《刑法修正案(十一)》颁布以来影响最大的低龄极端恶性犯罪被核准追诉案件，通过舆论话语分析手段进行实证分析，引入社会科学的视角分析低龄未成年人犯罪核准追诉这一具体司法问题，这也是以往的理论研究所缺少的。

（三）研究设计

结合既有研究的不足与案件发生现状，本文选取新浪微博热搜"#邯郸一初中男孩遭3名同学杀害并掩埋#"的广场讨论、媒体帖文评论作为核准追诉前舆论期待的数据样本；选取"#最高检核准追诉邯郸初中生被害案3名未成年犯罪嫌疑人#"以及"#邯郸初中生被害案3人被刑事追诉

---

① 朱笑延. 舆论与刑法的偏差式互动：刑事责任年龄个别下调的中国叙事 [J]. 法学家，2022（1）：68-83，193.

#"的广场讨论、媒体帖文评论作为核准追诉后舆论感知的数据样本，同时，对本事件讨论、转发、热度进行时间上的追踪记录，以呈现完整的舆论参与环境。

相比其他社交媒体平台，新浪微博具有更广泛和丰富的参与人群，更强调热点事件的话题聚焦和观点集束，上述话题也得到微博热搜的集中作用达到超前的讨论度，因而前述话题具有较强的数据代表性。

在数据采集方面，本文首先采用WebScrapper爬虫软件采集，并通过基本的筛选和清洗，最终得到核准追诉前讨论文本有效数据共2 581条，核准追诉后讨论文本有效数据共1 422条。具体数据处理遵循情感分析基本路径，即适用goseeker分词工具进行分词和词向量转化。其次，本文基于SnowNLP，适用ToRCH2019代汉语平衡语料库进行词频统计、词性标注、情感分析、文本分类工作，分析公众对于司法的期待。最后，本文通过评价理论与语用立场理论对于媒体回应以及公众的表态进行测量，以探究不同回应模式产生的效果。

本文从具有代表性的极端个案出发，运用舆论学与话语分析相关方法，以分析司法与舆论在低龄未成年人犯罪的极端恶性刑事案件中的互动关系，并从社会学、舆论学的实证角度出发，通过量化方法进一步为公众情绪高涨的类似案件中司法和舆论的良性互动提供社会科学视角的参考[①]。

## 二、舆论"期待"："恶童叙事"的传播话语分析

本部分对"期待-回应-感知"的"期待"部分进行梳理，通过事件发生后的传播概况与转发特点着手分析，以初步得出"恶童叙事"的舆论期待特点。通过对概况的梳理以及对"期待"特点的总结，为后文进行环节分析做准备。

### （一）传播概况

依照知微数据平台的事件影响力指数（EII），此次舆论事件整体影响力为77.9，高于同年95%的事件与96%的社会法治类事件，可见此事件讨

---

[①] 张永健，程金华. 法律实证研究的方法坐标 [J]. 中国法律评论，2018（6）：73-89.

论度极高，足以证明本文研究的典型性与可行性。

总的来看，在最高检最初"将依法决定是否核准追诉"的声明前后，事件舆论持续期间以 2024 年 3 月 13 日至 2024 年 3 月 25 日计，事件持续期间平均传播速度为 58 条/小时，峰值传播速度达到 877 条/小时（未计入朋友圈等私域流量）。其中，在峰值传播阶段，微博传播占其他平台的绝大部分，而随着事件进入"自发维持热度"阶段，各大中短视频平台开始占据更大分量（见图 1）。

数据来源：《邯郸一初中男孩遭3名同学杀害并掩埋》，知微事见网，https://ef.zhiweidata.com，访问于2024年11月6日。

数据来源：《邯郸一初中男孩遭3名同学杀害并掩埋》，知微事见网，https://ef.zhiweidata.com，访问于2024年11月6日。

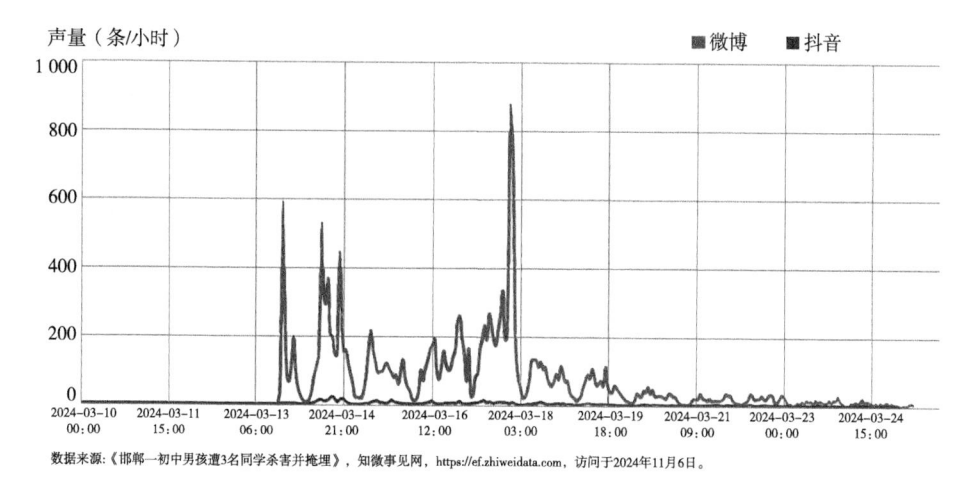

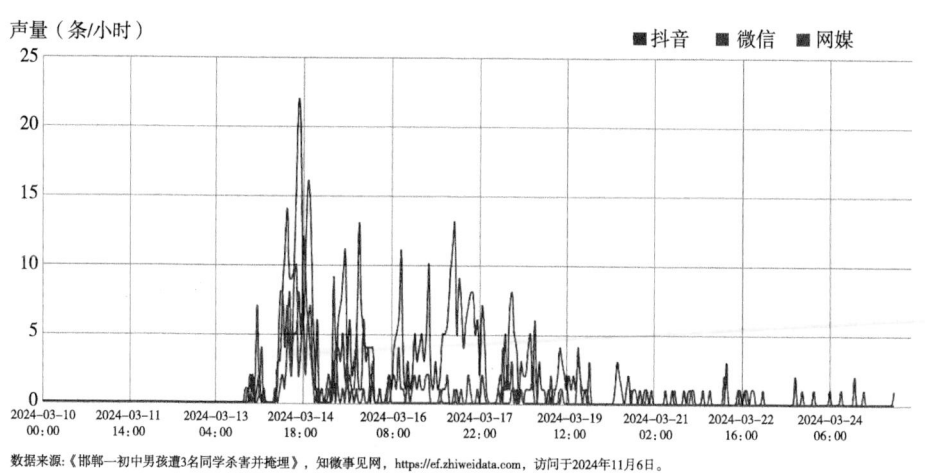

**图 1　事件多平台声量-时间图**

3月13日，网络媒体（搜狐新闻、中华网、头条新闻、新浪视频、观察者网等）于事件曝光后半小时即刻发布或转发快讯；次日，更权威的传统媒体代表（澎湃新闻、网易新闻、大河报、新闻晨报、三联生活周刊、南方都市报等）发布警方回应消息，其中，中华网持续发布信息达15条；3月15日，涉案律师发表言论，随后新京报发布消息，其用语已经涉及"小小年纪，何其心狠手辣"等语言，并就最高检发布的未成年人犯罪数据进行转发，中国新闻周刊、央广网也首次发声；3月16至17日，犯罪嫌疑人被刑拘，央视新闻、南方周末、南方都市报、Vista看天下等知名媒体以及胡锡进等各大意见领袖集中发声，事件到达舆论高峰。

3月17日后，事件进入二级传播阶段，权威媒体型意见领袖逐渐退出视野，各平台网友自发进行内容创作。此后发布帖子的性别比例与活跃度如图2所示，97.8%的讨论用户对于微博的日常使用属于低强度，也就是说，日常用户和路人更多地参与到了此次事件的讨论中。

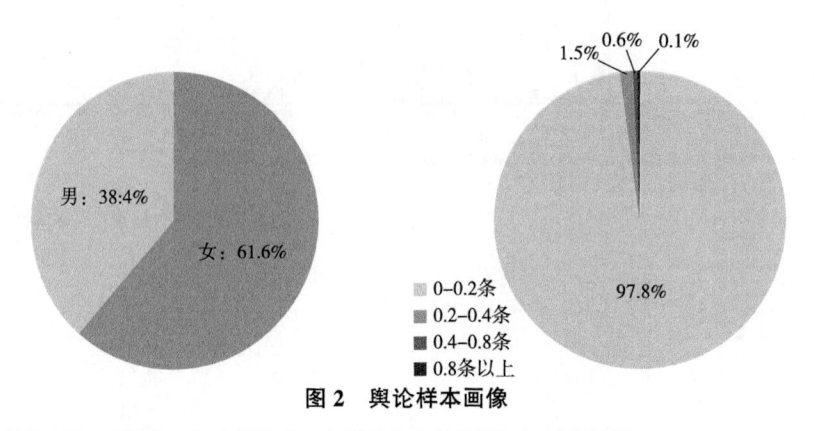

**图2　舆论样本画像**

数据来源：《邯郸一初中男孩遭3名同学杀害并掩埋》知微事见网，https：//ef.zhiweidata.com，访问于2024年11月6日。

（二）转发与话语策略分析

为运用多级传播模型分析意见领袖在舆论中的作用，本研究选取了澎湃新闻于2024年3月14日08∶13发布的快讯博文（截至分析时已经达3 812条转发量）来评估转发影响情况。通过多级转发数据绘制传播节点图（见图3），并得出结论：大众一级转发较多，网络大众更倾向于从新闻媒体直接了解或者查证信息，转发一手信息并在意见领袖评论区参与讨论。此外，我们发现在微博平台，有平时用于娱乐追星的"粉丝大号"也下场转发，引来了一波二次转发高潮（见图4），而这是在微博的追星粉丝账号发布内容中不常见的。可见此事件的传播穿透层级之深入，也可以体现该案例具有很强的代表性。

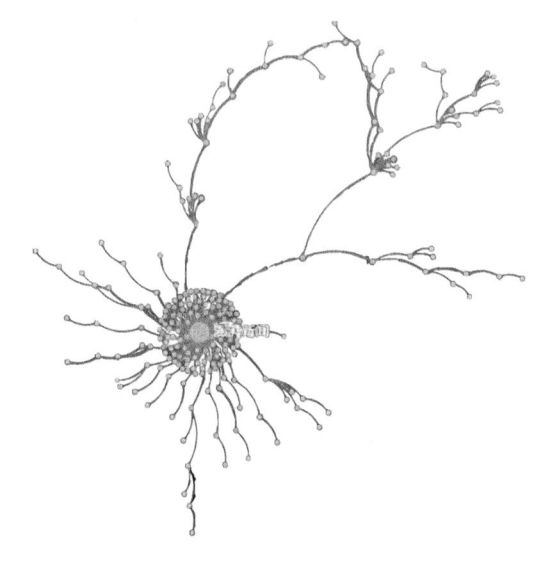

**图 3　传播节点图**

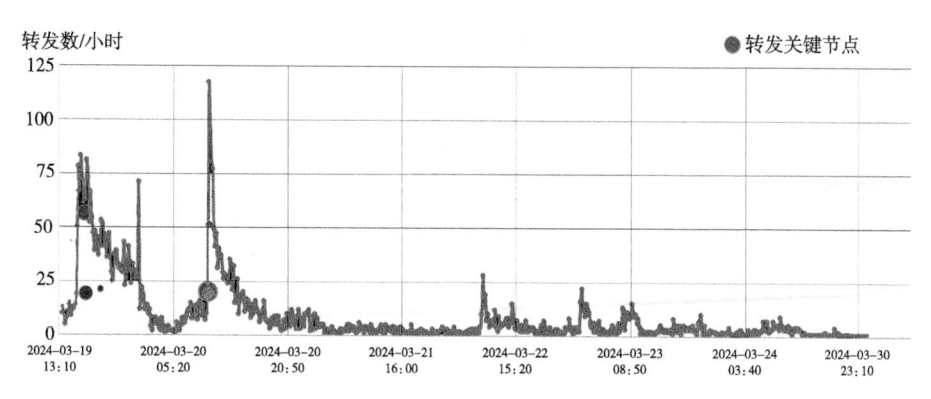

**图 4　澎湃新闻转发量增长-时间图（可观察到二次转发高潮）**

进一步从转发数据出发，对转发帖文的语言策略进行分析，调取转发文本中的部分关键词，并考察相应关键词出现时的二次转发数量，得出以下结果（见表1）：

**表1 负面高频词与含该词博文转发量**

| 词汇 | 怒 | 畜生 | 恶魔 | 犯罪 | 令人发指 | 杀害 | 伤心 | 虐杀 | 魔鬼 | 悲伤 |
|---|---|---|---|---|---|---|---|---|---|---|
| 频率 | 111 | 107 | 103 | 33 | 32 | 24 | 23 | 19 | 19 | 19 |
| 转发 | 0 | 16 | 1 | 0 | 1 | 0 | 0 | 0 | 4 | 0 |

观察发现，标签化犯罪嫌疑人为"恶魔"、"畜生"和"魔鬼"的转发受到更多人的二次转发，产生了更大的影响力。对比其他词汇的情况，总计只有"令人发指"这个词产生了仅仅一次转发，有"畜生"、"恶魔"和"魔鬼"这三个词的博文拥有显著较高的二次转发量。由此可见，公众对于刑法的期待仍然偏向于"惩治犯罪"的法益保护说，也可以初步验证其"杀人偿命"的朴素复仇思想。

综合本部分的分析，可以从事件传播的概况与话语方面得出初步结论：首先，本案例案件本身典型、讨论度大、穿透度强，属于典型的舆论案例，且属于最高检通过核准追诉程序落实《刑法修正案（十一）》规定的案件中社会讨论度最高的一个，具有很高的研究价值；其次，民众存在"重刑主义"期待的初步猜想被基本验证，网络民众更容易受到"恶童叙事"标签化、情绪化煽动的影响，并体现出追求刑法适用范围扩大化、刑罚严重化、追求实体正义的期待特征。

（三）"消逝的童年"："恶童叙事"成因分析

从上述分析总结出的"恶童叙事"作为一种社会文化现象并不是一件新鲜事。尼尔·波兹曼在《童年的消逝》中探讨了"儿童"这一概念诞生的过程：在中世纪，由于共享的媒介是口语，因此儿童与成人的生活世界并不区分，儿童仅仅被作为较小的成人被对待；而在15世纪到17世纪间，西欧出现了活字印刷术，阅读开始普及，"阅读能力"成为成人和儿童的区分标准，随着"人"的发现，"儿童"开始被发现，其"天真无邪"的社会文化属性也得以被发现。

在"儿童"被发现的同时，文学作品中也出现了典型的"恶童"形象。威廉·戈尔丁的《蝇王》中，由于缺乏法律约束与道德树立，从类似"性本恶"的角度树立了恶童形象；雅歌塔·克里斯多夫的"恶童三部曲"也给出了"性本善"角度的"恶童习得论"。无论"性善"或"性恶"，儿童之恶总是折射出成人世界之恶，并且因其特殊的文化属性背反被人所警觉。儿童的"天真无邪"会使得社会心理防线降低，恶童不容易被防备。加之其人格发展的不健全、后果认知不完全、法律保护因素等，更加使得恶童拥有不可控的条件，令社会公众缺乏安全感。因此，"恶童叙事"便成为社会对于本应拥有最纯洁社会属性的"儿童"却违反"社会道德底线"这一现象自我警觉的后果。

此外，波兹曼书中更强调"儿童"这一概念发展过程中媒介起到的作用。印刷术的媒介革命使得"儿童"这一概念产生，而新媒介革命会使"童年"有消逝的风险。阅读能力是最初儿童与成人分界的原因；而电视等新媒体使得阅读的内容更可触达、更易理解，儿童与成人在媒介上完成共享，儿童被迫提早进入充满冲突、战争、性爱、暴力的成人世界，这种分界进一步被挑战。当今社会，各种儿童"早熟"的案例屡屡发生，从媒介角度出发，并不是孩子"早熟"，而是由于媒介门槛的降低，儿童对于成人的模仿发生得更早，也即"儿童"这一概念边界在不断降低。"恶童叙事"的背后是对于儿童违反社会道德文明的不安，而随着媒介的发展，此种不安将表现为对于"儿童"标准的争议，且在当前法律环境下表现得更加激烈。

### 三、"重刑膨胀"：司法多重回应的前后对比

2024年4月8日，最高人民检察院宣布依法决定对邯郸少年遇害事件犯罪嫌疑人核准追诉。以此"回应"动作为界，可以分为事件发生至司法动作的"舆论期待"时期；以及司法动作后至下一个司法动作或执行结果的"舆论感知"时期。本部分对前后两个时期的舆论分别进行考察，将关注"期待-回应"与"回应-感知"两个环节，以探究期待如何影响回应，以及不同回应路径产生的不同效果。

（一）"期待-回应"：核准追诉前舆论的重刑主义期待

通过选取新浪微博热搜"#邯郸一初中男孩遭3名同学杀害并掩埋#"

的广场讨论和媒体帖文评论，共收集到有效讨论文本数据 2 581 条。随机抽取其中 200 条进行情感立场分析，得出结果见表 2：

表 2 话题广场讨论目标指向

| 目标指向 | 犯罪嫌疑人 | 法律规定 | 司法机关 | 被害人 | 犯罪嫌疑人家属 | 媒体 |
| --- | --- | --- | --- | --- | --- | --- |
| 次数 | 77 | 73 | 69 | 34 | 23 | 16 |

从表 2 可以看出，舆论不仅针对犯罪嫌疑人进行评价，也将语言指向司法机关和法律制度，这种批评偏移的指向是一种自觉的舆论施压，也在一定程度上具有发展为民粹主义舆论审判的风险。为了了解话语中"施压"的具体立场和表态策略，通过简单聚类和分层总结，又得出如下典型表达情态：

1. 表情层面

首先，从诉诸情感的层面来说，大部分评论都保持愤怒、怀疑、悲伤等情绪，主要对三个不同主体有不同的情感表现：共情受害人、攻击犯罪嫌疑人、怀疑司法机关。评论通过表达同情来获取心理安慰，如"孩子很善良懂事，他原本很快乐"。其次，评论通过强烈的攻击手段，如曝光隐私、标签攻击等形式将愤怒指向犯罪嫌疑人及其亲属，如"父债子偿，应该枪毙父母。必须斩首示众"。最后，由于司法与媒体的审慎回应态度，引发对司法或媒体的不信任情绪，如"必须公开审理！千万不能让他们就这么算了"。

2. 表意层面

在表意的层面，评论基于上述情感底色提出了一些论证：扩大刑法功能、自主解释法律制度、诉诸社会结构等。比如，强调刑法的预防作用，如"全国的霸凌者都在等着这三个人的处理结果"。

在此过程中也出现了一种论证方式，即以过往的回应性司法作为证据，论证司法不断让步舆论的可能性。比如，"既然以前可以突破年龄限制，现在不突破这个限制就是包庇杀人犯！"在这种表述中，司法回应动作暴露出不断让步的危险。

3. 表态层面

落实到表态层面，评论大多表示将持续关注、扩大影响、呼吁法律动作。首先是基于不信任情绪而呼吁舆论施加持续的关注与影响，如"今天问了一位资历很老的法官，他的回答是这种案子除了热度一直高，民心一直齐，才有可能改变刑法。不然这种年纪不会死刑。所以，看我们的了，兄弟姐妹们都有孩子呀！我们要心齐，要一直热度不减！"

其次，也有直接呼吁司法机关尽早作出符合民意的回应，如"法律就是人心，当不杀不足以平民愤的时候，司法工作者和政府应该懂得如何做，因为你们就是代理人民行使正义的使者。"

4. 非理智层面

部分言论更加极端，产生了谣言与阴谋论的论调。比如，造谣被害人头骨伤情十分严重，以此引起众怒，通过不实信息对已经强烈支持"重刑"的公众情绪火上浇油。此类谣言的辟除难度较大，因为此类谣言的事实与情感和立场相绑定，使得辟除谣言的行为属于逆"情绪"而为，辟谣反而会引起舆论的反对、怀疑，认为辟谣是在"为杀人犯说话"，甚至会引起一定程度的阴谋论。

综上，公众首先会从情感层面代入受害方，产生朴素的法情感；其次，基于此种同情、愤恨，公众会基于自身经验和认知水平对刑法产生自主解读，作出具有偏差的法判断，并以过往回应性司法为依据自我佐证；最后，公众将不断向司法机关施压，通过舆论进行监督、批评甚至攻击。这种表态在某种程度上将民众立场与犯罪嫌疑人强烈对立，产生"不杀不足以平民愤"的压力效果。

(二)"回应-感知"：司法与媒体的回应策略及公众感知

2024年4月8日，最高人民检察院宣布依法决定对该事件核准追诉，自3月24日渐渐沉寂的事件再度登上当天微博热搜榜第一，限定时间对最具代表性的两个词条广场讨论进行爬取文本，清洗后获得数据324条。对广场数据进行词频分析，获得前后对比情况（见表3、表4）。

表3 核准追诉前话题广场话语词频统计（492条）

| 词汇 | 未成年人 | 死刑 | 犯罪 | 依法 | 希望 | 保护 | 刑事责任 | 结果 | 杀害 | 严惩 |
|---|---|---|---|---|---|---|---|---|---|---|
| 词频 | 184 | 178 | 101 | 32 | 32 | 28 | 28 | 24 | 24 | 24 |

表 4  核准追诉后话题广场话语词频统计（324 条）

| 词汇 | 结果 | 死刑 | 未成年 | 法律 | 杀害 | 孩子 | 犯罪 | 发声 | 希望 | 恶魔 |
|---|---|---|---|---|---|---|---|---|---|---|
| 词频 | 163 | 154 | 130 | 67 | 65 | 54 | 53 | 51 | 36 | 32 |

1. 单独司法回应的双重效应

总的来说，单独司法动作对舆论感知具有双重效应，即正向效应（如增强法律信心等）与负面偏差（如强化报复性诉求等）的共同作用。一方面，核准追诉后，舆论对于最终判决"结果"的关注更加聚焦，呼吁"死刑"的表态仍然存在，并随着核准追诉的决定更加具有信心。可以看到，舆论对于法律的信心正在上涨，对于指向"法律"中心词的描述中，正面情绪更多，而这种感知说明符合民心的司法动作对于正义感知具有正向效应。另一方面，强调"杀害"、"恶魔"等恶劣程度的用词更加高涨，提供正义感的触发来源并不来自"依程序和情节确定了核准追诉"的程序正义，而更加倾向于"恶人有恶报"的报复满足；此种正义感的偏差也导致对于下一次司法行为的期待偏向于"杀人偿命"的复仇思想，而非"罪刑法定"的现代法学思想。

同时，由于这一司法动作，群众期待的目标指向发生了从"核准追诉"到"重刑"的转移。从词频可见，公众话语中对于"死刑"的呼吁更加坚定："从目前的风向看死刑的可能性几乎为 0，难道真的没有希望了吗？我还是转一下，万一差我一个呢？"此话术与核准追诉前"事件能够核准追诉吗？转一下，我怕只差我一个"的话术相同，但由于获得了核准追诉回应的正向反馈，舆论获得了某种激励或"希望"。

由上可见，核准追诉这一司法动作回应起到了正向反馈作用，并未完全满足舆论的期待，而是将舆论推向进一步扩大的期待。这里体现了两轮"期待-回应-感知"的发生，第一轮期待是"核准追诉"，司法进行回应，公众结合这一回应的感知成为下一环节的期待，即"死刑"，且信心由于上一轮的确证而更加高涨。

2. 多重舆论回应的不同效果

在司法动作单独进行回应的同时，也存在多种其他舆论回应方式，并产生了不同的效果。对于不同回应策略的效果，我们选取广场、最高检转发区、媒体转发区进行比较，特别是对其中表达的内容运用情感立场和态度系统的维度进行分析，以判断不同回应策略是否对于舆论的感知偏差有调节作用。其中可能存在关注账号素质等隐性筛选的可能，但因为抽样对象的基本人口学特征并无明显差异，也可以得出较为显著的结论。同时，博文的转发区并无"精选评论"的限制，排除了人为筛选的影响。

从话语情感态度的对比可以看出，随着信息接触的回应策略复杂程度分成的广场、官方、媒体三个层次不断加深，负面情绪逐渐消解，而正面感知大幅提高。在话题广场仍然存在大量谴责犯罪嫌疑人、批评司法制度的言论；而在最高检转发区，正面感到"支持""拥护"的态度词更多；在媒体转发区，正面情绪普遍倾向于"希望""振奋"的情感词。具体而言，不同的策略可以分为以下三种回应状态（见图5）：

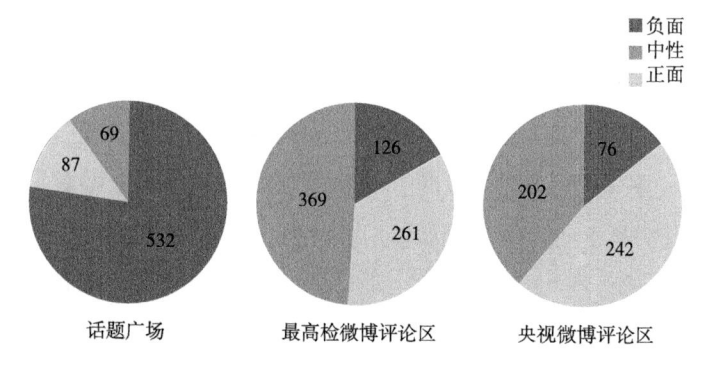

**图5 话题广场、最高检微博评论区、央视微博评论区情感占比（单位：条）**

以司法机关官方账号为代表的客观表意回应方式。司法机关官方账号回应语言中，表意内容占比最大，几乎全文都在客观陈述案情，叙述程序过程和结果，只在最后一句进行了表态："检察机关将在严格依法办案的同时，切实履行法律监督职责，进一步加大未成年人犯罪预防和治理力度。"其评论区呈现出的话语更加正面，通过鼓励、支持的表态来发表对于进一步判决的期待，具体见表5。

表 5  最高检评论区话语词频统计

| 词汇 | 支持 | 严惩 | 关注 | 法律 | 必须 | 相信 | 追诉 | 与时俱进 | 最高检 | 正义 |
|---|---|---|---|---|---|---|---|---|---|---|
| 词频 | 57 | 40 | 32 | 27 | 25 | 19 | 19 | 15 | 14 | 14 |

以权威媒体报道为代表的细致解读回应方式。央视新闻于4月8日10：34分发布的微博中，两个段落是对于《刑法修正案(十一)》的内容进行解读，而最后一段通过表态的方式，在严格核准追诉的决定后，提到了"未成年人罪错行为的治理是一项复杂的系统工程，仅仅依靠追究刑事责任和处以刑罚并不能完全解决未成年人犯罪治理问题，需要加强对未成年人罪错行为分级干预矫治体系建设，对未成年人罪错行为开展系统预防和治理。"其评论区就体现了对于此种教育观念以及罪错行为的讨论，"教育""年龄"等具有理性基础的词汇被正式提及（见表6）。

表 6  央视新闻评论区话语词频统计

| 词汇 | 法律 | 支持 | 年龄 | 未成年人 | 必须 | 敬畏 | 人人平等 | 犯罪 | 生命 | 教育 |
|---|---|---|---|---|---|---|---|---|---|---|
| 词频 | 60 | 44 | 36 | 28 | 25 | 22 | 19 | 18 | 11 | 11 |

以专业法律科普博主为代表的细致法理分析方式也值得一提。这类意见并不属于消息一手来源的范畴，但却作为意见领袖的关键意见对公众的理智讨论有明显正向作用。例如，对B站账号"罗翔说刑法"评论区的话语进行爬取分析可见，被标记为"非理性"的用语明显占比较少，且法律语言更多，"罪责"观念有所体现，对于"刑事责任年龄"等法理讨论和长篇幅讨论占据主流（见图6）。

从回应策略来说，法律科普内容的出现率越高，舆论话语的理智程度也更高。而正式的立法性或司法性的回应影响会更大，但如果不加以解释或普及，也容易造成回应感知的偏差，从而不正确地扩大下一次的期待。

（三）偏差纠正的可行回应进路

"期待-回应-感知"路径中，扩大适用年龄、加重刑罚的"重刑观念"是偏差产生的重要原因之一。"重刑"自春秋战国时期法家学派便已提出，是从刑法的威慑功能进行考量，逻辑直接且形式接近复仇，由于民众基本更加共情"受害者"，因此这种"重刑"观念已经深入人心。然而，

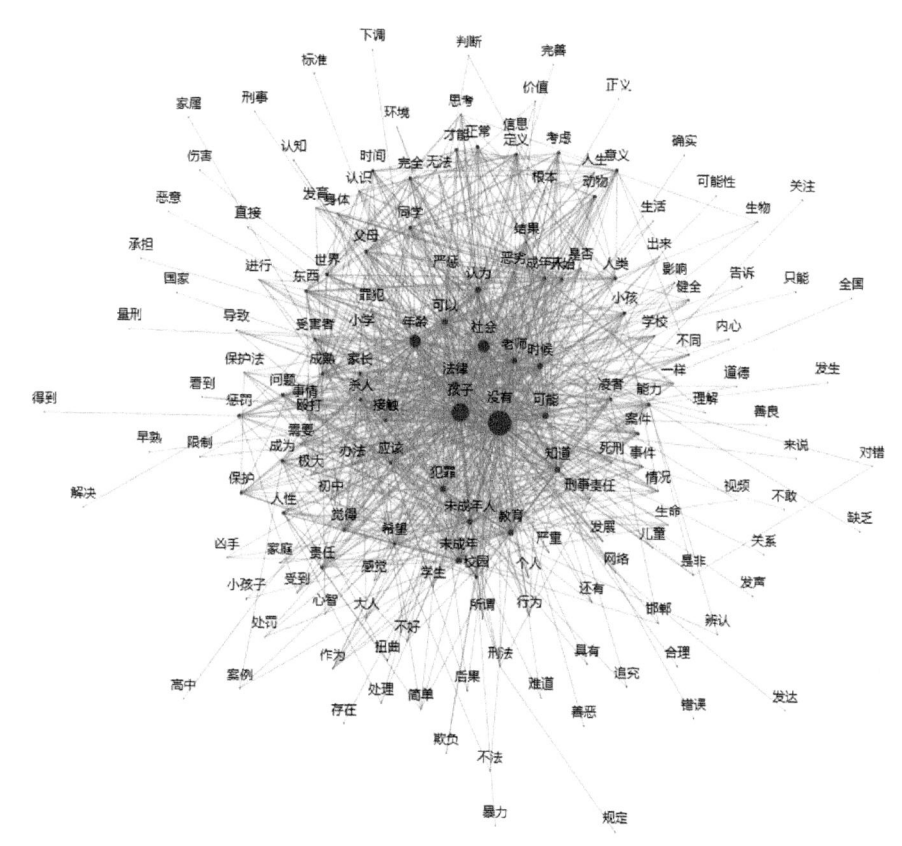

**图 6 "罗翔说刑法"相关视频评论区语义网络图**

刑法的人权保护功能同样重要，却常常被公众忽视。司法在回应舆论压力时，不仅需要重视刑法的威慑功能，照顾到公众情绪的合理表达，同时也需要考虑到对嫌疑人或被告人权益的维护以及对未成年人的保护。

在英美法系中，发生此种极端案件时，舆论更容易通过施压而改变司法结果。例如，英国现代史上犯罪人年纪最小的未成年杀人案件中，两个年仅 10 岁的男童罗伯特和乔恩将两岁的小詹姆士残忍虐杀，引起英国社会的强烈震动。警方在逮捕两名嫌疑人时，为保护未成年人而在通报中进行了匿名处理，但英国民众仍然无法接受，不断向司法机关施压。在临近审判时，主审法官迫于压力，公布了两名未成年被告人的真实姓名。

此后，新闻媒体开始不断爆料两名被告人的家庭背景和成长经历，进一步引发了社会情绪。此案审理当日，有近 500 名示威者在法庭外要求重判。庭审中，儿童精神病专家认定被告"完全具备分辨是非的能力"。法官最终认定二人所犯谋杀罪名成立，并均处 8 年监禁。之后，英国首席法官泰勒勋爵将二人的刑期增至 10 年。但这仍不能平息舆论的愤怒，英国《太阳报》将一份有 2.8 万个签名的请愿书提交给时任内政大臣迈克尔·霍华德，霍华德不得不将两人刑期再次增加至 15 年。此案中，民众情绪受舆论影响非常大，不仅使得未成年人诉讼程序中的匿名要求被无视，甚至通过媒体施压的方式严重影响了司法结果。此举不仅无助于法律公信力的建立，也不能缓解舆论-司法"期待-回应-感知"的路径偏差。

而在我国，对于未成年人的保护有严格的规定，无论是核准追诉等诉讼程序，还是刑事法律年龄的实体法适用，均有严格的依据，不能因为回应舆论情绪而轻易动摇法律底线，这是最基本的要求。与此同时，对于极端刑事案件的报道，也应该重视媒体的报道权与报道伦理，不能单独让司法进行回应，需要媒体与司法合力将公众的理解偏差进行纠正。我国近年来对于严重刑事犯罪案件的报道呈现收紧趋势，以转发"警情通报"或"公报"等公文为主要形式，这虽然是符合新闻传播伦理的谨慎做法，但也存在改进空间。从上述研究可见，与"公报"的作用不同，新闻媒体对于极端刑事犯罪的报道对于纠正公众误读是非常必要的，一方面能够通过把关，限制情绪化报道的声量；另一方面也可以通过不涉及案情、不影响审判的法律知识科普来传达刑法精神。

此外，在舆论-司法联合回应中，对于舆论既不能过度顺从，也不能过于逆反。比如，对于法定诉讼程序、人权保护的宣传中，尽量不要触及具体案情，不要在正义未经实现时就先提出宽容主张。此种话语不但无助于理解偏差的纠正，反而会加大公众心目中对于司法正义感知的偏见。

### 四、总结：极端案件中司法舆论互动模式的偏差

本文从"期待-回应-感知"路径进行实证分析，提出极端恶性事件发生时，公众"期待"存在偏向刑法惩治犯罪、保护法益功能一侧的特点。更进一步，在"期待-回应"环节，回应性司法活动更容易产生结果顺应期待的倾向；而在"回应-感知"环节，单纯的司法动作容易让舆论产生

错误方向的感知,从而加重公众对于刑法功能的误解。而陈述性、解释性、科普性等不同策略的多重回应有助于公众纠正偏差,减轻误解。

本质上,《刑法修正案(十一)》的立法动因本身就在于对社会现象、法秩序统一的要求以及国家政策调整的回应。该修正案在回应性修法理念的指导下就已经表现出重刑化和轻罪罪名大量入法的犯罪化趋势。而根据刑法的谦抑性原则,在回应中一味扩张刑法适用对象、加重罪刑的社会思维是极其危险的。在刑法现代化的视角下,如果"期待-回应-感知"路径中的偏差不尽早消解,势必会面临两难的局面:或者社会公众重刑主义观念日益高涨,抵触刑法程序;或者产生刑法扩张化、前瞻性让位于回应性的倒退风险。

立法和司法的回应性倾向本身就存在一定风险,而这种风险并不在日常的立法或司法活动中体现。如果将其对于舆论回应的倾向比喻成弹性,那么,在弹性限度之内发生的形变都可以作为司法活动与民意间更好的润滑和衔接。然而,此种极端事件的冲击无不在挑战弹性限度之外的强烈舆论,在此种极端恶劣作案情形的刑法案件中,舆论的刑罚民粹主义倾向会在互动中共振,将这种风险的弹性转化为实在的缺口。

此处并不是要批判这种"非理性"的舆论,相反,这种情绪是司法工作者需要尝试理解的。在法律与情理本就存在一定隔阂的情况下,社会舆论对于刑事责任年龄规范设置的不满,不仅在于认为刑法忽视了儿童生理发育年龄的提前,还在于认为刑法对故意杀人等严重挑战道德底线、挫伤社会情理的行为缺乏例外的处置空间。

然而,这种极端情绪不但不会通过"顺应性"的单独司法动作进行疏通,反而因为舆论对于公正和法治观念本身存在理解偏差,舆论的这种感知会朝着错误理解的方向再度加深,并成为下一次期待的标准,这样将造成偏差通过正反馈的循环进一步加深。每当有极端案件发生时,如果为了平息舆论等原因进行"表情"方面的叙述,会进一步在弹性限度外破坏理性互动;而只有秉持程序和实体上双重的司法公正,同时配合媒体进行舆论把关和法律解释,才能在互动的弹性之内平衡好朴素的法情与严肃的法理。

值得一提的是，对于激化舆论的谣言进行源头控制十分重要，因为即使对于此类谣言的后续辟谣，也会被部分公众认定为"为杀人犯辩护"而产生敌对感情，不利于谣言的辟除；同时，法律科普博主的通俗解释对于司法舆论后果具有一定的理性化解作用，有助于公众对正义产生正确感知，形成正确期待，并有助于消化一部分公众的尖锐或复仇情绪，从长期来看，此举也将引导舆论逐渐接受程序正义，推进法治国家建设。

总的来说，一味使用正式立法性或司法性的回应手段并不符合法理，同时对于公众法治思想引导的效果也不理想，因此，回应应该由司法-舆论共同组成，完成对于舆情的疏导，同时纠正对于法理的理解偏差，通过将弥补知识差异作为先行手段来弥合互动上的偏差。

一段时期以来，我国极端恶性案件频发，社会对司法公正与刑法功能的期待日益高涨。同时，在突发极端案件发生后，出现了大量质疑性的消极情绪，也产生了侵犯犯罪嫌疑人、被告人程序权利的动机探索、隐私探知性报道。此时，司法工作者应该作何回应、如何回应，将直接影响公众如何感知司法公正、如何理解法治建设工作。当下的环境正需要满足"期待"的同时，按照陈述、解释、科普的层次进行"回应"，才能够纠正公众的错误"感知"，引导司法-舆论互动回归法治建设的正轨。

就像《再造"病人"》中所言，人们对疾病的传统理解随着现代医学的发展而更新，"当西医的第一把手术刀切入中国人的身体，它就变成了一个现代化事件"[①]。刑法观念也许同样需要社会再造，自第一次法槌落下，就开始了对"犯罪嫌疑人"或"被告人"形象的漫长再造过程。而正处于发展阶段的我国司法与社会观念也正是在一次次极端案件的试探与互动中互相塑造，塑造边界、塑造形象、塑造意识，并最终走向属于它的现代化。

---

① 杨念群. 再造"病人"[M]. 北京：中国人民大学出版社，2006：3.

# 论有限责任公司对内担保股权转让的裁判规则

徐承钰 简 要[*]

**【摘 要】** 有限公司经股东会决议通过后为内部股东间股权转让提供担保，司法实务针对担保效力问题形成了对立裁判规则。"肯定说"立足尊重公司意思自治，"否定说"则围绕资本维持原则展开。过往的对立裁判规则各有其说理无法自洽的局限，根本原因在于"一刀切"的裁判方法不符合商事实践的多样性。裁判规则的建立应当迈入"原则－例外"的个案审查模式，且基于价值衡量与成本分析，应当确定"原则无效、例外有效"的基本原则。在除外规则上，发生股权转让的股东应举证证明程序正义具有更高水平、受让股东偿付债务具有相当水平及公司资本维持具有相当水平。

**【关键词】** 有限公司；对内担保；股权转让；原则无效；例外有效

## 一、问题的引出

以现行《中华人民共和国公司法》（以下简称《公司法》）第十五条为规范依据，有限公司可为股东、实际控制人或其他企业等主体的投资交易提供担保。因被担保主体不同，相应地设置了严格程度不同的程序要求：公司对外担保，即为其他企业等"外部主体"提供担保，由董事会或股东会决议即可；公司对内担保，即为公司股东或实际控制人等"内部主体"提供担保，要求必须由股东会决议且应排除利害关系股东表决权。目前，司法实践渐生因公司对内担保引发的纠纷与案例，进而暴露出在对内担保效力判定上的困境与难题，对此，理论研究有必要予以关注和回应。

---

[*] 徐承钰，男，遵义市中级人民法院研究室法官助理；简要，男，北京化工大学文法学院硕士研究生。

下面以一案为切口以观之。

(一) 案情简介

原告陈某（持股42%）、被告胥某（持股56%）及案外人陈某甲（持股2%）三人为聚某合公司的股东，聚某合公司于2015年10月22日登记成立。

2021年4月8日，陈某（甲方）、胥某（乙方）和聚某合公司（丙方）签订了《股权转让合同》，约定甲方将其持有丙方的42%的股权转让给乙方，同时丙方承诺对该合同中乙方应支付给甲方的转让款及其违约责任承担连带担保责任。同日，聚某合公司由股东陈某、胥某、陈某甲三方参与形成股东会决议，决议内容为一致同意公司将应收账款两千余万元直接支付给陈某，用以冲抵前述《股权转让合同》中约定的胥某应付陈某的股权转让价款及违约金。

后胥某未按约定支付股权转让款。2022年3月18日，聚某合公司再次出具承诺书，承诺公司继续对《股权转让合同》中乙方胥某应支付甲方陈某的股权转让款及违约金提供连带责任担保，保证期间至付款期限届满后两年止。

现陈某以胥某未支付股权转让款为由诉至法院，诉请之一为由聚某合公司对股权转让款及逾期付款资金占用利息承担连带责任。

(二) 裁判情况

一审法院认为，聚某合公司为其股东之间的股权转让交易提供担保，而承担保证责任的直接后果即聚某合公司向其股东退还出资，实际造成公司资本的不当减少，造成股东在公司成立后变相抽逃出资，从而违反《公司法》关于禁止抽逃出资的强制性规定，将损害公司及债权人的合法权益。同时，该行为具有一定的隐蔽性，极易破坏有限责任公司的资信基础，不利于公司组织及市场经济的健康发展，依照《中华人民共和国民法典》第一百五十三条第一款，该担保行为应认定为无效。对于该担保行为无效产生的缔约过失责任问题，聚某合公司的行为因被法定代表人兼实际控制人胥某操控，已经无法独立为公司利益考量而履行注意义务，故公司对担保的无效不存在过失，无须承担缔约过失责任[①]。

---

① 详见（2022）黔0322民初3373号民事判决书。

一审法院作出判决后，各方当事人均未提起上诉，该判决于上诉期届满后生效。

（三）本案反映出来的问题

本案所反映出来的问题是，如何认定有限责任公司经股东会决议同意后为内部股东间股权转让行为提供担保（以下简称"有限公司对内担保股权转让"）的效力。

《公司法》并不禁止有限公司为股东提供担保①，亦在立法构造上倾向于保护有限公司的人合性，通过设置股东优先购买权等制度，推动股权尽可能在公司内部发生变动②。在商事实践中，越来越多的有限公司股东基于股权流动、投资分散等考量，将其持有的股权向内部股东发起转让，并由公司为该股权交易行为提供担保。这类担保往往由股东会决议通过，符合《公司法》第十五条的程序规范。

但符合程序规范的担保行为一定有效吗？本案一审判决否定了担保行为的效力，但作为担保行为的直接获益者，股权转让双方陈某与胥某却未提起上诉，这至少反映出本案一审法院否定担保行为效力的裁判思路并未招致当事人上诉反对，进而也在一定程度上反映出程序"合法"的担保行为可能在实质上"不合法"。对此，《公司法》并未给出明确答案。

当前关于公司担保的研究多集中于公司对外担保，少见关注公司对内担保股权转让的系统论述。为此，本文拟通过梳理有关裁判规则，剖析其不足之处，探索建立符合商事实践、尊崇《公司法》之立法精神并具有可操作性的司法裁判规则。

## 二、裁判规则的分野

因现行立法并未对前述问题给出明确答案，当前司法实务对于有限公司对内担保股权转让的效力问题态度不一，形成了截然不同的两种裁判规则。

---

① 《公司法》第十五条第二款、第三款规定："公司为公司股东或者实际控制人提供担保的，应当经股东会决议。前款规定的股东或者受前款规定的实际控制人支配的股东，不得参加前款规定事项的表决。该项表决由出席会议的其他股东所持表决权的过半数通过。"

② 参见《公司法》第八十四条："有限公司股东向股东以外的人转让股权的，应当将股权转让数量、价款等事宜通过书面方式通知其他股东，其他股东在同等条件下享有优先购买权。"

## （一）现行规范分析

《最高人民法院关于适用〈中华人民共和国民法典〉有关担保制度的解释》（以下简称《担保制度司法解释》）与《全国法院民商事审判工作会议纪要》（以下简称《九民纪要》）均对公司担保作出了相关规定。但《担保制度司法解释》第七条与《九民纪要》第17条，皆以超越代理权限为基础，通过界分交易相对人是否善意以判定担保效力[1]，适用场景为公司对外提供担保不符合程序要件。毋庸赘言，在有限公司对内担保股权转让的场景下，以上规范难以适用。

《担保制度司法解释》第十条提到了公司为内部股东提供担保的情况，但适用主体仅限于一人公司，且该条第一句旨在明确对外担保的程序要件不得适用于对内担保，第二句则依托财产混同链接股东与一人公司之间的连带责任[2]，适用场景极为有限，难以成为一般意义上有限公司对内担保股权转让的效力判断依据。

由是，前述问题实际上存在"规范真空地带"，司法裁判规则随之分野，形成了"担保有效说"与"担保无效说"两种对立的裁判观点。

## （二）担保有效说

持担保有效说者认为，在符合决议程序要件时，公司为股东之间的股权转让提供担保，系属公司内部意思自治，公司在承担担保责任后对受让股东享有追偿权，该类担保行为并不损害公司利益，故应认定为有效。

如广西万晨投资公司、陈某股权转让纠纷案中，二审法院认为，"万

---

[1] 《担保制度司法解释》第七条第一款规定："公司的法定代表人违反公司法关于公司对外担保决议程序的规定，超越权限代表公司与相对人订立担保合同，人民法院应当依照民法典第六十一条和第五百零四条等规定处理。"《九民纪要》第17条规定："为防止法定代表人随意代表公司为他人提供担保给公司造成损失，损害中小股东利益，《公司法》第16条（现《公司法》第十五条。笔者注）对法定代表人的代表权进行了限制。根据该条规定，担保行为不是法定代表人所能单独决定的事项，而必须以公司股东（大）会、董事会等公司机关的决议作为授权的基础和来源。法定代表人未经授权擅自为他人提供担保的，构成越权代表……"

[2] 《担保制度司法解释》第十条规定："一人有限责任公司为其股东提供担保，公司以违反公司法关于公司对外担保决议程序的规定为由主张不承担担保责任的，人民法院不予支持。公司因承担担保责任导致无法清偿其他债务，提供担保时的股东不能证明公司财产独立于自己的财产，其他债权人请求该股东承担连带责任的，人民法院应予支持。"

晨公司承担保证责任属于或然债务，并不必然发生，即使万晨公司承担了保证责任，也有权向胡某追偿，并不会导致公司财产的必然减少"①。最高人民法院在再审裁定中认为，"万晨公司承担连带责任系经过公司股东会决议，是公司意思自治的体现，并不违反法律强制性规定"②。又如，成都市某实业公司、李某股权纠纷案中，二审法院认为，"《保证合同》系成都市某实业公司的真实意思，《保证合同》依法成立，合法、有效"③。最高人民法院在再审裁定中认为，"成都市某实业公司承担担保责任后与债务人李某形成新的债之关系，对李某享有追偿权，故该担保并不损害成都市某实业公司的利益……"再如，毛某东、湖北某投资公司等股权转让纠纷案中，最高人民法院认为，公司的担保行为既不违反法律、行政法规关于公司担保的禁止性规定，亦不违反公司章程规定的内部决策程序，符合《公司法》有关规定。同时，即使公司为股东的违约行为承担了连带保证责任，其亦依法取得对该股东的追偿权，因履行担保责任支出的资金转化为应收账款债权，公司资产并未因此减少，并不必然导致股东抽逃出资或损害外部债权人的利益⑤。此外，以内部股东、股权转让、担保为关键词在"法答网"上检索，可见江苏省等地的部分法官在回答中对担保行为的效力持肯定态度⑥。

  对此，可将担保有效说的理由梳理如下：一是尊重意思自治。《公司法》不禁止公司为内部股东间的股权转让行为提供担保，只是通过设定决议程序限制此类关联交易对其他股东利益的侵害，尤其在投融资领域，此类担保行为有助于拓宽公司融资渠道，推动公司经营向好发展，是公司运营治理中自主决策、意思自治的体现。二是提供担保不等于抽逃出资。公司提供担保后所承担的是或然债务，并不必然发生，即使最终承担了保证责任，其仍然可以对股东行使追偿权。

---

①② （2016）最高法民申 2970 号民事裁定书。
③④ （2019）最高法民申 4849 号民事裁定书。
⑤ （2020）最高法民申 5256 号民事裁定书。
⑥ 如 JS 省 WC 市中级人民法院王某梅法官认为，只要按照《公司法》第十六条（现《公司法》第十五条。笔者注）的有关规定履行了决议程序，该类担保应认定为有效。参见"法答网" D2023112400046 号问题，另可见 C2024052001214 号问题。

### (三) 担保无效说

持担保无效说者认为，公司为股东之间的股权转让行为提供担保可能导致公司资本不当减少，构成股东变相抽逃出资，有损公司及公司债权人利益，故应认定为无效。

如郭某华、山西某房地产开发有限公司与郑某凡、潘某珍股权转让纠纷案中，最高人民法院认为，"如果公司为股东之间的股权转让提供担保，就会出现受让股权的股东不能支付股权转让款时，由公司先向转让股权的股东支付转让款，导致公司利益及公司其他债权人的利益受损，形成股东以股权转让的方式变相抽回出资的情形，有违《公司法》关于不得抽逃出资的规定"①。又如，吕某升、金某平合同纠纷案中，最高人民法院认为，"在受让人不能按期支付股权转让款的情况下，今朝公司作为担保人承担代为支付的义务，该义务的履行将导致今朝公司原股东从公司退出后的出资款由公司支付的法律后果，这违反了我国《公司法》中禁止股东从公司抽逃出资的规定"②。此外，"法答网"上亦可见广东省等地的部分法官在回答中对担保行为效力持否定态度③。

对此，可将担保无效说的理由梳理如下：一是违背资本维持原则，违反了《公司法》关于禁止公司回购股份的规定。公司为内部股东股权转让提供担保的行为实际上是以公司资产担保股权转让款的实现。一旦公司承担了担保责任，无异于以公司资产为股权转让买单，本质上发生回购本公司股份的情形。二是构成变相抽逃出资，有损公司及其他债权人利益。受让股东未按期支付股权转让款时，公司承担担保责任将导致公司利益及公司其他债权人的利益受损，形成股东以股权转让的方式变相抽回出资的情形，有违《公司法》关于不得抽逃出资的规定。

裁判规则的分野是司法实务者对公司担保问题不断探索的智识结晶，同时也体现出理论与实务对本文展开讨论的命题未能形成统一的认识与裁

---

① （2017）最高法民申 3671 号民事裁定书。
② （2018）最高法民终 111 号民事判决书。
③ 如 SZ 市 PS 区人民法院金某秀法官认为，从公司资本维持、禁止股东抽逃出资及新《公司法》体系和谐等角度来看，该类担保应认定为无效。参见"法答网"C2024052001214 号问题。

判思路。循此，本文的研究价值意义得以彰显：对截然相反的裁判规则逐一进行辨析，以此为基础探求并建立认识更为科学、裁判更易操作的思路与规则。

### 三、裁判规则辨析

两种截然相反的裁判规则各有其局限，无法为判决提供足够有力的说理支撑。对担保有效说而言，意思自治受现实交易世界中交易成本的限制，股东作出的意思自治行为并非必然符合最大理性人的投资要求，而决议的程序正当性囿于组织法视角，无法且不能直接作为交易法视角下担保效力判断的依据；对担保无效说而言，违反资本维持原则、违反公司回购股份禁止性规定、构成变相抽逃出资的理由都难以形成自洽。

#### （一）担保有效说的缺陷

如前所述，担保有效说主要立足尊重公司内部股东的意思自治，即按照《公司法》第十五条第二款、第三款之规定，经排除利害关系股东表决权，剩余股东过半数同意公司为内部股东间股权转让提供担保的，属于"法不禁止即可为"的意思自治行为，具有充分的程序正当性。

首先，意思自治受交易成本限制。法律经济学认为，充分尊重公司内部股东的意思自治之正当性在于，假定每一名股东在零交易成本时都能基于"最大投资理性"作出有利于公司利益最大化的决策，实现最有效率的资源配置。这一假设同时具有零交易成本和对公司的投资理性两个前提条件。然而，现实交易世界并非零交易成本，当事人通过交易实现最有效率的资源配置调整存在困难，还会产生额外成本，这也是法律关于权利的初始界定显得尤为重要的原因所在[①]。在公司担保的语境下，公司提供担保需要承担的成本主要集中在市场型交易费用[②]，具体包括在决策前的信息

---

[①] 詹巍. 公司担保案件裁判规则的反思与重构：基于交易成本的分析视角 [J]. 证券法苑, 2016, 18 (2): 434-455.

[②] 法律经济学将交易费用区分为三种类型：市场型交易费用，即使用市场的费用，包括合约的准备费用（搜寻和信息费用）、决定签约的费用（谈判和决策费用）以及监督费用和合约义务履行费用（监督和执行费用）。参见费鲁博顿, 芮切特. 新制度经济学：一个交易费用分析范式 [M]. 姜建强, 罗长远, 译. 上海：格致出版社, 上海三联书店, 上海人民出版社, 2006：59-65.

搜寻成本（用以判断内部股东间的股权转让是否善意、提供担保是否会给公司利益带来风险等）、决策过程中的审查成本（实质性判断内部股东间的股权转让是否无损公司利益）和决定担保后监督被担保股东依约履行的监督成本。而一旦被担保股东违约，公司在承担担保责任后则可能产生提起诉讼的债权实现成本。此外，基于投资分散和投资关联，股东往往是"自己的"而非"公司的"投资理性人，即股东在表决时考虑的是"自己的"利益最大化而非"公司的"利益最大化。换言之，于股东的投资者角色而言，其在甲公司作出的决策可能并非有利于甲公司，但从整个投资系统来看，却有利于其投资整体的利益最大化。

其次，仅以公司决议程序正当性作为支撑担保行为效力的依据，引发了交易法和组织法的双重失序。公司决议的性质素来是公司法理论研究争议不断的话题：有学者主张决议并非法律行为，而是法律行为之外的社团依赖其意思形成机关形成团体意思的行为[1]；也有学者主张决议是意思形成的制度，而法律行为应当是意思表示制度，二者存在重大区别[2]。持反对意见者主张决议属于法律行为之一种，其内部又在具体类型归属上产生了分歧[3]。本文无意于讨论公司决议行为的类型并进行效力评判，而是提供这样的解释视角：公司决议应被置于组织法的语境下讨论，而公司为股东之间提供担保则应放置到交易法的语境下讨论。理由在于，公司具有团体属性，与自然人机体形成内心意思不同之处在于，公司决议作为形成意思的行为，也存在成立法律行为的空间，即当通过公司决议修改公司章程时，决议直接影响着公司内部法律关系[4]。因此，公司决议发生何种效果应区分情景和语境。在公司提供担保的情景下，公司扮演着担保责任人的角色，与发生股权转让的股东分别具有独立人格，此时公司决议是否提供

---

[1] 徐银波. 决议行为效力规则之构造 [J]. 法学研究, 2015, 37 (4): 164-183.
[2] 陈醇. 意思形成与意思表示的区别：决议的独立性初探 [J]. 比较法研究, 2008 (6): 53-64.
[3] 相关研究参见韩长印. 共同法律行为理论的初步构建：以公司设立为分析对象 [J]. 中国法学, 2009 (3): 73-90. 另可参见王滢. 公司决议行为的双阶构造及其效力评价模式 [J]. 当代法学, 2021, 35 (5): 140-151.
[4] 王滢. 公司决议行为的双阶构造及其效力评价模式 [J]. 当代法学, 2021, 35 (5): 140-151.

担保属于商业交易决策，即公司自己决定是否实施该商业交易行为。相应地，担保效力的判断应回归交易法视角，即立足商事交易行为已经实施之情形，判断这一商事交易行为是否发生法律效力。此时公司决议的讨论应回归组织法视角，原因在于：公司决议是否为股东间的股权交易提供担保，并未直接产生影响公司内部法律关系的效果，其本质等同于自然人在对外发出意思表示前形成内心意思，公司的团体属性与组织机理应予彰显。

（二）担保无效说的缺陷

担保无效说难以逃避理论上无法自洽的诘难。理由如下：

首先，违反资本维持原则属于对"维持"的误读。作为大陆法系传统公司法理论的经典概念范畴，资本维持原则属于资本三原则功能实现的制度设计核心，然而国内研究在对该原则的定义的理解上素来存在误区。有学者指出，绝对的资本维持观要求公司在存续过程中应当维持与其注册资本相当的公司现实资产，用以保护债权人利益与社会交易安全[1]。因循该原则展开制度设计，禁止抽逃出资、严格限制分红条件、原则禁止公司回购股份等填补措施和责任机制产生，用以保障资本维持原则的强制性。担保无效说即遵循这一逻辑，认为公司承担担保责任将造成公司资产减损，难以维持与注册资本相当的水平，进而通过否定担保效力实现与禁止抽逃出资等相似的规制功能。然而，比较法经验表明，所谓"维持"，并非要求公司绝对地维持资本不受减损[2]，因为公司投入营运必有盈亏，如存在不善经营行为，公司资本亏损是无法避免的，此种情况也非法律所能防范。据此，应当区分公司正常经营的商业风险与向股东非法转移资产的非商业风险，资本维持原则正是应对非商业风险，旨在保护公司债权人免受

---

[1] 张保华. 资本维持原则解析：以"维持"的误读与澄清为视角[J]. 法治研究, 2012(4): 63-73.

[2] 如英国法判例显示，英国法官对资本维持的理解为缴付的资本不能非法返还股东，而非公司必须维持而不得减损或丧失资本，英国公司法学者承继了这样的历史认识。参见 FERRAN E. Company law and corporate finance [M]. London: Oxford University Press, 1999: 355-356. （转引自张保华. 资本维持原则解析：以"维持"的误读与澄清为视角[J]. 法治研究, 2012 (4): 63-73.）此外，德国、韩国等关于资本维持原则均有相似认识。

股东有限责任引发的外部风险①。因此，无论是否从或然债务的角度观察，径行以违反资本维持原则否定担保效力，均忽视了正常商事交易行为并非资本制度规制对象的逻辑前提。

其次，违反公司回购股份禁止性规定的理由存在主体不适格的缺陷。原则禁止公司回购股份派生于资本维持原则。根据《公司法》第八十九条第一款的规定，有限公司仅在三种特殊情形下可以按照合理价格回购股份，同时根据该条第四款之规定，有限公司在回购股份后，应在六个月内依法转让或注销。可以看到，此时有限公司先是成为自己的"股东"，即股份受让主体为公司，同时公司必须在法定期限内将股权向他人转让或依法注销，即完成减资程序。而公司在为内部股东转让股权提供担保并承担担保责任后，股权受让主体为内部股东而非公司，因此适用《公司法》第八十九条时存在主体不适格的障碍。此时公司享有对受让股东的追偿债权，该债权的实现不受前述条款六个月期限的限制。

最后，公司为内部股东转让股权提供担保并承担担保责任不构成变相抽逃出资。有研究指出，抽逃出资是指公司资金向股东单方流动且有损公司资本②。这一定义符合我国公司法的立法设计与司法裁判需求。根据《最高人民法院关于适用〈中华人民共和国公司法〉若干问题的规定（三）》（简称《公司法司法解释三》）第十二条之规定，虚增利润分配、虚构债权债务关系或利用关联关系将出资转出属于典型的抽逃出资行为，这类型无对价的资本流出行为符合前述定义，此时抽逃出资者在名义上仍为公司股东，但其出资实际上已变相"收回"。相应地，公司的实际资产发生了减损。而有限公司在提供担保并偿付股权转让款项后，虽然其银行资金或其他资产发生减少，但公司同时取得对受让股东的追偿债权，尽管债权能否实现以及实现比例无法确定，但至少公司资产的变动只体现在应收账款等会计科目上，谈不上是资产无对价向股东流动的抽逃出资行为。

---

① 傅穹. 重思公司资本制原理 [D]. 北京：中国政法大学, 2003.
② 张舫. 抽逃出资司法裁判中的问题与我国资本制度的完善 [J]. 法治研究, 2022（5）：73-84.

## 四、裁判规则的重建

整体看来，当前司法实务对公司对内担保股权转让呈现出"一刀切"的裁判态度。在两种截然不同的裁判规则之间，回归商业交易的个案判断，通过衡量价值取向后重建裁判规则，迈入"原则-例外"的个案判断模式，才能更为精细化、准确化地处理这类担保问题。

### （一）迈入"原则-例外"的个案判断模式

重建裁判规则迈入"原则-例外"的个案判断模式，首要原因在于个案精细化判断符合商事交易实践。在按照《公司法》第十五条之规定履行了内部决议程序时，公司对内担保股权转让披上了合乎程序的"外衣"。究其交易本质，有的担保行为确系正常商业交易，旨在通过担保实现融资目的，促进股权价值更大化，推动公司自身经营良性发展；有的担保行为却假借程序合法的"外衣"，行侵占公司资产之实。不难发现，上述两种裁判规则形成对立之势的一个重要原因，正是在于忽视了商事交易实践的多样性，尝试"一刀切"地对这类担保行为的效力作出区分。实际上，不通过个案判断是无法避免在裁判规则塑造中挂一漏万的，应当在对立裁判规则的辨析中看到各自立论的可取之处，即有限公司拓宽融资渠道、正常经营发展需要担保制度的存在，这既是担保制度的立法旨趣，亦为公司立法所允许；而担保亦不应有损公司中小股东、外部债权人等利益相关人的合法权益。

此外，比较法提供了成熟的经验镜鉴。美国判例法不拘泥于援引公司法某一条法律规范判断公司担保行为的效力，其并非依据某一具体规范断定公司为股东提供担保的合同效力，而是考虑实质交易中的利益状态。法官在裁判担保效力时会考察公司为股东提供担保是否对公司有利，若担保事项有利于公司，则认定合同有效，反之，则根据具体情形予以裁判。对此，需要特别说明的是，更加精细化的判断规则固然对法官的专业素质有较高的要求，但与其囿于法官裁判能力水平，毋宁通过重建裁判规则进行有力探索，"与立法者一起参与现实法秩序的共同构建"[1]，塑造能够切实

---

① 卢佩．司法如何统一？：以德国联邦最高法院判例为实证分析对象［J］．当代法学，2014，28（6）：125-139．

治理实践中公司担保乱象、经得起社会生成检验、充分发挥立法预期和制度价值的商事担保规则。

(二) 原则无效与例外有效的确定

法官在适用法律并作出裁判时,应当考察存在怎样相对立的利害关系①,通过利益衡量作出平衡。对于"原则-例外"的个案审查模式而言,具体路径选择存在两种可能:一是原则肯定效力、例外否定效力,二是原则否定效力、例外肯定效力②。从实体上的价值衡量与程序上的成本考虑,原则否定效力、例外肯定效力是更优的方案选择。

一方面,公司立法嬗变中的价值取向线索表明,应当以更为审慎的态度对待此类担保行为。"立法规范的演进反映了法律对于当事人利益格局的调整路径转换。"③ 公司作为契约束的存在,兼具组织与行为的双重色彩,这就决定了规范公司的法律制度应当在公司组织和公司行为,即公司内部规制与公司外部关系上作出妥善安排。对此,《公司法》第一条开宗明义地指出:"为了规范公司的组织和行为,保护公司、股东、职工和债权人的合法权益……维护市场经济秩序,促进社会主义市场经济的发展……制定本法。"而最新一次的《公司法》修订内容涉及加强公司登记公示力、提升认缴出资诚信度、强化法定代表人责任等,充分彰显了新《公司法》对于规范公司交易秩序、保障市场交易安全、激发市场持续活力、平衡公司内外环境的立法追求。这是立法对公司内外关系、公司股东利益与债权人利益新一轮衡量的表征,也反映出应以更为审慎的态度对待公司资本。

---

① 段匡. 日本的民法解释学 [M]. 上海:复旦大学出版社,2005:275.
② 根据民法基本理论,法律行为的效力状态分为有效、可撤销、效力待定与无效四种情形。在比较法上,可撤销的状态又被称为"未决的生效",即原则上肯定效力,效力待定的状态又被称为"未决的不生效",即原则上否定效力。(参见韩世远. 合同法总论 [M]. 3 版. 北京:法律出版社,2018:184.) 为提升裁判规则的可操作性,本文将"原则-例外"个案判断模式的路径选择简化为两种可能:在司法实务中,当事人如能举证证明公司对内担保股权转让的行为存在欺诈、胁迫等可撤销情形,法官依法判决撤销担保即可;因公司作出担保已经股东会决议通过,故无涉效力待定之事由。
③ 吴飞飞. 公司担保案件司法裁判路径的偏失与矫正 [J]. 当代法学,2015,29 (2):56-64.

前文提到，公司承担担保责任仅具有或然性。但基于更为审慎的态度，应当认为，公司在承担担保责任后，偿债能力有所减损，进而给公司外部债权人利益与交易市场稳定和安全带来负外部性。这是因为，尽管公司在承担担保责任后取得了对受让股东的债权，但代偿债权能否实现、何时实现及清偿比例等都具有不确定性。进言之，这种负外部性的发生具有高度盖然性和发酵性。高度盖然性在于，一旦公司提供担保，受让股东的行为动机将促使其更加倾向怠于主动履行。反悔理论认为，对于同样的不利后果，如果这一后果是因为采取行动所致，那么相对于这一后果是因为不采取行动所致，其在心理上会更加令人后悔①。因此，受让股东存在惯性的心理力量，在作出选择时（是否主动偿还债务）保持现状（怠于履行债务）。发酵性在于，偿债能力减损是一种底线分析路径。公司现实资产与注册资本的维持水平越低，前述负外部性就会越大，即外部债权人的债权得到实现的可能性与比例将会越小。因此原则上持否定态度更为适宜。

另一方面，风险防范成本分析显示，审慎对待此类担保行为更经济。根据利益衡量论，在公司对内担保股权转让的情况下，无涉直接的群体利益与社会公共利益，当事人的具体利益衡量系利益衡量的焦点之一②。于此，一方当事人为发生股权转让的双方股东，一方当事人为在公司决议中投反对票的股东、无担保债权人及公司员工，因双方利益属于此消彼长的冲突性关系，加之公司法并未明确双方利益存在位阶之分，因此"司法裁判的态度应取决于哪一方利益最具有降低法律风险的成本优势"③。英国判例法形成的"最后避让规则"显示，法律应该为避免事故提供激励④，体

---

① 凯斯·R.桑斯坦.行为法律经济学[M].涂永前，成凡，康娜，译.北京：北京大学出版社，2006：144-152.
② 吴飞飞.公司担保案件司法裁判路径的偏失与矫正[J].当代法学，2015，29（2）：56-64.关于利益衡量论的有关研究，还可参见梁上上.利益衡量论[M].北京：法律出版社，2013.
③ 吴飞飞.公司担保案件司法裁判路径的偏失与矫正[J].当代法学，2015，29（2）：56-64.
④ 罗伯特·考特，托马斯·尤伦.法与经济学[M].史晋川，董雪兵，等译.上海：格致出版社、上海三联书店、上海人民出版社，2012：59-61.

现在制度经济学上即为"风险防范理论"①。在公司对内担保股权转让并发生纠纷诉至法院时，发生股权转让的双方股东更容易采取措施来避免诉讼风险。申言之，股权转让是否善意、公司担保是有利于公司发展或是有害公司利益，以及有关资料如受让股东偿付能力证明、公司会计账簿等并不为投反对票的股东、无担保债权人及公司员工掌握。在诉讼过程中，与原则上肯定担保效力、由无担保债权人等举证证明担保行为不妥当相比，原则上否定担保效力、由发生股权转让的双方股东"自证"担保行为更妥当，更具有成本优势。

（三）具体规则建立

行文至此，"原则-例外"的个案判断模式已初步构建：当有限公司对内担保股权转让，出让股东等诉请公司承担担保责任时，人民法院原则上应认定担保无效，唯例外有效的除外规则需要进一步细化明确。

第一，程序正义具有更高水平。这一要求旨在调和发生股权转让的双方股东与其他股东之间的利益关系。股东多数决与反对股东的利益冲撞素来是公司理论的热点研究命题。为尽可能降低纠纷发生的风险，发生股权转让的双方股东应当在股东会研究是否提供担保的过程中主动披露股权转让细节，初步分析股权结构变动后是否对公司产生不利影响等，据此说明股权转让属于正常善意的商事交易行为，公司对此提供担保属于有利于公司发展、稳定公司内部治理结构的理性交易决策。相应地，股东会在排除利害关系股东后，将有更高比例的股东出席并投票支持公司提供担保。

第二，受让股东偿付债务具有相当水平。这一要求旨在尽可能降低受让股东怠于主动清偿股权转让款的动机给公司带来的不利影响。鉴于担保制度所追求的制度价值正是交易效率与交易秩序，加之受让股东需要公司提供担保正是因为其个人财产可能无法支持一次性全部清偿股权转让款，故要求受让股东具有完全偿付水平与商事实践不符。在公司提供担保时，要求受让股东的个人财产足以清偿50%至70%的股权转让款项较为适宜，

---

① 有关论述可参见廖志敏. 法律如何界定权利：科斯的启发[J]. 社会科学战线，2014(7)：56-68.

该比例既能保证公司在承担担保责任后不至于追偿债权全部落空，亦能发挥担保制度在推动商事交易方面的制度价值。

第三，公司资本维持具有相当水平。这一要求旨在对难以控制担保是否发生的中小股东、公司职工及外部债权人利益作出倾向性保护。在更为审慎对待公司资本维持水平的视角下，要求公司在提供担保时的资本维持具有相当水平具有合理性，在规制逻辑上与限制认缴期限一致。对此，建议公司在提供担保时现实资产不应低于注册资本。

由此，基于"原则-例外"的个案判断模式，有限公司对内担保股权转让的裁判规则可构建如下：

有限责任公司为内部股东间股权转让行为提供担保，受让股东怠于支付股权转让价款，出让股东主张由公司承担担保责任的，人民法院应当不予支持，除非出席股东会的其他股东三分之二以上表决同意公司提供担保，且受让股东个人财产足以清偿50%至70%的股权转让款项，以及公司资产不低于注册资本。

## 五、结语

本文不啻探索建立"原则无效-例外有效"的个案判断模式与司法裁判规则，而且希望在更广阔的意义上感知商事裁判思维与民事裁判思维的重要区别——淡化寻找法律规范的形式逻辑考量，融入更多的价值衡量与成本分析，在实质公平与程序效率间"目光流转"，竭力获得一个价值成分饱满的、为广大商事交易主体接受的裁判结果。有限公司对内担保股权转让兼具担保适用与公司规制，这决定了在裁判规则建立上，要妥善兼顾组织法视角与交易法视角的运用。公司担保案件成为民商事司法裁判中的疑难案件，其原因之一也正在于此。

# 恶意诉讼的类型化认定及审查程式

杜玉兰 代 森\*

**【摘 要】** 恶意诉讼侵蚀社会诚信体系、消损司法公信力、异化诉讼制度，无异于"司法毒瘤"。近年来，受案件高位增长影响，恶意诉讼野蛮生长，大幅牵扯人民法院纠纷化解精力和资源，依法规制恶意诉讼等诉讼失范行为已上升至国家顶层治理层面，司法体制改革也力求清除恶意诉讼顽疾、剔除不法诉讼，但顶层设计缺乏落地支撑。立足实际，识别恶意诉讼是制约司法高效回应的最大难题。有鉴于此，本文将通过深入分析恶意诉讼现实形态，建构两阶识别要素式模型、四步程式化审查路径，突破恶意诉讼识别困境，为恶意诉讼的司法规制和社会治理夯基垒石。

**【关键词】** 恶意诉讼；行为认定；类型化

"依法惩治虚假诉讼、恶意诉讼、无理缠诉行为"已成为建设社会诚信体系、践行社会主义核心价值观的重要内容。时至今日，立法、司法层面的回应仅限于《中华人民共和国民事诉讼法》（以下简称《民事诉讼法》）第十三条、第一百一十二条，最高法院《关于进一步保护和规范当事人依法行使行政诉权的若干意见》等①，顶层设计未能全面落地。由于恶意诉讼立法空白、概念不清，导致无法从规范层面识别其行为表征，而认定标准冲突、审查程序缺位又使得难以在实践层面有效判断。认定范式和审查程序的缺失与恶意诉讼的规制要求和实践需求错位，也与诚信社会

---

\* 杜玉，成都市中级人民法院研究室副主任、审判员；代森，成都市锦江区人民法院审判管理办公室（研究室）法官助理。

① 《民事诉讼法》第十三条确立了诚实信用原则，成为规制恶意诉讼原则性依据；第一百一十二条将虚假诉讼纳入规制范畴，规定了虚假诉讼行为方式及法律责任。《关于进一步保护和规范当事人依法行使行政诉权的若干意见》则聚焦于规范行政诉权，对行政诉讼领域滥用诉权、恶意诉讼行为进行了规范。

体系建设初衷背道而驰。因此，本文围绕"司法实践如何认定恶意诉讼"这一问题，勾勒出恶意诉讼"两端富集"的现实形态，通过适度扩张职权主义、引入诚实信用原则、明确诉权行使边界，提出恶意诉讼两阶识别、四步审查的类型化认定和规范性审查机制，以期精准识别恶意诉讼。

## 一、恶意诉讼的实践考察与现状分析

恶意诉讼多以规范研究和理论探讨为主，偶有实证研究，也聚焦于行政法[①]、知识产权法[②]等部门法或个案研究，未能完全呈现恶意诉讼认定到规制的全貌，面临脱离实际、"自说自话"的风险。本文以公开判决、裁定为研究样本，描摹恶意诉讼现实样态。

### （一）研究样本选择与确定

在法信平台，设置"本院认为"为检索区间段，以"恶意诉讼"为关键词进行初步检索，并在此基础上排除通知书、刑事判决书等不相关文书。截至2024年9月4日，共检索得到6 392篇判决、裁定和决定书。确定检索基础样本后，经人工剔除无关案件、重复案件等影响实证结果的结构性因素，最终选取对"恶意诉讼"有实质性判定、论述的判决书和裁定书140份[③]。

### （二）两端富集：恶意诉讼在审判实践中的现实样态

以恶意诉讼涉及领域观之，行政诉讼58件，占比41.43%；知识产权诉讼48件，占比34.39%；财产保全损害纠纷8件，占比5.71%；侵权纠纷8件，占比5.71%；财产损害赔偿纠纷4件，占比2.86%；各类合同纠纷包括买卖、劳动合同14件，占比10%。呈现行政、知识产权领域恶意诉讼"两端富集"样态。

---

① 梁艺. "滥诉"之辩：信息公开的制度异化及其矫正 [J]. 华东政法大学学报，2016 (1)：177-191.

② 王静，张苏柳. 知识产权恶意诉讼疑难问题探析：以腾讯诉谭发文案为例 [J]. 法律适用，2021 (4)：101-112.

③ 这里提到的"实质性判定和论述"是指判决书中对"恶意诉讼"存在与否、构成要件等进行阐述。在初步检索出的有关"恶意诉讼"的6 392篇判决、裁定中，绝大多数当事人主张对方恶意诉讼或者以对方恶意诉讼进行抗辩，但并没有提出相应证据证明，法院也未对恶意诉讼进行实质性审理，此部分判决在下文中已排除。

1. 行政恶意诉讼：异化的信息公开和行政复议

58 件行政恶意诉讼案件具有以下特征：①反复多次、高频申请政府信息公开或行政复议。即原告均以相同或类似事由，长期反复提起大量行政诉讼案件，数量从几十件到上千件不等。②申请主体亲属化。比如，王某及其父以房屋被拆除为由提起几十起行政诉讼、王某某及其丈夫杨某某针对行政机关提起 635 起行政诉讼①。③目的不正当。行为人提起行政诉讼并非要求行政机关依法履职，而是为了施加压力、表达不满。④当事人多对征地、拆迁补偿不服，以诉讼之名"维权"。⑤随意提起诉讼。行为人明知诉求无法得到支持，仍长期反复起诉。⑥拒不配合法庭调查或拖延诉讼。比如，行为人在庭审中多次提出明显不属于法定事由的回避申请，不服从法庭指挥、扰乱法庭秩序、拒绝回答问题，等等②。

2. 知识产权恶意诉讼：谋求非法利益的工具

48 件知产恶意诉讼存在以下特征：①行为不具有正当权利基础。一般表现为明知其抢注商标或申请专利缺乏合法权利基础，仍提起诉讼要求赔偿。②短时间内提起批量诉讼，制造大量系列案件索赔。比如，指南针公司、中唯公司分别以优衣库公司、迅销公司及其各自门店侵害该商标专用权为由，就相同事实展开系列诉讼③。③以损害他人利益或获取非法利益为目的。行为人提起诉讼并非维护自身的合法权益，而是以诉讼来泄愤，造成他人诉累，或是制造系列恶意诉讼，获取多重赔偿以谋求不正当利益④。

3. 其他领域：类型多样且衍生样态复杂

司法定义恶意诉讼样态多元，有法院将伪造赔偿协议书提起诉讼、恶意串通达成调解协议⑤等虚假诉讼认定为恶意诉讼，有法院将反复撤诉、不配合法院及鉴定机构工作、拖延诉讼也认定为恶意诉讼⑥。实践中，恶

---

① （2018）苏行申 1314 号、（2020）苏行终 1159 号行政裁定书。
② （2020）粤行终 354 号、（2023）苏 0812 行初 14 号行政裁定书。
③ （2018）最高法民再 390 号民事判决书。
④ （2022）皖民终 1544 号、（2020）桂民终 357 号民事判决书。
⑤ （2009）浙嘉民终字第 9 号、（2018）京民终 122 号民事判决书。
⑥ （2020）鄂民申 1124 号民事裁定书。

意诉讼更有向"劳动碰瓷""职业打假"蔓延的趋势。如在康某与某公司劳动合同纠纷案（案例1）中，康某提起诉讼的目的不是获取劳动报酬，而是牟取劳动报酬以外的经济补偿[1]；又如，段某某行政复议案（案例2）中，段某某提起行政诉讼是为了获得"打假"举报奖励[2]，两案均被法院认定为恶意诉讼。

> **案例1：康某与林某某劳动合同纠纷案**
>
> 法院观点：康某近年来频繁与不同的用人单位建立劳动关系，再以各种理由解除劳动关系，且解除劳动关系后均通过仲裁或者诉讼途径牟取远超过正常劳动报酬的大额经济利益，严重违反诚实信用原则，属恶意诉讼。

> **案例2：段某某与太原市市场监督管理局、太原市人民政府行政复议案**
>
> 法院观点：段某某出于牟取举报奖励之目的，在较短时间内频繁进行举报、申请复议和提起诉讼的行为，不具有保护合法人身权、财产权之必要性，其起诉不具有诉的正当利益，造成了司法资源的严重浪费，属于法律禁止的滥诉行为。

现实样本表明，行政、知识产权领域恶意诉讼占比最高，其他领域散见于个别裁判文书中，恶意诉讼在总体上呈现行政、知识产权诉讼领域"两端富集"样态。恶意诉讼均具有成本低、损害大、大幅占用司法资源的特点，但对比来看，行为人提起行政恶意诉讼的目的是向地方政府施压，抑或发泄不满，致使行政机关疲于应对不必要诉讼，逼迫行政机关满足自己不合理的需求。知识产权恶意诉讼则以谋求不正当利益为目的，或是通过批量诉讼影响竞争对手商誉，恶意申请诉讼保全，以此给相对方的生产经营产生不利影响获利。

---

[1] （2020）粤2071民初13701号民事判决书。
[2] （2019）晋行终538号行政裁定书。

### (三) 裁判观点：法院认定恶意诉讼的说理范式

各地法院对恶意诉讼的本质、识别逻辑存在不同的认知，映射到司法实践中，则体现为裁判文书中认定恶意诉讼的说理论证方式不同。在本文分析的 140 份裁判文书中，法院论证恶意诉讼行为可以分为侵权行为论证范式、法律原则论证范式和诉权论证范式三类。

1. 侵权行为论证范式

在侵权行为视角下，恶意诉讼被认为是适用过错原则的一般侵权行为。知识产权恶意诉讼多适用侵权论证范式，常以行为人主观上具有过错、存在侵害行为、具有损害后果、侵害行为与损害后果之间存在因果关系四要件[①]，分别论证构成恶意诉讼的必要条件。各地法院在适用侵权论证范式之际，均认识到"如何证明行为人主观恶意"是范式运用中最核心的争议和最棘手的问题，并在个案中逐步探讨"主观恶意的外化表征"。比如，上海市高级人民法院、广州知识产权法院划分了主观恶意三个判断标准[②]：①提起诉讼时明知诉请无法律依据或事实根据；②以损害他方利益或谋取不正当利益为目的；③诉讼中有明显不当且有违诚信的行为。福建高院则强调"是否拥有合法的权利基础"是判断行为人具有主观恶意的首要条件[③]。

2. 法律原则论证范式

在缺乏恶意诉讼直接规范的前提下，要论证恶意诉讼行为的不法性，法院只能转向援引法律原则。一是以诚实信用原则为依据，论证范式为先指明诚信原则的内涵，强调诉讼活动应遵守诚实信用原则，再以行为违反诚信原则将其定性为恶意诉讼。比如，在（2018）最高法民再 378、380、381 等系列案件中，最高法院认为指南针公司、中唯公司对优衣库公司和迅销公司提起的批量诉讼违反诚实信用原则，判决恶意诉讼成立。二是援引权利不得滥用原则，即行为人虽享有权利行使外观，但实质上滥用权利侵害他人合法权益，构成恶意诉讼。例如，安徽省高级人民法院认为，

---

① （2019）沪民终 139 号、（2020）京 73 民终 2752、（2022）鲁民终 207 号民事判决书。
② （2019）沪民终 139 号、（2021）粤 73 知民初 392 号民事判决书。
③ （2023）闽民终 604 号民事判决书。

"反复多次提起轻率的、相同的或者类似的诉讼"超越权利行使的正常界限①,应认定为恶意诉讼。

3. 诉权论证范式

享有诉权、存在一个完整的诉是行为人提起诉讼的前提,诉权论证范式即从诉的构成上来判断恶意诉讼是否存在。多数裁判文书均认为恶意诉讼是事实上和法律上无根据的诉讼,这样的诉讼被认为缺乏诉的利益,当事人的诉请不具有通过法院判决予以救济的必要性和时效性。有法院在裁判文书中直接援引"缺乏诉的利益"认定行为人构成恶意诉讼②,或进一步论述"诉讼明显缺乏值得保护的与其自身合法权益相关的实际利益,违背了诉权行使的必要性、正当性"③。

不同诉讼领域对恶意诉讼行为本质和论证范式存有差异和"偏好"。知识产权诉讼领域多以侵权行为论证范式论证恶意诉讼行为构成与否,注重辨析恶意诉讼客观行为和探求行为人的主观恶意,在违法性认定上更加审慎。行政诉讼领域多采取法律原则论证范式及诉权论证范式,更倾向于引用原则性、笼统性的规定来强化对恶意诉讼行为的违法性说理,以此定性行为之不法。当然,不同恶意诉讼论证范式并非泾渭分明。比如,在腾讯诉谭某案中,法院以侵权行为论证范式为基础、法律论证原则范式为补充,论证谭某的行为构成恶意诉讼④。

## 二、恶意诉讼司法认定的三重困扰

就规范层面而言,法律供给不足和概念混用导致无法为识别恶意诉讼提供规则指引和理论支持。于实践层面而言,恶意认定标准不明、与正当诉讼难以区分等加深了行为识别壁垒,而程序要素、审查环节、流程监管缺失则导致审查程序悬置。

---

① (2018)皖行终149号行政裁定书。
② (2018)辽行终441号、(2020)湘行终445号、(2020)苏行申2523号行政裁定书。
③ (2020)川行终2022号行政裁定书。
④ (2019)粤03民初632号民事判决书中认为,判断其行为是否构成恶意诉讼,应从其行为是否违反诚实信用原则、是否构成侵权行为进行分析。

(一) 法律漏洞突显与概念混淆

识别、审查恶意诉讼的基点在于如何定义恶意诉讼，但由于概念混淆以及缺乏法律指引，致使恶意诉讼在规范层面还处于事实上的空白地带。

1. 留白区域：法律层面对恶意诉讼直接表述的缺失

除法律原则外，既有法律并无规制恶意诉讼的条文，与恶意诉讼关联度最高的是《民事诉讼法》第一百一十五条所规定的虚假诉讼行为，但由于该条目光仅聚焦于规制虚假诉讼，规制目的与恶意诉讼相去甚远。究其根本，乃是虚假诉讼营造当事人之间利益争诉和认知差异的假象在本质上消解了纠纷"两造对抗"之状态①，将纠纷异化为"骗取法院生效判决"。而恶意诉讼则与此不同，恶意诉讼行为人单方提起诉讼致使相对方信任事实和法律上确有争议而应诉，双方诉讼对抗性依旧存在，行为人提起虚假诉讼是要获取对己方有利的判决，而恶意诉讼的目的多为泄愤、报复、诉扰以及获取不正当利益等。2017年最高法院印发的《关于进一步保护和规范当事人依法行使行政诉权的若干意见》中明确，"正确引导当事人依法行使诉权，严格规制恶意诉讼和无理缠诉等滥诉行为"。部分地方法院如宁波市中级人民法院也在规制恶意诉讼方面进行了有益探索。整体而言，认定、规制恶意诉讼仍缺乏明确的法律指引和成文法支撑，既有规范也多散见于各层级文件中（详见表1），指引不足。

表1 规范性文件中有关恶意诉讼的表述

| 规范性文件 | 内　容 |
| --- | --- |
| 《中共中央关于全面推进依法治国若干重大问题的决定》 | 强调"惩治虚假诉讼、恶意诉讼、无理缠诉行为" |
| 《人民法院第四个五年改革纲要》 | |
| 《最高法院关于进一步保护和规范当事人依法行使行政诉权的若干意见》 | 第九、十、十一、十二、十三、十四、十五、十六、十七条规定了行政恶意诉讼的行为特征、法律后果 |

---

① 李晓倩. 虚假诉讼的本质与边界 [J]. 中外法学，2022 (4)：1033-1035.

续表

| 规范性文件 | 内　容 |
| --- | --- |
| 《中华人民共和国专利法》 | 第四十七条："因专利权人的恶意给他人造成的损失，应当给予赔偿。" |
| 《中华人民共和国商标法》 | 第六十八条："对恶意提起商标诉讼的，由人民法院依法给予处罚。" |
| 《宁波市中级人民法院关于防范和惩治恶意诉讼的实施意见（试行）》 | 较为系统地规范了对恶意诉讼行为的认定和处理 |

2. 两维考察：理论及实践层面对"恶意诉讼"的不同定义

恶意诉讼的识别逻辑应立足于规范意义上回答"何谓恶意诉讼"，但对此，立法者未给出明确定义，裁判者存在分歧，学者也莫衷一是，导致概念悬置、内涵空泛，无法为识别恶意诉讼提供理论支撑。

以理论学说观之，恶意诉讼、虚假诉讼、滥用诉权等几组具有相似特征的诉讼异化形态作为衡量诉讼失范的术语，其内涵和外延有重合。学界对于恶意诉讼有三种不同定义：一是认为恶意诉讼本质上是滥用诉权的行为，为了获取不正当利益恶意提起的诉讼[1]，恶意诉讼即为滥用诉权。二是将恶意诉讼作为滥用诉权的下位概念[2]，指一方当事人为达不法目的，无事实依据和正当理由而提起民事诉讼的行为[3]。三是认为恶意诉讼作为一种特殊的侵权行为，是滥用诉权、虚假诉讼、无据起诉的上位概念，即恶意滥用诉讼程序，不以保护自己的合法权益为目的，而以使诉讼相对方或第三人在物质上、精神上蒙受损失为目的进行的诉讼[4]。理论上对恶意诉讼的认知混乱也波及实务领域，各地法院对"恶意诉讼所指为何"亦持有分歧。如表2所示，不同类型案件、不同区域法院对恶意诉讼理解的差异极大：一是知识产权领域多以"非法目的""缺乏法律事实依据""致

---

[1] 翁晓斌. 民事诉讼诚信原则的规则化研究 [J]. 清华法学，2014（2）：44-45.
[2] 廖中洪. "恶意诉讼"立法规定与规制的技术及其原理：兼评《民事诉讼法》第112条规定的合理性 [J]. 甘肃政法学院学报，2016（2）：93-103.
[3] 李晓倩. 虚假诉讼的本质与边界 [J]. 中外法学，2022（4）：1038-1039.
[4] 刘迎霜. 恶意诉讼规制研究：以侵权责任法为中心 [J]. 华东师范大学学报（哲学社会科学版），2020（1）：98-100.

使行为人受损"等定义恶意诉讼，行政诉讼则以"多次释明""反复提起"来概括恶意诉讼；二是与虚假诉讼等概念混用，如黑龙江省高级人民法院、北京市高级人民法院、云南省文山壮族苗族自治州中级人民法院将串通型、单方提起型虚假诉讼纳入恶意诉讼打击范围，而湖北高院将撤诉、不配合鉴定等也纳入恶意诉讼范畴。

表2 各地法院对"恶意诉讼"的不同定义

| 案号 | 裁判法院 | 恶意诉讼定义 |
| --- | --- | --- |
| （2018）最高法行申6453号 | 最高人民法院 | 在法律文书、人民法院生效裁判均多次、反复释明情况下，仍然反复、大量申请行政复议并提起行政诉讼 |
| （2022）鲁民终207号 | 山东省高级人民法院 | 以获取非法或不正当利益为目的而故意提起一个在事实上和法律上无根据之诉，并致使相对人在诉讼中遭受损失的行为 |
| （2022）闽民终604号 | 福建省高级人民法院 | 明知自己的诉讼请求缺乏事实和法律依据，为获得不正当利益或损害他人利益，故意针对他人提起的诉讼 |
| （2012）深中法知民终字第107-111号 | 深圳市中级人民法院 | 出于不合法的动机和目的，利用法律赋予的诉讼权利，以合法形式恶意提起诉讼，以期通过诉讼达到其他非法目的的行为 |
| （2020）浙行终2067号 | 浙江省高级人民法院 | 在生效裁判已作出认定的情况下，上诉人仍向不同的行政机关申请政府信息公开行政复议，继而提起行政诉讼 |
| （2018）桂行终977号 | 广西壮族自治区高级人民法院 | 缺乏诉的利益、目的不当、有悖诚信，违背了诉权行使的必要性 |
| （2015）黑高民申二字第7号 | 黑龙江省高级人民法院 | 恶意串通诉讼，损害第三人利益 |
| （2018）京民终122号 | 北京市高级人民法院 | 互相串通，提起诉讼，达成调解协议，企图通过调解方式达到转移国有资产的目的 |
| （2020）鄂民申1124号 | 湖北省高级人民法院 | 在诉讼过程中撤诉或不配合法院、鉴定机构工作，致使鉴定无法完成，经法院合法传唤无正当理由拒不到庭应诉 |
| （2020）云26民终1168号 | 云南省文山壮族苗族自治州中级人民法院 | 利用虚假的事实向法院提起诉讼，获取不当利益的诉讼行为 |

（二）恶意诉讼识别困境

欺骗性、隐蔽性是恶意诉讼的行为内核，实务中的难点在于如何精确区分正当诉讼与恶意诉讼、判断是否存在主观恶意。

1. 恶意诉讼与正当诉讼行为界分不清

从诉的构成来看，原告与案件有直接的利害关系、有明确的被告、有具体的诉讼请求和事实理由、属于人民法院受理范围和受诉人民法院管辖是提起诉讼的必备要件，恶意诉讼在形式上符合完整、合法的诉形式表征。行为人实施的恶意诉讼虽然在表面上符合法律规定，但缺乏事实依据和法律规定，企图借诉讼之名实施泄愤、报复、施压或谋取不法利益[1]。再者，行为人有提起恶意诉讼的主观恶意，势必以正当诉讼程序来掩饰不法目的，以传统识别眼光难以将其与正常诉讼行为区别开。

2. "恶意"判断标准不明

"恶意"并非严格意义上的法学概念，虽然其文义本身带有否定性道德评价，是主观上可归责的心理状态，但这种心理状态无法在诉讼程序中还原重演，只能以客观行为来推测、探求行为人真实意图。司法实践中认定"恶意"多带有价值判断因素，知识产权诉讼领域以"明知""故意""不法目的"来衡量主观恶意[2]，行政诉讼领域则以"完全知晓""不具有诉的利益"来概括行为人恶意[3]，不同部门法视角也导致"恶意"的认定标准不甚清晰。一是"恶意"的过错形式有待厘清。过错分为故意和过失，恶意究竟指代故意还是过失？进一步讲，故意是"明知而为之"的直接故意，抑或"应知而不为"的间接故意？过失指一般过失还是重大过失？二是关于"恶意"的判断标准。不同审判领域、不同案件的裁判文书都试图量化"恶意"的判断标准，并以相对客观的标准来识别行为，但个

---

[1] 当事人明知会败诉仍提起诉讼，意图损害相对方利益，甚至在庭审中明确表示"他们有钱，告不赢也要出口气"，或者"提起诉讼直接或间接地影响涉诉企业无法正常开展其他生产经营活动"。参见（2022）皖民终1544号民事判决书、（2020）桂民终357号民事判决书。

[2] 在此类案件中，法院重点考量当事人是否明知自己诉请无事实和法律依据以及目的是否正当。参见（2023）吉07民初38号、（2022）豫知民终679号民事判决书等。

[3] 此类案件中，法院以行为人明显缺乏诉的利益、不具备起诉正当性来证明当事人的主观恶意。参见（2020）湘行终445号行政裁定书、（2020）苏行申2523号行政裁定书等。

案裁判似乎割裂了主观意图与客观行为的内在联系，缺乏对意志因素和认识因素的深入论证。

(三) 恶意诉讼审查程序缺位

审查恶意诉讼需要程序保障，恶意诉讼的认定会对当事人诉讼权利产生明显影响，涉及当事人权利能否进入司法程序以及在司法程序中会得到何种评价等重要问题①，但程序要素、审查环节和流程监管的缺失导致审查程序无法有效建立。

1. 审查程序的必备要素

恶意诉讼的审查程序围绕行为和证据展开，最终指向待证事实，作为"过程"的审查程序应当具备程序公正的诸多要素。恶意诉讼审查程序的构建，应包括法官中立、程序公开、保证诉求等必备要素。①法官中立，即法官保持身份中立，分离审查主体与案件审理主体，将恶意诉讼认定权交给与案件没有利害关系的法官或合议庭。②程序公开，意味着审查程序全程向当事人及其代理人公开。③保证诉求，一旦被认定为恶意诉讼，行为人即面临权利减损和责任承担的后果，审查程序应赋予当事人听证、表达诉求的权利。

2. 审查关键环节缺失

审查程序的关键环节可分为流程节点和时限要求。审查恶意诉讼要贯通诉讼全程，横跨前端立案、中端裁判、后端执行的诉讼全周期，涉及恶意诉讼前端预防与甄别、庭审发现与调查、流程结转与处理等诸多环节。为避免拖延审限，还应当合理评估审查程序耗时，明确节点流转时限，划定审查期限。

3. 审查程序的监管

审查结果直接影响法院最终评价当事人诉权行使的合理性和诉讼提起的必要性，为防止权力滥用，应当以程序监管实现行为有序审查。监管可分为过程监管和事后监管，一是以程序公开、多方参与等要素保障行为审查全流程监管；二是在逐步推行案件阅核工作的背景下，考虑恶意诉讼审

---

① 牛玉兵，董加友. 民事恶意诉讼的司法规制：以我国新民事诉讼法为中心的考察 [J]. 法学杂志，2015 (2)：115-116.

查程序如何纳入阅核机制，以更加审慎的态度认定恶意诉讼行为、监管审查结果。

### 三、恶意诉讼司法认定逻辑和审查原理

认定恶意诉讼面临规范不足、识别不易和审查缺失这三重困扰，迫切需要重构司法认定的底层逻辑和审查原理。经逻辑涵摄和关联度对比，认定恶意诉讼应当引入诚实信用原则作为识别基础，适度扩张职权主义塑造恶意诉讼审查程序，并在此基础上合理考量限制诉权行使因素，划分诉权保护与恶意诉讼规制的界限。

（一）识别基础：诚实信用原则的引入

秉持诚信、恪守承诺是诉讼各方的基本义务，在规制恶意诉讼的语境下，诚实信用原则是行使诉权的行为尺度和解释依据，是规制权利滥用、稳固法秩序的基石。

1. 弥补法律漏洞的解释基础

作为概括性、普适性的一般条款，诚实信用原则以直接指引和转化适用的两种姿态消弭法律漏洞。一是作为"续造法"的手段，弥补法律条文没有直接规制恶意诉讼的缺憾。由于现行法律没有直接规范恶意诉讼的条文，所以规制目光只能转向对诚实信用原则的解释和延展，以寻求规制依据。诚实信用原则衍生出参与诉讼各方的"合规"要求，须以善意、诚信的态度推进诉讼进程，化解矛盾纠纷。二是作为规制恶意诉讼的即时工具，避免法律落后于实践。法律从制定推出的那一刻就有可能落后于时代，实务中恶意诉讼种类多样、形式多变，存在法律滞后的先天缺陷，应根据具体情形，依据诚实信用原则对恶意诉讼行为加以制止和矫正[①]。

2. 禁止诉讼权利滥用的理论依据

行使诉讼权利应有限度，也应当善意合法，符合诉权行使的初衷。借行使诉权之名，危害他人、增加法院负担、违反诉讼目的，对于此类行

---

① 张卫平. 民事诉讼中的诚实信用原则 [J]. 法律科学（西北政法大学学报），2012（6）：157-158.

为，法院应适用诚实信用原则加以规制①。恶意诉讼是典型的滥诉行为，如不加以限制，放任不法行为造成损害，会冲击司法公信力，继而影响民众法治信仰。即使在没有法律直接规定的前提下，法院也应当主动援引诚实信用原则，径向宣告恶意诉讼行为不法，使其丧失诉讼预期利益。纵观世界各国对滥诉行为、恶意诉讼的规制趋势，都不约而同地从私权救济转向司法制裁，以维护司法秩序。

（二）审查逻辑：职权主义的适度扩张

辩论主义和职权主义分别代表了不同的诉讼价值观。辩论主义主张，案件实体内容的形成以及诉讼程序的进行是当事人的自由和权能，法院原则上不加干预②。相反，职权主义则认为，法院可以依职权调查，不局限于当事人提出的事实和证据。在社会转型、法治建设和时代进程中，我国诉讼模式似乎正向当事人主导的辩论主义转型，但这种趋势并非否定了职权主义的生存空间，对恶意诉讼主动调查、依职权惩处仍是人民法院不能推卸的责任。

1. 职权调查是识别恶意诉讼的基本机制

在辩论主义的主导下，直接决定法律效果发生和消灭的事实由当事人在辩论中提出，法院不能以当事人没有主张的事实作为裁判依据，法院对于证据的调查只限于当事人双方在辩论中提出的事实与证据，非经当事人申请，法院不得依职权调查取证。在这种诉讼模式下，恶意诉讼的识别与认定被局限在当事人提交的证据、已经实施诉讼行为以内，法院依职权调查受到极大的限制③。而识别恶意诉讼恰恰需要加大法院职权调查力度，以探求行为人的主观恶意。《民事诉讼法》第六十七条体现了浓厚的职权探知主义，"法院有权对认为有必要收集的证据调查取证"，这在裁判文书中也得到了确认。"原审法院为了确认马某某是否涉及恶意诉讼及类案判决而搜索相关案例，属于法院职权范围。"④

---

① 王琦. 民事诉讼诚实信用原则的司法适用 [J]. 中国法学，2014（4）：254.
② 陈杭平. "职权主义"与"当事人主义"再考察：以"送达难"为中心 [J]. 中国法学，2014（4）：207-212.
③ 翁晓斌. 民事诉讼诚信原则的规则化研究 [J]. 清华法学，2014（2）：45-46.
④ （2021）湘07民再15号民事判决书。

### 2. 法官应依职权对恶意诉讼查明真相

法官基于职业素养和审判经验，较当事人更能察觉恶意诉讼事实，弥补相对方的诉讼感知和证据发现能力。法院相比当事人也具有证据调查优势，可以责令提起诉讼方说明理由、提供证据，从而发现真相，识别不法行为。不过，职权主义相较辩论主义"强权"色彩更重，尤其要在程序上作出特别规范，避免职权主义的无序扩张。

### （三）界限划分：限制诉权行使的考量因素

诉权是公民向审判机关提出的权利救济权，是公民平等、普遍、无一例外地享有的一项基本权利①。国家有义务保障公民寻求司法救济的权利，但是这种权利并非完全不受限制，诉权的行使也应当在合理范围内。

#### 1. 充分释明

依法行使释明权是引导当事人行使诉讼权利，告知法律后果、提示法律风险的行为。释明权贯穿诉讼始终，从立案、审理到执行，如实告知当事人恶意诉讼的法律风险，督促其合法行使诉权。在大多数案件中，对涉嫌恶意诉讼的行为人，法院均"多次、反复释明"告知其不具备诉的利益，提醒其恶意诉讼可能产生的后果。在特定情形下，充分释明也可以转换为认定"主观恶意"的事实证据，法院在多次提醒、反复释明的情况下，行为人明知诉求不具有正当理由仍故意提起诉讼，可以推定行为人具有恶意诉讼的主观故意。

#### 2. 审慎认定

诉权是当事人得到国家司法保护的一项权利，对其加以限制必须有明确的法律依据、充分的事实基础和完备的构成要件，不能将有正当诉求的当事人拒于法院外。在新类型新业态案件不断涌现、案件高位增长的形势下，客观上恶意诉讼也存在被法院滥用的风险，将之用于阻碍当事人立案的推脱之举。如果立案环节要求当事人必须在准确理解法律的基础上才能行使诉权的话，必然阻碍当事人接近司法②，在此情形下，迫切需要构建科学精准的恶意诉讼识别程序，以期审慎认定、合理划分当事人诉讼行为的限度。

---

① 王晓. 民事诉权保障论纲 [J]. 法学论坛，2016（6）：59.
② 王猛. 民事诉讼程序滥用规制研究 [D]. 上海：上海交通大学，2016.

## 四、恶意诉讼司法认定的优化进路

识别恶意诉讼应首先回答"什么是恶意诉讼?"这一规范意义上的问题。本文认为,恶意诉讼是指行为人为谋取不正当利益或损害他人利益,无法律或事实依据,故意向人民法院提起诉讼的行为[①]。恶意诉讼司法认定路径应遵循要素式认定、复式平行的诉讼审查思路,通过主客观两阶层轴辐模型破解认定难题,明确恶意诉讼的实体判断标准,再以程式化统一、规范恶意诉讼审查流程。

### (一) 范式转换:恶意诉讼司法认定的基本思路

按照诉讼理论,根据审查内容的不同,可以将诉讼程序分为起诉要件审查、诉讼要件审查和本案判决三个阶段[②]。起诉要件审查是立案端法院依职权审查起诉是否符合诉讼必备要件,包括有明确被告、属于法院管辖、提交起诉状、缴纳诉讼费等。诉讼要件审查是对案件实体争议作出裁判的前提条件,包括对诉的利益、不属于重复起诉等进行审查。判决阶段审查则是围绕诉讼请求,依据法律和事实进行审理。恶意诉讼作为形式合法的诉,也应完整经历上述三个阶段,但由于其不是实质意义上合法的诉,因此与正当诉讼中"起诉要件—诉讼要件—案件判决"的递进式审查逻辑不同,而应转向复式平行结构的审查模式。所谓复式平行结构,是指将起诉要件作为恶意诉讼初步识别端口,不区分诉讼要件审查与判决审查的先后顺序,将其作为相互审查依据。诉讼审查思维的转变为恶意诉讼司法认定划定了新的路径。第一,实体上重视对恶意诉讼缺失诉讼要件的论证,比如,诉的利益缺失、诉讼主体不适格,并将之运用到判决说理中;第二,程序上分类分层识别、处理恶意诉讼,对行政滥诉等明显恶意诉讼行为,可直接通过审查机制宣告其不法,对知识产权领域诉讼要件完备的

---

[①] 进一步而言,恶意诉讼需要与滥用诉权及虚假诉讼两组概念区分开来,滥诉行为是指违反民事诉讼诚实信用原则,损害他人合法权益或公共利益,浪费司法资源的行为,是恶意诉讼的上位概念。虚假诉讼是指以恶意串通或者单方以虚构的法律事实提起诉讼,目的是消除民事诉讼"两造对抗"构造,而恶意诉讼中诉争利益仍然存在,两者为并列的法律概念。

[②] 苏志强. 虚假诉讼程序性规制定位重塑与规则再造:以《民事诉讼法》第一百一十五条为中心 [J]. 清华法学, 2022 (6): 184.

恶意诉讼行为，应当以个案判决认定其违法。

(二) 两阶识别：以主客观标准检视恶意诉讼

恶意诉讼强调行为人的主观恶意和行为违法性，其本质与侵权行为契合，是行为人意图以"合法形式"掩盖诉权不当行使"非法目的"，因而需要从主客观两方面检视、认定恶意诉讼。

1. "主观恶意"的认定标准和判断规则

"恶意"代表了行为人应受非难的心理状态，但实际上，除行为人外，无人可探求其真实意图，须以外化标准、客观尺度来评价主观恶意。

(1) 主观意图仅指故意，不包括过失。侵权法意义上的过错包括故意和过失两种形态，但过失不构成恶意诉讼。一是考虑到放低认定门槛，以过失为标准认定恶意诉讼会阻碍普通民众靠近司法、正常行使诉权。二是恶意诉讼是积极加害行为，是以诉讼之名故意致人遭受损失的不法行为，行为人对滥用起诉权、侵害他人权益的后果有清醒认识和主动追求，不存在误解和认知不足，行为道德谴责性、违法性认识程度均超越了过失所能涵盖范围。司法实践也大多认可故意作为认定主观恶意的构成要件，甚至将主观恶意限定为"直接故意"[1]。

(2) 以认知维度判别主观恶意。认定主观故意应以普通民众的认知能力为衡量标准，从认识因素和意志因素两方面展开分析。就认识因素而言，行为人"明知"提起诉讼无法律依据或事实理由，不存在诉的利益或胜诉可能，也指行为人明知提起恶意诉讼行为会发生诉扰、诉累以及侵害他人权益等危害结果，行为人对危害结果认识程度、认识内容上均有预见可能性。就意志因素而言，行为人提起诉讼的目的就是损害对方利益或者为了其他不正当目的[2]，不法意图可以划分为两类：一是以争取胜诉结果为目的，意图以生效判决、裁定侵害对方合法权益；二是不以胜诉为目的，以期通过诉讼程序施压、泄愤或者报复等其他不法目的。

---

[1] 也有司法判决认为恶意诉讼中的过错形式仅包括"直接故意"。参见（2020）沪73民终511、（2023）京73民终3801号民事判决书。

[2] 牛玉兵，董加友. 民事恶意诉讼的司法规制：以我国新民事诉讼法为中心的考察 [J]. 法学杂志，2015（2）：117.

2. 恶意诉讼的客观表征

在恶意诉讼概念尚不明确、行为特征亦未固定的前提下，要在纷杂的诉讼失范现象中辨析恶意诉讼行为，必然要回归类型化思维，考察形成于规范之前、存在于事实意义上的客观行为。换言之，法官可以借助既有类型化行为，综合判定恶意诉讼构成与否。具体可以分为以下四类：①无关诉讼。行为人为牟取非法利益，故意提起事实上和法律上无根据之诉，诉讼缺乏正当性基础。②重复诉讼。在已有生效判决、裁定对相关事项作出认定，没有新的事实理由，基于同一事项反复提起诉讼。③批量诉讼。明显缺乏诉的利益，反复、多次、大量提起诉讼的行为，包括恶意在短时间内大量提起专利、商标权侵权纠纷，或者因申请公开政府信息提起行政诉讼数量，频率明显超过合理范围。④交叉诉讼。行为人交替以关联公司、利害关系人、亲属名义提起的各类无关诉讼，目的是掩人耳目、规避惩戒。

3. 恶意诉讼"轴辐"识别模型

无论是主观恶意认定抑或客观行为识别，都需要构建认定恶意诉讼的证据闭环，以证明恶意诉讼这一待证事实。因此，恶意诉讼证据闭环可以划分为主客观"两阶"（见图1）。证据环一半为证明主观恶意的认识因素和意志因素，另一半为四类恶意诉讼客观行为。就主观阶层而言，认识因素和意志因素缺一不可（图1中用实线表示），客观层面则以无关诉讼、反复诉讼、批量诉讼、交叉诉讼任意一项或综合几项叠加判定（图1中以虚线表示）。此外，即使涉嫌恶意诉讼行为符合主客观两阶层构造，也要以"排除合理怀疑"的证明标准检视行为该当性，综合审慎判定恶意诉讼构成与否。

(三) 四步审查：恶意诉讼审查程序构建

诉求同质化、诉讼批量化的恶意诉讼现实形态表明，程式化审查能够大幅提升恶意诉讼认定效率，在此过程中构建贯通诉讼周期的审查程序尤为重要。可以通过端口识别、会商甄别、庭审处理、文书阅核四步逐步认定、审查恶意诉讼，同步嵌入风险分级、数据比对、流程节点把控（见图2）。

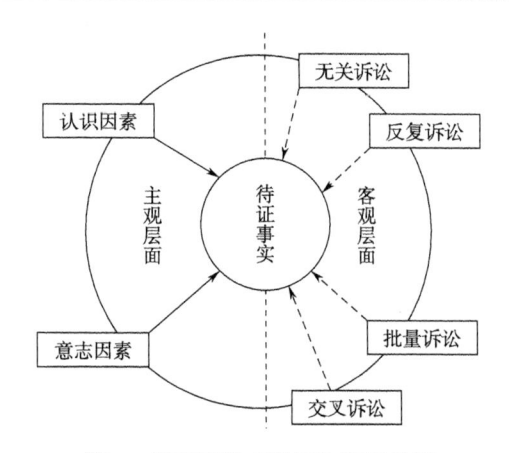

**图 1　恶意诉讼"轴辐"识别模型**

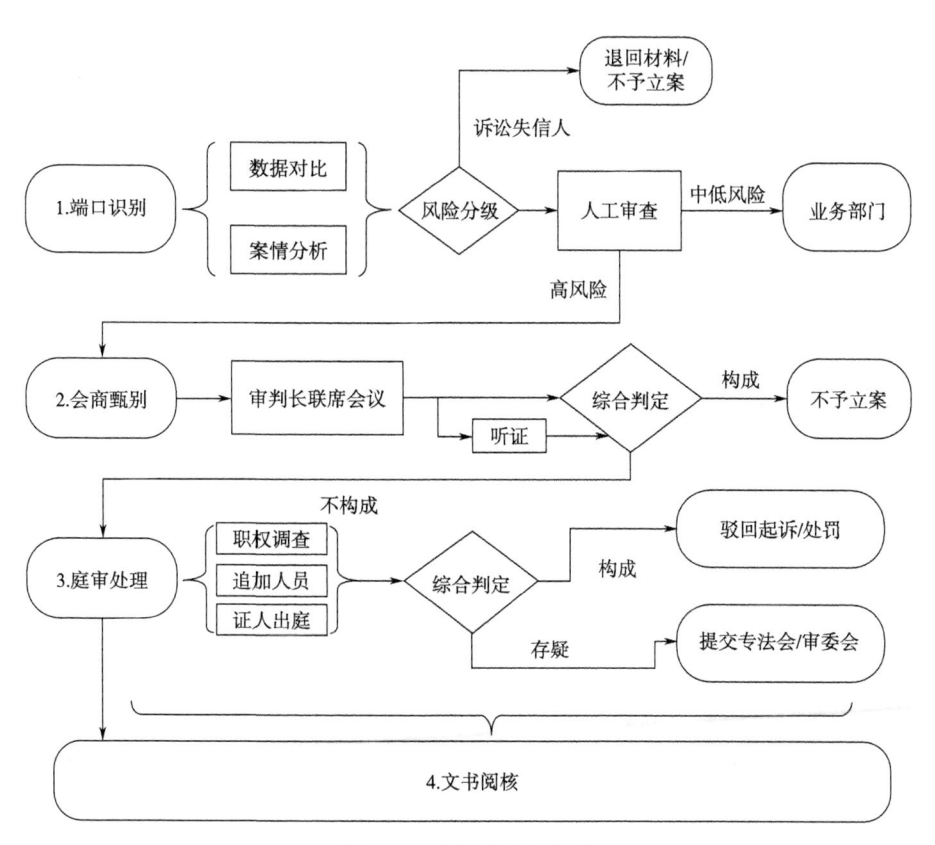

**图 2　恶意诉讼审查程序**

1. 立案端信息比对

依托立案系统,应用大数据平台检索案件是否存在恶意诉讼风险。一是立案数据对比。系统主动检索起诉主体是否为重点滥诉人员,是否已被先前生效判决认定为恶意诉讼或是否被列入诉讼失信人名单,起诉方及其利害关系人、近亲属是否曾有不诚信诉讼行为,这些可由系统自动抓取、识别。二是案件要素分析。对比起诉方在一定范围内短期提起诉讼频次,对恶意诉讼多发高发领域,如劳动争议、政府信息公开、专利商标纠纷,自动关联案由、案情、诉请,识别高度同质化诉请内容,标注恶意诉讼风险程度。系统初筛后提交立案庭人员分级审查处理:①对已列入诉讼失信人名单的当事人,及时释明并退回诉讼材料,仍坚持起诉的,裁定不予受理;②对系统标识高风险案件,向当事人询问核实案件情况,仍不明确的,可提请审判长联席会议甄别;③系统标识中低风险案件,可按需流转至业务部门审理。系统自动标识与分级处理应控制在 2 日内。

2. 审判长联席会议甄别

立案端口认定的高风险案件,应由立案庭邀请相关庭室法官组建跨部门审判长联席会议研究决定。重点审查以下方面:①当事人提起诉讼的动机、诉求、目的是否合理;②当事人是否违反诚实信用原则,缺乏诉的利益及正当权利基础;③当事人提起诉讼频次、数量是否合理,是否轻率盲目提起诉讼;④人民法院是否充分释明,必要时可以组织个案听证。如审判长联席会议认定恶意诉讼存在,依法裁定不予受理并予以处罚;如认为不构成恶意诉讼,则依法受理案件并移交相关庭室审理。但对提请联席会议讨论的期限应当予以限制,以 3 日内得出结论为宜。

3. 庭审处理

审理中发现可能构成恶意诉讼或相对方提供证据证明恶意诉讼可能存在,法官应依职权调查相关证据,要求当事人按期提交恶意诉讼相关证据,必要时可依职权调取,传唤相关人员出庭作证,依职权追加利害关系人。有充分证据证明存在恶意诉讼的,依法驳回起诉并予以惩处;恶意诉讼存疑的,可提交专业法官会议、审判委员会讨论。

4. 文书纳入阅核

为保护当事人的合法诉权,压实院庭长审判监督责任,对认定行为人构成恶意诉讼的,应将相关文书纳入刚性阅核范围,独任法官或合议庭应提请院庭长阅核。重点审查认定程序是否规范、裁判文书说理是否恰当、引用法律是否适当。如院庭长阅核意见与裁判结果不一致，由独任法官、合议庭复议；复议后意见仍不一致的，应提交专法委/审委会审议决定。

**五、结语**

恶意诉讼放大了有限司法资源与纠纷随意扩张的矛盾，并带来负外部性。事实表明，行政恶意诉讼与知识产权恶意诉讼两分格局将长期共存、一体发展，并入侵其他诉讼领域，激化人案矛盾的风险。司法回应社会的策略选择，不应局限于原初意义上的"制度环境策略模式论"[①]，落入社会舆论、司法克制的窠臼，而应当在制度异化前提下保持前瞻性，以实用主义策略回应恶意诉讼可能导致的社会失范和秩序崩坏。在方法择取上，应当以主客观两阶层轴辐模型认定恶意诉讼行为，以端口识别、会商甄别、庭审处理、文书阅核规范审查流程，以实践眼光构建具有实用主义性质的自发秩序。

---

① 侯明明.中国司法回应社会的方式、策略及其风险与出路[J].法商研究，2020（1）：118-119.